KB250572

항해사

해운 무역의 리더

해운 무역의 리더 항해사

해양산업의 미래를 이끌어갈 청소년을 위한 진로 지침서

ⓒ 김승주 2025

초판 1쇄   2025년 06월 17일

지은이   김승주

출판책임	박성규	펴낸이	이정원
편집주간	선우미정	펴낸곳	도서출판 들녘
기획이사	이지윤	등록일자	1987년 12월 12일
편집진행	김혜민	등록번호	10-156
디자인진행	한채린	주소	경기도 파주시 회동길 198
편집	이동하·이수연	전화	031-955-7374 (대표)
디자인	조예진		031-955-7389 (편집)
마케팅	전병우	팩스	031-955-7393
경영지원	나수정	이메일	dulnyouk@dulnyouk.co.kr
제작관리	구법모		
물류관리	엄철용		

ISBN   979-11-5925-947-0 (43370)

해운 무역의 리더

항해사

해양산업의 미래를 이끌어갈 청소년을 위한 진로 지침서

김승주 지음

푸른들녘

추천사

이상일
(국립한국해양대학교 해사대학 교수)

김승주 항해사가 대학 신입생이던 때, 연구실 문을 열며 환한 미소로 "교수님!" 하고 인사하던 장면이 생생하다. 수많은 학생을 지도해왔지만, 김승주 항해사는 유난히 오래 기억에 남는 제자다. 첫인상부터 밝고 적극적이었으며, 무엇보다 '자신의 길을 스스로 찾고자 하는' 진지한 태도가 강하게 느껴졌다. 단순히 주어진 과제를 수행하는 것을 넘어, 항상 "왜?"라는 질문을 던지며 자신만의 방향을 탐색해가는 모습은 지도교수로서 매우 인상적이었다. 학부 시절, 학생 김승주는 4년 내내 연구실에서 누구보다 성실하게 생활하며, 항해사라는 진로에 대해 진지하게 고민했다. 때로는 실습과 현실 사이에서 괴로워하기도 했지만 언제나 웃음을 잃지 않고 자신을 다잡으며 더 단단해졌다. 단지 공부만 잘하는 학생이 아니라 자기 삶을 고민하고 가꾸며, 더불어 살아가는 사람으로 성장해갔다. 나는 그런 그녀를 늘 '자랑스러운 사람'이라 소개하는 데 주저함이 없다.

"자신보다 어려운 사람을 먼저 돌아보는 사람이 되어라."

내가 학생들에게 늘 강조해온 말이다. 그녀는 이 말을 잊지 않고 지금도 삶에서 실천하고 있다. 승선이라는 고된 업무 속에서도 후배들을 세심히 챙기고 힘들어하는 동료를 외면하지 않으며, 작은 인연 하나하나를 귀하게 여기는 그녀의 태도에서 따뜻하고 깊은 감동이 전해진다. 이러한 삶의 자세는 단순히 '성공한 항해사'로서가 아니라, '좋은 사람'으로 살아가고자 하는 그녀의 철학이기도 하다. 졸업 후에도 그녀는 자주 학교를 찾는다. 바쁜 승선 생활 후 휴가를 얻으면 내게 전화해 인사를 나누고, 시간이 되면 함께 식사하며 진로와 인생 이야기를 나눈다. 피곤할 법도 한데 그녀는 항상 웃는 얼굴로 나를 마주한다. 항해사의 삶, 선배로서의 책임감, 그리고 미래를 향한 진지한 고민을 풀어놓는다. 그녀와의 대화를 통해 나는 '제자에게 배우는 순간'이란 말의 참 의미를 다시금 느낀다.

『해운 무역의 리더 항해사』는 김승주 항해사의 진심이 오롯이 담긴 책이다. 단순한 항해 일지나 진로 안내서가 아니라, 한 사람이 자신의 길을 어떻게 선택하고 그 길을 어떻게 살아가는지에 대한 내밀하고도 진정성 있는 기록이다. 책을 읽는 내내 나는 지도교수였던 시절을 떠올리며, 그녀가 어떻게 성장해왔는지를 되짚을 수밖에 없었다. 진로를 결정하기까지의 불안, 첫 승선의 떨림, 해상이라는 고립된 공간에서 마주한 냉혹한 현실까지. 그녀는 이 모든 것을 솔직하고 담담하게 써 내려갔다. 그녀의 글에는 화려한 미사여구보다 삶의 진실과 따뜻한 시선이 묻어난다. 항해사라는 직업의 장점만을 말하지 않고 그 안에 있는 외로움과 고됨, 인간적 성찰까지 함께 나눈다.

특히 바다 위에서 홀로 견뎌야 했던 시간에도 불구하고 자신이 선택한 길에 자부심을 가지려 했던 그녀의 노력은 독자에게 깊은 울림을 준다. "내가 좋아하는 일이 무엇인지 알 수 없다면, 지금 주어진 선택지 안에서 최선을 다해보라."라는 그녀의 말은 단지 격려성 문구가 아니라 그녀의 삶에서 길어낸 철학이다.

이 책은 항해사를 꿈꾸는 후배들에게는 생생한 길잡이가 되고, 인생의 방향을 고민하는 젊은이들에게는 따뜻한 나침반이 되어줄 것이다. 누구나 인생의 항로를 설정할 때는 두려움을 겪게 마련이다. 하지만 이 책은 그런 두려움을 넘어서는 용기, 자신답게 살아가려는 태도를 보여주는 아름다운 증언이다. 나는 이 책이 학생들뿐 아니라 학부모님, 선생님, 그리고 사회 초년생 모두에게 널리 읽히기를 바란다. 특히 진로 앞에서 방황하는 청소년들에게는 현실적인 통찰을, 항해의 길을 걸어가는 이들에게는 동료로서의 공감과 희망을, 그리고 삶의 다음 항해를 준비하는 모두에게는 든든한 응원이 될 것이다.

김승주는 훌륭한 제자이자, 성실한 항해사이며, 무엇보다 타인을 진심으로 아끼고 배려할 줄 아는 따뜻한 사람이다. 그런 그녀의 훌륭한 책을 추천할 수 있어, 교수이자 인생의 한 항로를 먼저 걸은 선배로서 매우 기쁘고도 뿌듯하다. 『해운 무역의 리더, 항해사』가 많은 독자에게 '출항'의 의미를 다시 생각하게 해주는 책이 되기를 진심으로 바란다.

2025년 4월, 영도 아치섬에서
국립한국해양대학교 교수 이상일

기록이 성장을 이끈다

"항해사요? 실제로 그런 직업이 있어요?"

내 직업이 항해사라고 하면 놀라는 사람이 많다. 실재하는 직업인 줄 잘 모르는 경우가 대다수다. 게임이나 영화에서 본 듯한 가상의 인물처럼 느껴지나 보다. 사람들은 먼저 직업에 놀라고 하는 일에 놀라고 평소 생각하던 배 타는 삶과 실제 삶이 다르다는 것을 알고 놀란다. 그리고 마지막에는 어떻게 항해사가 되는지 물어본다. 그만큼 생경하고 낯설기 때문일 것이다.

첫 번째 책『나는 스물일곱 이등 항해사입니다』[1]에 이어 일등 항해사가 되고 두 번째 책『오진다 오력』[2]을 출간한 후에 독자들과 만났을 때도 질문이 머물러 있는 것을 느꼈다. 독자들은 여전히 항해사가 하는 일, 어려운 점, 항해사가 되는 방법에 대해 궁금해했다. 생각해보면 나 자신도 마찬가

---

1   김승주,『나는 스물일곱, 이등 항해사입니다: 오늘을 견디는 멘탈 관리를 다지는 법』, 한빛비즈, 2019.
2   김승주,『오진다 오력: 세상의 중심에 서는 5가지 힘』, 들녘, 2023.

지였다. 처음 항해사가 되기로 마음먹었을 때 명쾌하게 알아볼 곳이 없어서 답답했다. 교수님과 선배들에게 들은 것이 전부였기에 현장에서 주먹구구 식으로 익혀야 했다. 요즘은 인터넷이 발달해서 영상과 블로그를 통해 간접 경험을 하기도 한다. 그러나 이 역시 단편적일 뿐, 항해사와 관련한 지식을 얻기 위해서는 방대한 정보의 바다에서 필요한 내용을 찾아내야 한다. "항해사라는 일을 시작하기 전에 항해사에 대해 한번에 알 수 있는 진로 지침서가 있으면 어떨까?" 하고 생각했다.

배를 타면서 가장 아쉬웠던 점은 배 타는 일을 그만두는 순간, 한 사람이 가지고 있던 배 위에서의 경험과 지식이 사라진다는 것이다. 힘든 순간이 왔을 때 어떻게 견뎌내었는지부터 위기의 순간을 어떻게 해결했는지, 사람들과 잘 어울리는 방법은 무엇인지, 스트레스를 어떻게 해소해야 6개월 이상 바다에서 잘 지낼 수 있는지까지 한 사람이 삼등 항해사부터 이등 항해사, 일등 항해사가 되기까지 많은 시간과 투자가 필요하다. 배를 탈 자격을 갖추기 위해 특정 교육을 이수해야 하고 장기간의 훈련을 거쳐 면허를 취득해야 한다. 육상에서와는 전혀 다른 상황에서 쌓은 경험이기 때문에 다른 사람으로 쉽게 대체하기 어렵다.

'노인 한 사람의 죽음은 도서관 하나가 불타 없어지는 것과 같다.'라는 아프리카 속담이 있다. 한 사람이 지닌 지식과 정보, 지혜가 도서관만큼의 가치가 있다는 데에서 우리가 가진 지식이 얼마나 값진 것인지 다시금 생각하게 해주는 명언이다.

어느 사회든 성장하려면 기록이 중요하다. 기록을 통해 후대는 정보를 얻고 온고지신의 마음으로 나아갈 수 있다. 항해사를 희망하는 사람들에게 이 책이 항해사 진로 지침서로서 길을 제시해주면 더할 나위 없이 좋겠다. 나아가 해운 산업 분야에서도 새로운 정보를 받아들이고 업데이트하면서 단단한 성장이 이루어졌으면 한다.

2025년 6월, 남태평양 솔로몬해에서

항해사 김승주

차 례

01   프롤로그 나는 이렇게 항해사가 되었다

우연에서 필연으로   ··· 019

최선을 다했기에 ★ 마음먹은 대로 ★ 나는 항해사가 될 테야

나의 항해사 연대기   ··· 024

2012년, 해양대학교에 입학하다 ★ 2015년, LPG선 실습항해사 ★ 2016년, 컨테이너선 초임 삼등 항해사 ★ 2020년, 바라고 바라던 일등 항해사가 되다 ★ 2021년, 가자 태평양으로! ★ 2023년, 침착하게 꼼꼼하게

현실에 노력을 장착할 때 꿈이 된다   ··· 032

'할 수 있는 것'에서 '좋아하는 것'으로 ★ 항해에도 이정표가 필요하다

함께 볼까요? 영화 추천   ··· 035

02 누구나 항해사가 될 수 있다

05 항해사의 자질

06 예비 항해사를 위한 꼼꼼 가이드

01
프롤로그
나는 이렇게
항해사가 되었다

우연에서 필연으로

○ 최선을 다했기에

잠, 식사, 공부. 고등학교 때 내가 어떻게 생활했는지 이 세 단어로 요약할 수 있다. 고등학교 시절, 나는 어쩌다 영화 한 편을 볼 때조차 죄책감을 느끼곤 했다. '학생이라면 공부해야 한다.'라는 생각에 사로잡혀 '학생의 본분'에 최선을 다했다. 당시 내가 항해사가 되기 위해 열심히 공부했냐고? 아니다. 항해사라는 직업이 있는 줄도 몰랐다. 항해사를 알게 된 건 고등학교 3학년, 진로를 선택해야 할 무렵이었다. 당시 나는 '인 서울'을 목표로 노력하는 여느 학생들과 다르지 않았다. 그러다 '수능 추위'가 매서웠던 2011년 수능 날, 실감했다. 노력한 만큼 성과가 나오지 않았다는 것을. 주변에서 재수를 권유했지만 나는 알고 있었다. 다시 돌아간다 해도 지금까지 해왔듯 열심히 할 수 없다는 것을 말이다. 나는 매 순간 최선을 다했으며 오직 하루치 운으로 결과가 결정된다면 다시 한다 해도 마찬가지라는 것을 누구보다 잘 알고 있었다. 지금 나에게 주어진 상황과 내가 마주한 점수는 다른 누구도 아닌 내가 받아들여야 하는 것이었다. 한 치 고민도 없이 내가 선택할 수 있는 진로를 찾기 시작했다. 취직이 잘되는 곳을 찾다 보니 두 가지 선택지가 보였다. 간호사가 된 내 모습을 상상했을 때보다 배를 탄다는 상상이 나를 두근거리게 했다. 게다가 피를 보는 것은 적성에 맞지 않을 것 같아 항해사라는 길을 택했다.

○ 마음먹은 대로

나에게는 세 살 터울인 친오빠가 있다. 오빠가 해양 관련 대학에 진학했기 때문에 항해사를 진로로 결정하는 데 큰 영향을 받았다. 오빠는 항해사가 아닌 기관사로 진로를 정했는데, 졸업 후 배를 타는 직업이라는 점은 같았다. 대학교에서 훈련받고 각종 점검을 받으면서 오빠는 나에게 "절대 이쪽으로 오지 마." 하고 당부했다. 대학교 생활이 제한된 데다가 훈련도 힘들어서 동생이 걱정되는 마음에 한 말일 테다. 당시 나는 깊이 생각하지 않았다. 외국에 대한 막연한 동경이 있었는데, 항해사는 바다를 건너 이곳저곳을 돌아다니며 넓은 세상을 경험할 수 있을 거라는 생각에 들떠 망설임 없이 진로를 정했다.

오빠가 우려한 대로 대학 생활은 쉽지 않았다. 아니, 많이 힘들었다. 아침마다 실시하는 구보와 훈련으로 매일 근육통에 시달렸다. 항시 제복을

대학교 4학년 졸업사진

대학교 2학년 룸메이트와 함께

대학교 3학년 실습선을 타고 도착한
중국에서 동기들과 함께

대학교 2학년 총무 차장 재임 중
총무부서 동기들과 함께

착용하고 옷매무새와 행동거지에 늘 신경 써야 했다. 매일 밤 인원 점검과 청소 점검이 이루어졌고, 매주 목요일 밤 실시되는 복장 점검에 이어 일요일 저녁에도 매번 집합해야 하니 한시도 긴장을 늦출 수 없었다. 하지만 내가 선택한 길이고 이 길 외에는 다른 길을 몰랐기 때문에 어떻게든 생활에 적응하려고 최선을 다했다. 힘든 생활이었지만 그만큼 동기들과 단합이 잘 되고 조그마한 것에도 감사함을 느낄 수 있었다. 학교에서 활발히 이루어지는 동문, 동아리, 사조직 활동에 함께하다 보니 동기애가 돈독해졌고, 훈련을 버텨내고 점검을 통과하면서 뿌듯함도 알게 되었다.

○ 나는 항해사가 될 테야

남학생은 승선 근무 예비역 제도로 졸업 후 승선 생활이 의무이지만(승선 생활을 하지 않으면 군대에 가야 함), 여학생은 졸업 후 승선이 의무가 아니다. 졸업하고 나서 반드시 배를 타지 않아도 되기 때문에 전공을 살려 해양직 공무원이 되거나 해운관련협회, 선박보험회사 혹은 해운회사 육상직 또는 조선소에 취직할 수 있다. 물론 승선 경력 1, 2년이 있어야 유리한 직업도 있지만 대부분 필수는 아니다. 졸업 후 항해사가 되고 싶다고 마음먹은 것은 대학교 3학년 실습 항해사 때였다. 학교 교육 과정상 3학년은 승선해서 실습해야 했다. 6개월은 학교 실습선, 6개월은 회사에서 운용하는 실제 배를 타면서 실습 경력을 쌓았다.

실습 항해사로서 처음 상선을 마주했을 때, 그 순간을 아직도 잊을 수 없다. 스리랑카에서 작은 보트를 타고 내가 승선할 배로 이동할 때였다. 보트를 운전하는 외국인이 "There!(저기!)"을 외치며 손가락으로 한군데를 가리켰다. 그곳에는 배가 아니라 거대한 섬이 있었다. 아니, 배가 맞았다. 내 방보다, 우리집보다 몇백 배는 더 커 보였다. 보트를 타고 전속력으로 부딪쳐도 꿈쩍하지 않을 어마어마한 규모였다. '이 배를 내가 운전한다고?' '안에 얼마나 많은 화물이 실려 있을까?' '내가 과연 할 수 있을까?' 웅장함에 압도되어 많은 생각이 스쳤다. 배를 타고 있는 사람들이 대단하게 느껴졌다. 실습 항해사였지만 승선과 동시에 나 자신이 막중한 임무를 수행하는 중요한 사람이 된 것 같았다. 항해사가 되고 싶다는 열정을 가슴속에 불태운 것은 7때부터였다. 실습을 다녀온 뒤, 나는 항해사가 되기 위해 모든 열정을 쏟았다.

남성에 비해 여성이 항해사가 되는 것은 상대적으로 쉽지 않은 일이었다. 지금도 그렇지만 회사에서 뽑는 여성 인원 비율이 적기 때문이다. 항해사가 무척 되고 싶었던 나는 여성 항해사를 뽑을 계획이 없던 회사에까지 지원서를 내밀었다. 그리고 결국 여성을 채용할 예정이 없던 회사에 최종 합격했다.

나의 항해사 연대기

○ 2012년, 해양대학교에 입학하다

무역이 뭔지도 모르면서 그저 이 나라 저 나라를 돌아다니며 세상을 구경할 수 있을 것이라는 기대를 품고 해양대학교에 입학했다. 당시에는 외국인과 영어로 대화하는 사람들이 정말 멋지고 대단해 보였다. 인터넷과 영상 매체가 지금처럼 발달하지 않아서 해양대학교를 졸업하면 무슨 일을 하는지 잘 알지 못했다. 입학해서는 제복을 입고 절제된 생활을 해야 했다. 훈련을 통해 자신의 한계를 뛰어넘어야 했다. 머리카락 길이를 단속하고 제복에 각진 주름을 만들면서 '왜 이렇게까지 하는 걸까?' 하고 이해하지 못한 적도 있었다. 그러다 실제로 배 생활을 하면서 사소한 행동과 방심이 큰 사고로 이어질 수 있다는 것을 경험했다. 비로소 왜 그렇게까지 억제되고 제한된 생활을 하는지 몸소 이해했다.

대학교에 입학하고 나서도 뚜렷한 꿈은 없었다. 해기사를 양성하는 대학교이지만 내 꿈이 항해사는 아니었다. 하지만 꿈이 없었기에 도리어 매 순간 아쉬움 없이 열심히 해야 한다고 생각했다. 나중에 내가 정말 하고 싶은 꿈이 생겼을 때, 학교 성적이 좋지 않아서 혹은 영어 성적이 부족해서, 어떤 활동을 덜 했다는 이유로 하지 못하게 되는 순간을 맞이하기 싫었기 때문이다. 나는 눈앞에 펼쳐진 모든 활동과 공부에 최선을 다했다. 학교에 다니면서 부사관을 맡았고, 해양사고 모의심판 경연대회에서 최우수상인 장관상을 받았다.[3] 학교에서 선정하는 자랑스러운 아치인 상도 수여했다.

○ 2015년, LPG선 실습 항해사

해양대학교 여학생들이 학교 실습선이 아닌 상선에서 실습하는 항해사가 되려면 치열하게 경쟁해야 한다. 직원을 채용할 때와 마찬가지로 여성 실습생을 뽑는 회사가 적기 때문이다. 매 순간 최선을 다해 학교 성적과 영어 성적을 관리한 덕분이시 상선에서 실습할 기회를 얻어냈다. 처음으로 경험한 실제 배는 생각과는 전혀 달랐다. 첫 이미지는 '바쁘다'였다. 모두가 각자 맡은 일을 하느라 정신이 없었고, 나를 살갑게 챙겨주는 사람은 아무도 없

---

3 육상에서 사고가 나면 과실 비율을 따지기 위해 재판소에 가시만, 바나에서 사고가 발생하면 해양안전심판원에서 심판한다. 해양 사고에 대한 조사를 통해 원인을 규명하고 판결하는데, 사고 시나리오부터 원인 규명 및 판결까지 학생들이 모의로 만들어 재구성하는 대회이다. 형사소송에 판사, 검사, 피고인 및 변호사가 있듯 해양안전심판원에는 심판관, 조사관, 해양사고 관련자, 심판변론인이 있다.

었다. 학교에서 배울 때와는 분위기가 확연히 달랐다. 무엇이든 스스로 알아보아야 했고 눈치 보며 일을 배워야 했다. 많이 혼나며 배웠다. 내 성격이 이상한 건 아닐까, 내가 많이 잘못한 걸까 고민했다. 사람을 이유 없이 싫어하는 이들이 있다는 것도 알게 되었다. 배를 타는 일은 물론, 사회생활을 해나가려면 단단한 각오가 필요하다는 것을 배웠다. 다행히 6개월의 실습을 마무리 지을 무렵에는 배 안의 모든 사관(士官)[4]으로부터 인정받았다. 일등 항해사님과 선장님께 추천서도 받았다. 6개월간 힘든 여정이었지만 해냈을 때 그 기쁨은 더할 나위 없었다. 나 자신이 자랑스러웠고 큰 배를 운항하는 멋진 항해사가 되겠다는 꿈을 품기 시작했다.

○ 2016년, 컨테이너선 초임 삼등 항해사

취직이라는 어려운 관문을 뚫고 드디어 컨테이너선 첫 삼등 항해사로 입사했다. 나는 첫 출항에서 패배의 쓴맛을 느꼈다. 실습 항해사 경험이 있어서 하는 일이 비슷할 것이라고 자만했나 보다(뒤에서 자세히 다루겠지만, LPG 탱커선과 컨테이너선은 선종이 달라서 배의 구조는 물론 선박의 일정도 완연히 다르다.).

초임 삼등 항해사가 승선했을 때 처음 선장님과 공식적인 업무로 마주하는 순간은 출항 때다. 출항 시 선교에서 도선사와 선장님을 보좌하며 엔

---

4 실습 항해사의 상위 직급인 삼등 항해사, 이등 항해사, 일등 항해사를 지칭하며, 기관사관도 포함해 사관이라고 하지만(일등 기관사, 이등 기관사, 삼등 기관사) 여기서는 항해사관을 의미한다.

진을 조정하고 선박 움직임을 보고하며, 시간을 기록해야 한다. 선장님은 출항을 위해 선교에 올라오자마자 삼등 항해사가 챙겨야 할 서류인 '출항 허가서(Port clearance)'를 받았는지 물으셨고, 이를 미처 신경 쓰지 못했던 나는 대답할 수 없었다. 밤에 출항할 때 주변을 잘 보려면 형광등을 꺼야 하는데 스위치를 찾지 못해 허둥대는 사이, 선장님은 한숨을 쉬면서 스위치를 끄셨다. 삼등 항해사가 기록해야 할 출항기록일지도 선장님이 손수 작성하고 계셨다. 선장님은 그때 내게 아무 말씀 안 하셨지만 할 수만 있다면 도망치고 싶은 심정이었다.

도선사가 하선하고 어느 정도 바쁜 상황이 정리되자 선장님께서 입을 떼셨다. "실망했다." 나는 평소 잘 울지 않는데, 이날만큼은 마음이 무너져 내려 엉엉 울었다. 울지라도 않으면 고립된 이 배 위에서 지금 상황이 너무나 고통스러울 것만 같았다.

아무도 의지할 곳이 없는 상황에서 한참 울다가 문득 이러면 안 된다는 생각이 들었다. 이 길은 내가 선택한 길이다. 도와줄 사람은 없다. 스스로 일어나야 했다. 선장님이 내게 실망했다는 말은 곧 기대했다는 말이다. 기대치가 바닥을 쳤기 때문에 이제는 올라갈 일만 남았다는 생각이 들었다. 그때부터 정신을 바짝 차렸다. 배우려고 노력하고 겸손한 마음을 잃지 않았다. 실수를 반복하지 않겠다는 심정으로 실수 목록을 작성해놓고 방에서 나오기 전에 꼭 읽었다. 다행히 빠르게 배에 적응할 수 있었고 선장님과 좋은 관계를 유지할 수 있었다.

○ 2020년, 바라고 바라던 일등 항해사가 되다

배를 탄 지 5년 차에 일등 항해사로 진급했다. 사실 그때까지만 해도 배를 언제까지 탈지, 얼마나 오래 탈지 생각해본 적이 없었다. 삼등 항해사 때는 배에 잘 적응해 일을 잘하고 싶었고, 일을 잘하게 되니 이등 항해사가 되고 싶었다. 이등 항해사가 되고 나니 이번에는 일등 항해사가 되고 싶어졌다. 일등 항해사의 역할은 이등 항해사와 크게 다르다. 일등 항해사는 갑판부라는 한 부서를 이끄는 관리자 역할을 해야 한다. 문제가 생겼을 때 이등 항해사가 그 상황을 보고하는 입장이라면, 일등 항해사는 문제를 전적으로 해결해야 하는 감독이다.

나는 이등 항해사 시절부터 일등 항해사를 꿈꿔왔다. 그래서 빠른 시간 안에 무슨 일이든 배우고 싶었다. 내가 일등 항해사를 열심히 따라다녔던 이유다. 많은 것을 익혔다고 생각했는데 막상 일등 항해사가 되고 나니 해결해야 할 일이 상상 이상으로 많고 다양했다. 우선순위를 몰랐던 초임 일등 항해사에게는 버거운 일들이었다. 나는 승선한 지 3개월 만에 배에서 내리겠다고 자진 선언했다. 시간을 방패 삼아 패배감을 다스려보고 싶었다. 하지만 육지에서는 어떤 일을 해도 속상한 감정을 추스를 수 없었다.

휴가 내내 낙담해 있었다. 이대로 다시 승선하면 같은 문제가 반복될 게 뻔했다. 나는 나를 바꾸어야 했다. 관리자가 되기 위해 책을 읽고 자기 계발을 시작했다. 유능한 일등 항해사와 선장님을 찾아가 질문하고 배워야 할 점을 기록했다. 그들의 좋은 습관들을 내 것으로 만들기 위해 노력하고, 내 성격과 스타일에 맞도록 조정했다. 노력한 덕분인지, 두 번째 배에서 일등 항해사로 일할 때는 시행착오가 있더라도 긍정적인 태도로 업무를 잘 수행할 수 있었다.

○ 2021년, 가자 태평양으로!

태평양으로 나가고 싶다는 생각이 들었다. 당시 내가 속한 회사는 동남 아시아 위주로 운항하는 회사였다. 이곳에서는 태평양 같은 대양을 다니는 배가 드물었기에 미국과 유럽, 중동 지역을 항해하는 동기들이 부러웠다. 일 등 항해사로 일하며 경력을 쌓고 태평양으로 가겠다는 꿈을 펼치기 위해 다른 회사로 이직했다. 그리고 마침내 고대하던 태평양을 건넜다. 바다라는 풍경은 같았지만 더 넓은 바다로 나왔다는 설렘과 그곳에서 마주한 고래, 돌고래를 보며 가슴이 뻥 뚫리는 느낌을 받았다. 덕분에 태평양, 대서양, 인 도양을 누비며 내가 바라던 항해를 할 수 있었다.

○ 2023년, 침착하게 꼼꼼하게

일등 항해사 업무에 적응하고 만족하면서 지낼 때였다. 배에서의 생활 과 업무가 얼마나 위험한지는 선원이라면 누구나 잘 알기에 우리는 늘 그 사실을 염두에 두고 신중히 행동했다. 문제는 외부 업체가 작업할 때 일어 났다. 외부 업체에 속한 한 전기공이 기관실에서 작업하다가 감전된 것이다.

전기공은 한쪽 팔과 얼굴에 화상을 입었다. 440볼트의 전류에 감전되었으니 목숨을 잃어도 이상하지 않은 상황이었다. 모두 깜짝 놀랐지만 생명에 지장이 없다는 사실에 그나마 안도할 수 있었다. 나는 선장님의 지시에 따라 삼등 항해사와 함께 환자를 선내 의료 시설로 옮긴 뒤 응급 처치를 진행했다.

수에즈 운하에 도착하기 전, 또 다른 사건이 일어났다. 조리원이 선교에 올라와서 조리장이 숨을 못 쉰다고 보고했다. 알고 보니 조리장은 천식을 앓고 있었는데, 갑자기 숨쉬기 힘들 정도로 증상이 악화된 상태였다. 당시 우리 배는 인도와 파키스탄을 지나 수에즈 운하를 통과해 대서양을 건너 미국 뉴욕으로 향하고 있었다. 인도의 심각한 대기오염과 수에즈 지역의 모래먼지가 천식 악화의 원인이 된 듯했다. 선장님은 즉시 회사와 주변 당국에 요청해 의사를 불렀다. 수에즈 운하를 통과할 때 의사가 승선해 상태를 확인한 후 환자를 이집트에 있는 병원으로 이송했다. 생명을 잃을 수도 있었던 사고를 두 번이나 겪으며, 안전의 중요성을 다시금 깊이 실감했다.

배 위에서는 저마다 역할이 있다. 나는 선내 안전관리자로서 작업에 동반되는 위험성을 평가하고 안전하게 작업이 이루어질 수 있도록 감독해야 한다. 나의 책임을 다하는 것은 당연한 일이지만, 승선한 선원 모두가 역할에 충실해도 사고는 일어날 수 있다고 생각한다. 때론 인간의 힘으로는 어떻게 할 수 없는 사고가 발생하기도 한다. 그럴 때마다 나는 내 역할을 생각하며 마음을 다스린다. 삼면이 바다로 둘러싸인 대한민국은 총 물동량의 99% 이상이 해운무역을 통해 이루어진다. 국가를 위해 누군가는 반드시 해야 할 일이다. 그렇다면 이 일은 그 중요성을 충분히 이해하고 전문적으

로 교육받은 사람이 맡아야 하지 않을까. 또한 내가 운반하고 있는 화물은 누군가에게 기쁨을 전해줄 물건이다. 나는 화물이 목적지에 잘 도착할 수 있도록 책임져야 하는 사람이다. 이에 나는 자신이 '행복을 배달하는 행복 배달부'라고 생각한다.

　항해사는 화물을 안전하게 운반해야 하는 직업적 의무를 진 동시에 자신의 생명을 스스로 지켜야만 한다. 나른 어떤 직업보다도 위험할 수 있기에 결코 안전을 간과할 수 없다. 늘 목숨을 담보로 배를 타고 있다고 생각한다. 그래서 지금 이 순간이, 하루하루가 더욱 소중하게 느껴지고, 감사한 마음이 드나 보다. 휴가 때 육지에서 누구보다 알차게 시간을 보내려 하는 것노, 그것이 어쩌면 마지막 휴가가 될 수도 있다는 생각 때문인 것 같다.

현실에 노력을 장착할 때 꿈이 된다

○ '할 수 있는 것'에서 '좋아하는 것'으로

처음부터 "내 꿈은 ○○○이야!" 하고 말할 수 있는 사람이 얼마나 될까? 지금은 항해사라는 직업을 좋아하는 나조차도 처음부터 항해사가 꿈은 아니었으니 말이다. 공부와 입시를 강조하는 사회에서 내가 무엇을 좋아하고 잘하는지를 차근차근 알아내기란 불가능에 가깝다. 대부분 입시 무렵에서야 어떤 직업군이 있는지 살피기 시작한다. 취업이 어려워지다 보니 다들 취업이 잘 되는 학교를 1순위로 선택한다. 대학교에 입학하는 순간부터 학생들은 진로에 대해 고민하기 시작한다. 항해사가 되고 나서 해기사를 꿈꾸는 학생들을 대상으로 한국해양대학교, 목포해양대학교, 해사고등학교, 한국해양수산연수원에 강연하러 종종 다녀오곤 한다. 학생들의 질문 역시 마찬가지이다. "어떻게 항해사가 되었나요?" "항해사는 힘들지 않나요?"

"항해사 연봉은 얼마나 되나요?" "항해사가 되려면 어떤 능력을 키워야 하나요?" "영어를 잘해야 하는 게 아닌가요?" "세계 여러 나라를 돌아다니면 그 나라를 여행할 수도 있지요?" 질문이 쏟아진다. 해양 관련 기관에서 강연하고 내가 쓴 책의 독자들을 만나면 학생과 학부모로부터 여러 질문을 받는다. 그중에서도 많이 받은 질문을 정리하면 아래와 같다.

> Q. 항해사는 무슨 일을 하나요?
>
> Q. 배의 종류는 어떻게 선택했나요?
>
> Q. 항해사의 장점과 단점은 무엇인가요?
>
> Q. 항해사의 연봉은 얼마나 되나요?
>
> Q. 배에서 힘든 일을 겪으면 어떻게 이겨내셨나요?
>
> Q. 해적을 만난 적 있나요?

이런 질문을 받을 때마다 사람들이 항해사라는 직업에 관해 들어만 보았을 뿐 직업으로 선택하기 위해 자세한 정보를 얻을 방법이 없다는 사실을 실감했다. 인터넷, 블로그, 영상을 찾아보아도 자신의 경험담과 주변 지인들의 정보를 수집한 내용이 대부분이었다. 자신이 궁금한 점을 파편적으로 찾아서 퍼즐을 완성해야 하는데, 그렇다고 모두가 명확한 정보라고 할 수는 없다. 영화나 언론에서 바다 풍경을 보여주며 낭만을 누리는 단편적인 항해사의 모습이 종종 조명된다. 그러나 배는 현실이다. 승선 생활에 잘 적응하고 업무를 순조롭게 처리할 수 있을 때, 풍경은 그제야 덤으로 온다.

○ 항해에도 이정표가 필요하다

　배에서의 현실을 알지 못한 채 낭만을 품고 무작정 진로를 택하거나, 항해사라는 직업이 있는 줄도, 어떻게 되는지 과정 자체를 몰라서 시도하지 못하는 경우가 허다하다. 이 책에는 실제 상선, 여객선에서 근무하고 있는 항해사들을 인터뷰하며 그들이 들려주는 바다에서의 삶과 조언, 노하우를 생생하게 담았다. 따라서 첫째, 항해사에 대해 잘 모르는 사람들에게는 직업 특성을 비롯하여 항해사가 될 수 있는 구체적인 방법을 알려주는 안내서가 될 것이며 둘째, 항해사에 관심이 있거나 이를 꿈꿔온 이들에게는 이 글이 낭만을 현실로 바꿔줄 알찬 이정표가 될 것이다.

마그네틱 컴퍼스와 배

영화 추천

캡틴 필립스(Capin Phllips)	
개봉일	2013년 10월 23일
감독	폴 그린그래스
주연	톰 행크스, 캐서린 키너
상영시간	134분
징르	드라마

영화 포스터(출처:영화관입장권 통합전산망)

2009년 4월에 일어난 앨라배마호 피랍 사건을 모티브로 삼은 영화입니다. 해적이 자주 출몰하는 지역인 소말리아 인근 해상에서 화물선 앨라배마호가 해적의 공격을 받습니다. 필립스 선장은 1차 공격을 막아내는 데 성공하지만 결국 해적들이 배를 점령해 선원들은 인질이 됩니다. 해적과 선원들 간의 심리전과 팽팽한 긴장감이 잘 드러나는 영화로, 선내 거주 구역과 선교 구조를 엿볼 수 있으며 해적이 접근했을 때 어떻게 대응하고 어떤 장비를 사용하는지 알 수 있습니다. 항해사를 준비하는 입장에서 보면 현장감이 더해져 재미가 쏠쏠할 것입니다.

1. 앨라배마호(Alabama)가 지나간 곳으로, 해적이 자주 출몰하는 지역입니다. 지부티에서 출항해 아덴만을 지나 '이곳' 건너에 있는 케냐의 몸바사가 목적지였지요. 해적이 자주 출몰하는 지역임을 알고 필립스 선장이 보안을 강화하도록 한 이곳의 이름은 무엇일까요?

2. 해적에 대비한 비상 훈련 시 선원들이 갑판에 설치한 것은 무엇일까요?

3. 처음 해적을 발견했을 때 선장이 한 행동이 아닌 것은 무엇일까요?
    ① 선내 방송하기
    ② 배의 침로를 바꿔 파도를 일으키기
    ③ 선원들을 대피장소로 대피시키기
    ④ 미국 해상청, 영국에 보고하기
    ⑤ 배의 속력 올리기

4. 몇 명의 해적이 올라왔으며, 해적이 처음 선장을 보고 그들이 무엇을 원한다고 하였나요?

5. 해적이 선장을 인질로 잡고 가장 먼저 가고 싶다고 한 곳은 어디 인가요?

6. 해적이 맨발인 걸 알고 선원들은 어떻게 대처했을까요?

7. 앨라배마호에서 해적에게 내려갈 것을 제안하면서 필립스 선장은 무엇을 제공하겠다고 했나요?

정답

1. 소말리아 분지(Somali Basin)
   소말리아 분지는 인도양의 일부인 아라비아해에 있는 해저 분지로, 소말리아 동쪽에 있습니다.
2. 물대포(fire hose)
   물대포(소화 호스)는 해적의 시야를 방해하고 배에 접근하기 어렵게 만듭니다.
3. ③
   해적을 발견한 순간 선내 알람을 울리고 비상 집결지에 소집을 명령했지만 기관실로 대피 명령을 내린 것은 해적이 배에 가깝게 접근했을 때입니다.
4. 4명의 무장한 해적이 올라왔으며 선장에게 해치지 않겠다고 하며 몸값이 목적이라고 했습니다.
5. 기관실
   엔진에 문제가 있다고 생각하고 해적 두목은 기관실에 가서 확인해보자고 했습니다.
6. 기관실 문 앞에 병을 깨뜨려서 해적의 발이 베일 수 있게 해두었습니다.
7. 구명정과 3만 달러
   구명정은 배가 문제가 생겼을 때 비상으로 탈출하기 위해 설치되어 있는 밀폐형 보트입니다. 필립스 선장은 해적이 돌아갈 수 있게 보트와 금고 속 3만 달러를 제공할 테니 배에서 내려가달라고 제안했습니다.

02
누구나
항해사가 될 수 있다

항해사의 전망은 매우 밝다

○ **해운의 중요성**

2024년 2분기 한국은행 통계자료에서 발표한 우리나라 무역의존도는 128.6%로 매우 높다. 무역의존도는 한 나라의 경제가 무역에 얼마나 의존하고 있는가를 나타내는 지표이다. 국민총생산(GDP)에 대한 수출입 총액의 비율로 산출되며 해당 국가의 산업 구조와 경제 상황을 파악힐 수 있다. 그 중에서도 수출입 화물의 해상수송 비율은 99.69%에 해당하며, 이는 절대적으로 높은 수치다. 해상운송로의 안전보장은 국가적 생존에 필수적이며 전시에는 병참 보급의 통로로서 전략적 중요성도 지니고 있다. 대한민국 해운 산업은 국내 6위 또는 10위 내외의 높은 외화 가득 비중[5]을 차지하고 있

---

5   대한민국 외항 해운 산업이 한 해 동안 벌어들인 외화 총액의 비중을 말한다.

다. 대한민국처럼 수출 주도형 경제구조인 국가는 해운 산업을 통해 안정적으로 외화를 가득해야 하며, 이를 위해서는 반드시 승선 경험이 있는 해기사 교육 및 양성이 필수적이다.

해상에서 근무하는 해기 인력 관련 생산유발효과는 약 21.2~22.3조 원이며, 국내 산업에 미치는 전반적인 경제적 파급효과는 약 36.6조~38.6조 원으로 추정하고 있다. 무엇보다 대한민국은 남북이 분단된 국가로 휴전 상태에 놓여 있다.

또한 현재 대한민국 외항 상선에 승선 중인 대한민국 국적 해기사의 약 70%는 승선 근무 예비역이다. 병역법 제46조(병력동원 소집)에 따라 해기사는 전시, 사변 또는 이에 준하는 비상시에 국민경제에 긴요한 물자와 군수물자를 수송하기 위한 업무 등을 지원하기 위해 소집되어 승선 근무를 하게 됨에 따라 전시, 사변 등에 대비하기 위한 전시 동원 인력을 유지하고 있는 상태이다.[6,7]

○ 선원 인력의 부족

전 세계적으로 경제가 성장하고 전자상거래가 지속해서 증가했다. 이에 따라 국가 간 물동량이 확대되었고 상대적으로 운송 비용이 저렴한 해

---

6   전영우, 「차세대 해기전문인력 육성 필요성과 방안 연구」, 한국선주협회·한국해운조합·선박관리산업협회·전국해상선원노동조합연맹·한국해기사협회, 2020.
7   김군진, 「외항상선 선원인력 수급 예측과 인력 부족에 대응한 선원 정책 방향」, 국립한국해양대학교 대학원, 2024. 2.

(단위: 척)

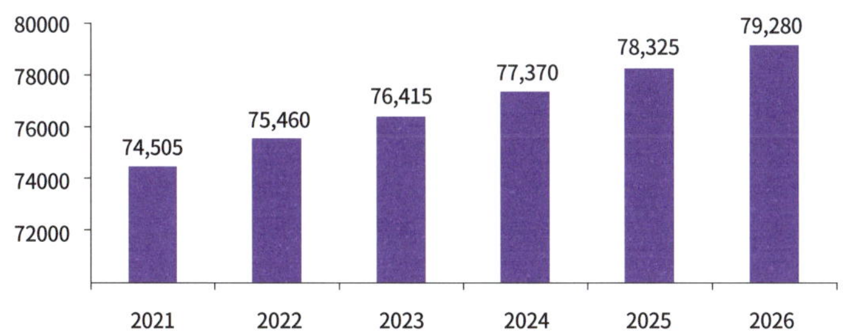

2021년부터 2026년까지 전 세계 선박 척수 변동 예측

운 운송의 비중이 높아지고 있다. 선박 수가 늘어나고 규모도 대형화되고 있으며, 선박 운항에 필수적인 우수한 선원 인력의 화보 및 유지, 양성 측면의 중요성도 같이 부각되고 있다. 발틱국제해사협의회(BIMCO)[8]와 국제해운회의소(ICS)[9]는 2021년 발간한 선원인력보고서 「*Seafarer Work Force*」를 통해 위 그래프와 같이 2021년 기준 전 세계 선박 74,505척 대비 2026년에는 79,280척으로 5년간 4,755(연평균 약 995척), 약 6.4%가 증가할 것으로 예측했다.[10]

신빅 척수에 따른 해기사의 수요는 약 947,050명으로 2021년 883,780명 대비 약 63,270명 증가될 것으로 내다봤다. 2026년 사관 공급 인원은 수요 인원 약 947,050명을 충족하기 위해 2021년 공급 인원 857,570명 대비

---

8   'The Baltic and International Maritime Conference'의 약사이나. 1905년 발틱해와 백해 지역 선주들의 이익을 위해 창설하였으며, 현재 회원사는 전 세계 60% 이상의 선박으로 지역, 글로벌, 중소기업 및 대기업으로 구성되어 있다.

9   'International Chamber of Shipping'의 약자로, 선주의 이익 증진을 위한 국제적인 단체다.

10   BIMCO/ICS, 「Seafarer Work Force」, 2021.

5년간 89,510명 추가 공급이 필요할 것으로 전망했다.[11]

세계적인 현황으로도 선박의 수는 늘어날 것이고 그에 따른 선원의 수요도 증가할 것으로 예측된다.[12]

○ 선박의 기술 혁신에 따른 변화

현재 연구 중인 자율운항 선박 등 기술 발전이 항해사 수요 예측에 변수로 작용할 것이라는 우려가 나온다. 기술개발과 통신의 고도화, 국제협약의 재정비, 국가별 유사 수준의 서비스가 담보되지 않는다면 완전 자율화는 외국으로 항해하는 상선인 외항(外航) 상선에 바로 적용되기는 어려운 실정이다.

인공지능(AI) 및 육상에서의 제어 기술이 발전하면 현재보다 더 적은 수의 선원으로 배를 운영할 수 있다. 하지만 이러한 기술들을 내항 상선에 향후 10년 내로 적용하기란 어려울 것으로 전망된다.

「시스템 다이내믹스를 이용한 자율 운항 선박의 기술 발전에 따른 한국 해양산업 인력의 규모와 구조 변화에 대한 연구」[13]에 따르면 자율 운항선이 보수적으로 발전한다는 후반기 발전형 모델의 예측하에 연간에 감소되

---

11 BIMCO/ICS, 앞의 자료.
12 김군진, 「외항상선 선원인력 수급 예측과 인력 부족에 대응한 선원 정책 방향」, 국립한국해양대학교 대학원, 2024. 2.
13 조소현, 「시스템 다이내믹스를 이용한 자율운항선박의 기술 발전에 따른 한국 해양산업 인력의 규모와 구조 변화에 대한 연구」, 국립한국해양대학교(박사학위 논문), 2019.

는 사관의 수는 2028년 약 11명으로 시작해 2032년에는 122명일 것으로 전망된다. 해마다 사관 배출 인원이 약 1,200명인 점을 감안하면 이는 미미한 인원이다.[14]

○ 수요도 높고 희소가치도 높은 항해사

항해사가 부족하면 많이 양성하면 될 텐데 왜 그러지 못할까? 간단히 말하면 항해사 한 명을 양성하는 데 무척이나 긴 시간과 엄청난 재원이 들어가기 때문이다. 또한 교육 및 훈련 과정에서 통제되는 부분과 제약이 많아 상대적으로 진입 장벽이 높다. 게다가 대형 선사에서는 너나 할 것 없이 많은 경험과 기술을 지닌 항해사들을 선호한다. 필리핀 항해사들이 한국 항해사들에 비해 연봉이 낮기 때문에 비용 측면에서 유리할지 몰라도, 각 기업이 우수한 한국인 항해사를 확보하려고 노력하는 배경이다.

대한민국에서 운영하고 있는 선원(해기사) 양성 교육기관은 총 다섯 군데다. 대한민국 외항 상선을 운영하는 기업에서 주로 고용하는 선원을 살펴보자. 사관은 해양계 교육기관인 한국해양대학교와 목포해양대학교에서 배출하는 졸업생과 부산해사고등학교와 인천해사고등학교에서 배출하는 졸업생 및 해양수산연수원에서 단기과정으로 운영하는 오션폴리텍과정 외항 상선 3급을 수료한 인원 중에서 고용한다.

---

14 김군진, 「외항상선 선원인력 수급 예측과 인력 부족에 대응한 선원 정책 방향」, 국립한국해양대학교 대학원, 2024. 2.

구분	합계	한국해양 대학교	목포해양 대학교	부산해사고	인천해사고	한국해양 수산연수원
2013년	1,193	402	367	152	122	150
2014년	1,205	382	424	159	114	126
2015년	1,163	382	402	157	116	106
2016년	1,249	424	441	158	118	108
2017년	1,184	418	401	156	116	93
2018년	1,178	409	436	159	112	62
2019년	1,241	456	453	156	121	55
2020년	1,221	483	439	141	112	46
2021년	1,181	439	437	151	117	37
2022년	1,243	469	449	146	108	71

교육기관별 사관 배출 인원 현황(2013~2022, 단위: 명)[15]

최근 10년 평균 해양계 교육기관에서 매년 배출하는 사관 인원은 평균 약 1,200명 정도이다. 국립한국해양대학교에서 외항 상선 선원 인력 수급 예측과 인력 부족에 대응한 선원 정책 방향을 연구한 결과[16]에 따르면 2022년 말 기준 한국인 사관은 1,236명이 부족한 것으로 산정되며 항해사에 대한 수요는 계속 증가할 것으로 전망된다.

15 한국선원복지고용센터, 한국해양수산연수원 자료, 2022.
16 김군진, 「외항상선 선원인력 수급 예측과 인력 부족에 대응한 선원 정책 방향」, 국립한국해양대학교 대학원, 2024. 2.

항해사는 이런 일을 한다

○ 항해사가 하는 일

항해사는 배를 운항(運航)하는 일을 하는 사람이다. 운항이란 무엇이며 목적은 무엇일까?

운항은 바닷길을 통해 무언가를 목적지까지 안전하게 운반하기 위해 항로를 찾아가는 일이다. 운송하는 대상은 화물이 될 수도 있고, 사람이 될 수도 있으며, 물고기가 될 수도 있다. 이에 따라 배를 크게 상선인 화물선과 여객선, 어선으로 분류할 수 있다. 항해사 역시 상선인 화물선과 여객선, 어선에 종사하는 항해사로 구분한다. 어선의 종류를 크게 네 가지로 나누어 살펴보자. 어선은 어류를 잡는 어로선, 어획한 고기를 운반하는 어획물 운반선, 배 안에 냉장, 냉동 또는 가공 설비를 갖추고 몇 척의 자선을 거느리며 자선이 잡아 온 어획물을 받아 배 안에서 통조림 따위의 가공이 가능한 공모선, 특수 어선으로 나눌 수 있다. 이 책에서는 상선, 즉 무역에 종사하는 여객선과 화물선에 중점을 두어 다루고자 한다.

상선	여객선	일반 여객선, 화객선, 연락선
	화물선	일반 화물선 또는 잡화선
		전용선: 목재전용선, 광석전용선, 석탄전용선, 시멘트전용선, 유류전용선, 화학물전용선, 액화가스전용선
		컨테이너전용선, 자동차전용선 등
어선	어로선	포경선, 트롤어선, 다랑어 주낙어선, 자망 어선, 건착망 어선, 기선, 저인망 어선
	어획물 운반선	
	공모선	
	특수 어선	어업조사선, 어업지도선, 어업시험선 등
특수선		실습선, 측량선, 준설선, 병원선, 해저 전선 부설선, 예인선, 소방선, 등대선 등
군함		항공모함, 순양함, 구축함, 호위함, 잠수함, 고속정 등

목적에 따른 배의 분류(출처: 공길영 외 4인, 『선박항해 용어사전』, 한국해양대학교, 2012.)

○ 화물선 항해사

화물선 항해사는 배를 안전하게 운항하면서 화물을 목적지까지 무사히 운반하는 역할을 한다. 삼면이 바다로 둘러싸인 대한민국은 수출입 의존도가 높은 나라이다. 앞에서도 잠시 이야기했지만 총 물동량의 99% 이상이 해운무역을 통해서 이뤄진다. 이 말은 곧 배가 수출입 물동량의 99%를 책임진다는 것을 의미한다. 화물의 종류는 다양하다. 종류에 따라 배의 구조도 달라진다. 컨테이너를 운반하는 컨테이너선, 철광석, 석탄, 곡물 등 벌크로 된 화물을 운반하는 벌크선, LNG, LPG, 원유를 운반하는 탱커선, 자동차를 운반하는 자동차 운반선이 있다.

화물의 종류에 따라 배의 구조가 전혀 달라지기 때문에 선종이 다를 때는 공통적으로 받아야 하는 교육 외에 특수화물에 맞는 교육이 따로 있는 경우가 존재한다. 화물선의 항해사로서 가장 중요한 점은 화물을 안전하게 운반하는 것이다. 이를 위해서는 선박의 안전, 화물의 안전, 선원의 안전을 중요시해야 한다.

외학서	대한민국 국적 선박으로 국내항과 외국항 또는 외국항에서 외국항 사이를 운행하는 상선
내항선	대한민국 국적 선박으로 국내항에서 운항하는 상선
원양어선	대한민국 국적 어선으로 원양구역에서 어로작업에 종사하는 선박
연근해어선	대한민국 연근해에서 어로작업에 종사하는 선박
해외 취업선	외국 국적 선박으로서 대한민국 선원이 승선하고 있는 상선과 어선

업종별 설명(출처: 한국선원복지센터 홈페이지)

(ⅰ) 여객선 항해사

여객선(旅客船)은 말 그대로 여행객의 이동을 목적으로 운항하는 배이다. 화물 운반이 주가 아니라 승객의 이동과 관광을 목적으로 영리를 추구한다. 화물의 운송도 부차직으로 이루어지며, 이를 화객선이라고 한다. 승객, 차량, 화물을 싣고 가까운 수역을 오가며 수역 양쪽 육지 교통을 연결해주는 연락선도 있다.

항해당직에 임하고 있는 항해사

일반 여객선과 크루즈선을 구분해 운행하는데, 여객선은 여객을 목적지까지 도달하는 데 목적이 있다면 크루즈선은 운반뿐만 아니라 배 안에서의 생활도 즐길 수 있도록 설계된 배다. 움직이는 호화 호텔이라고 생각하면 이해하기 쉽다. 테마파크, 수영장, 카지노, 피트니스 클럽, 와인바를 갖추고 있다. 여객선을 운항하려면 화물선과는 별도로 여객선 관련 교육을 이수해야 한다.

LNG선 일등 항해사 생생 인터뷰

7년간 LNG선에 승선했고 현재 해운회사 가스선 운항 감독으로 일하고 있는 항해사를 만나 이야기를 들어보았다.

A 처음부터 LNG선 항해사가 되려고 계획했던 건 아니었습니다. 대학교를 진학할 때쯤 해양대학교에 가면 배를 타고 해외를 오갈 수 있다는 것을 주변 지인을 통해서 알게 되었고 매력을 느꼈습니다. 제복을 입고 체력 훈련을 하는 각 잡힌 생활을 한다는 것 또한 힘들지만 좋은 경험이 될 것이라 생각해 해양대학교에 입학했습니다.

졸업 후 해운회사에 취직하면서 운 좋게 LNG선을 탔습니다. 저는 약 7년간 항해사로 승선 생활을 했는데요. 지루함이나 외로움을 느끼기보다는 생활에서 만족을 찾고자 노력했습니다. 내가 선택한 것에 책임을 지고 그 과정에서 내가 무엇을 얻을 수 있고 무엇을 포기해야 하는지 생각한 다음, 내가 얻을 수 있는 것에 최대한 집중했습니다.

A LNG선 항해사는 LNG선 전용 화물인 액화천연가스를 선적항[17]에서 양하항[18]까지 운송하는 임무에 필요한 제반 업무를 수행합니다. LNG 선박에는 대략 스물 여덟 명 내외의 승무원들이 승선하며 각자 업무를 이행합니다. 가장 주된 업무는 항해 당직입니다. 목적항까지 안전하게 항해할 수 있도록 하루 4시간씩 2번 항해 당직 업무를 수행합니다.

한국 LNG선 선사의 경우 대개 수석 항해사(Chief officer) 제도가 있어 일등 항해사(First officer)가 두 명 승선하는 경우가 많습니다. 그중에서 일등 항해사는 전체 갑판부의 최고 작업 책임자인 수석 항해사를 보좌하면서 업무를 친숙화하는 과정으로 수석 항해사의 업무를 분담합니다. LNG선 항해사는 네 시부터 여덟 시까지 항해 당직을 서는 일등 항해사와 항해 당직에 임하지 않고 화물을 관리하고 배의 정비를 담당하는 수석 항해사로 나뉘는데요, 다른 화물선에서는 일등 항해사가 모두 하는 일을 LNG선에서는 두 명이 분담합니다. 일등 항해사가 진급하면 수석 항해사가 되어 갑판부의 장 역할을 수행합니다. 화물 선적 및 양하 계획을 수립하고, 선박 안전 장비 관리 및 승무원 교육, 훈련을 주로 담당합니다.

---

17 선적항(船積港), 배에 화물을 싣는 항구를 의미한다.
18 양하항(揚荷港), 화물을 내리는 항구를 의미한다.

A 저는 2019년 10월에 마지막으로 하선해 승선 생활을 마무리했습니다. 당시 대략 세후로 연봉 9천만 원 정도 받았습니다. 지난 5년 동안 해상직원들의 임금이 상승해서 아마 국내 선사의 LNG선에 일등 항해사로 승선한다면 지금은 그 이상이 될 것으로 생각합니다. 육상 근무와 차이점이 있다면, 해상 근무의 경우 해외 근로에 대한 국가적 혜택 부여로 일정 부분 세금 감면 혜택이 있습니다. 또한 승선 생활 중에는 생활비가 많이 들지 않아서 월급에서 저축할 수 있는 비율이 높기 때문에 사회초년생으로서 미래를 준비하기에 유리했습니다.

A 선적지에서 화물을 선적하고 안전하게 운송해 양하지에서 하역을 마치고 출항할 때, 임무를 완수했다는 생각에 큰 보람을 느낍니다. 제가 승선했던 LNG선의 경우 대략 17만 미터의 LNG를 운송할 수 있는 크기의 선박이었는데요. 이는 대략 대한민국 국민 전체가 하루 정도 사용할 수 있는 LNG 양이랍니다.

요즘 LNG 선적지는 주로 중동 지역이나 미국입니다. 카타르에서 선적할 경우 인도양, 싱가포르를 거쳐 한국으로 돌아오기까지 약 한 달 정도 소요됩니다. 그리고 미국에서 선적할 경우에는 키리브헤, 피니미 운하, 태평양을 지나 한국에 도착하기까지 두 달 정도 소요됩니다. 여름철 인도양, 겨울철 태평양의 거친 바다에서 안전한 항로를 계획하고, 항해 동안 선박 기계

장비에 문제가 생기지 않도록 점검하며 전 승무원이 하루하루 각자 위치에서 맡은 일을 다했기 때문에 배가 목적지에 안전하게 도착할 수 있습니다. 배에서는 사소한 실수가 큰 사고로 이어지기도 하고 계획한 시간보다 지연될 수 있습니다. 전 승무원이 자신의 일에 충실하며 서로 협력하며 임무를 수행하는 것은 매우 중요합니다. 한국에 도착할 때면 17만 평의 LNG 양을 무사히 운반했다는 생각에 보람을 느낍니다.

Q 항해 시 정신적으로 무엇이 가장 힘들었나요? 스트레스를 푸는 자신만의 방법이 있는지 궁금합니다.

A 고백하자면, 초임 사관으로 회사에 입사해 삼등 항해사로 승선했을 때 정신적으로나 육체적으로나 많이 힘들었습니다. 지금 그때를 돌아보면 아직 다듬어지지 않은 제가 성장하는 과정이었던 것 같습니다. 많은 선후배님의 도움이 있었고 그 과정에서 많은 추억을 함께 만들어왔습니다. 힘든 일이 모두 자신의 잘못에서 오는 것은 아니지만 어떻게 대처하는가는 나에게 달려 있어요. 따라서 문제가 무엇인지를 인지하고 해결하기 위해 많이 노력했습니다. 업무적으로 잘 풀리지 않는 부분이 있다면 공부하고, 스스로 체크리스트를 만들려고 했어요. 사람들과의 관계에서 잘 풀리지 않을 때는 책을 보면서 인간관계에 대해 많이 고민하면서 선후배와 소통했고요. 가끔 스트레스를 많이 받을 때는 일과 후에 산책이나 운동을 하면 효과적으로 스트레스를 해소할 수 있었습니다.

Q 화물선 종류가 많은데, 그중에서 LNG선을 선택한 이유가 있을까요?

LNG선의 장단점은 무엇인가요?

A 저는 주로 LNG선을 승선하였기 때문에 타 선종과 비교하기가 조심스럽습니다. 다만 제가 경험한 LNG선의 단점은 상륙이 어렵고 각종 화물 장비가 많아 관리 및 점검에 많은 시간이 필요했습니다. LNG 터미널의 경우 위험시설이기 때문에 대부분 도시와는 거리가 떨어진 외곽지역에 있습니다. 또한 보안시설로 분류되어 외부인 및 승무원의 출입에 제한이 있어 상륙이 어려운 경우가 많습니다. 또한 LNG선은 화물 관리를 위한 장비가 다수 있는데요. 장비들이 정상 작동하지 않으면 하역 작업에 제한이 생기거나 시간이 지연될 수 있습니다. 따라서 반드시 모든 장비가 정상 작동되도록 유지해야 합니다. 간혹 장비들이 고장 날 경우, 많은 승무원이 노심초사하며 장비를 복구하기 위해 힘을 모읍니다.

Q 주로 어느 항로를 다니시나요? 가장 기억에 남는 항구가 있나요?

A 저는 주로 부정기선[19] LNG선에 승선하였습니다. 일정한 항로를 다니는 정기선과 달리 부정기선은 언제 어디로 배치될지 알 수 없는 경우가 많습니다. 그래서 세계 곳곳의 터미널에 기항할 기회가 있었습니다. 그중에서 가장 기억에 남는 항구는 이탈리아 로비고(Rovigo)라는 항구입니다. 선박 운항 감독으로 근무하면서 로비고에 출장을 두 번 갔었는데요. 출장 후 남은 시간을 이용해 터미널 근처에 있는 베네치아를 구경했습니다. 정말 아름다

---

19 부정기선(不定期船)이란, 정기적이고 일정한 취항 항로 없이 요구에 따라서 부정기적으로 운항하는 배를 말한다. 화물이 있고 운임 타협이 되면 언제, 어디든지 운항한다.

왔습니다. 또 한 번은 선박에 문제가 생겨 출장을 갔었는데요. 쉽지는 않았지만 터미널 담당자와 협의 끝에 화물을 무사히 양하하고 출항했습니다. 이탈리아 로비고에는 여러모로 많은 추억이 있습니다.

Q 항해사에게 건강은 더욱 중요하겠어요.

주기적인 신체검사에 대비해 항해사님은 어떻게 체력을 관리하시나요?

A 꾸준히 운동하려고 노력하고 있습니다. 시간이 날 때는 산책하거나 자전거를 탑니다. 평소 건강한 식습관과 충분한 수면을 통해서 일정한 컨디션을 유지하는 것도 중요하다고 생각합니다.

Q 10년 후 일항사님의 미래는 어떤 모습이라고 생각하시나요?

A '보이는 곳까지 뛰어라 그러면 또 보인다.'[20] 이는 학교 선배이신 안충승 박사님이 쓴 책 제목이기도 합니다. 저는 현재 해운회사에서 운항 감독으로 근무하고 있습니다. 10년 후 제가 어디에서 어떤 역할을 하고 있을지 그 모습이 명확하게 그려지지는 않습니다. 하지만 위 책 제목처럼 현재 위치에서 저에게 주어진 역할과 임무에 최선을 다한다면, 10년 후에는 또 다른 자리에서 제 역할에 충실히 임하고 있으리라 생각합니다.

---

20 안충승, 『보이는 곳까지 뛰어라 그러면 또 보인다』, 초당, 2009.

선교에서 맞이하는 저녁 식사

운하를 통과하는 LNG선

Q **마지막으로 항해사를 꿈꾸고 있는 학생들에게 한 말씀 부탁드립니다.**

A 먼저 여러분이 꿈을 가지고 있다는 자체에 경의와 존경을 표하고 싶습니다. 저는 누구나 꿈이 있다면 이룰 수 있다고 생각합니다. 그 꿈을 이루기 위해 매일 내가 해야 할 일이 무엇인지 찾고 실천하기를 바랍니다.

간혹 어려움을 만나더라도 좌절하지 말고 성장의 과정으로 마주하시기를 바랍니다. 혹여 꿈을 이루고 나서 내가 생각했던 것과 다르더라도 그 과정에서 여러분은 많은 것을 배우고 성장했을 것입니다. 항상 꿈꾸며 도전하는 여러분을 응원하겠습니다.

자동차 운반선 일등 항해사 생생 인터뷰

자동차 운반선에서 일하고 있는 10년 차 일등 항해사를 만나 이야기를 나누었다.

Q 항해사가 된 계기와 그 과정이 궁금해요.

A 일반 대학교에 입학한 후 취업을 준비하는데, 금방 취직이 되지 않았어요. 계속 구인 사이트를 보다가 해양수산연수원에서 진행하는 오션폴리텍 양성 프로그램을 알게 되었습니다. 해양 관련 대학교를 나오지 않아도 배를 탈 수 있다는 내용을 보고 지원했습니다. 그 이후로 쭉 배 타는 것만 생각하고 승선하다가 이렇게 자동차 운반선의 일항사까지 되었네요.

Q 자동차 운반선이 다른 화물선과 다른 점은 무엇일까요?

A 먼저 안전 장비가 아주 많습니다. 그래서 삼등 항해사 및 일등 항해사

가 관리해야 할 안전 장비의 수가 많아요. 또한 다른 화물선에 비해 수면 밖으로 드러나는 선체 비율이 높아 바람의 영향을 크게 받는 선종입니다. 자동차 자체에 연료가 들어 있기 때문에 운반 도중 화재가 발생할 위험성도 존재합니다.

또 다른 특징으로는 정기선이 아니어서 다른 선종들에 비해 들어가는 항구가 아주 다양하다는 점입니다. 덕분에 많은 경험을 할 수 있습니다. 아무래도 다른 화물들에 비해 하나하나 사람이 직접 싣고 내려야 해서 많은 인력이 필요합니다.

A 일단 기본적인 교육은 비슷하지만 화재에 대응하는 교육을 면밀히 받습니다. 앞서 말씀드렸듯이 화재 위험성이 높은 선종이고 불이 나면 쉽게 진화하기 어렵기 때문에 초기 대응이 중요합니다. 회사에서도 매년 화재 교육을 필수로 이수하고 있습니다. 그리고 직무에 필요한 교육이 추가로 진행되는데요. 항해사들은 선미 램프(stern ramp)나 이너 램프(inner ramp) 운용에 대한 교육, 패널 조정을 위한 기기인 '데크 리프터(deck lifter)' 작동법이나 '포크 리프터(folk lifter)' 운전 교육을 따로 받고 있습니다.

A 일등 항해사는 기본적으로 4시부터 8시까지 항해 당직에 임합니다. 오전에 주간 업무 팀과 어디를 정비할지 미팅하고 오전에 쉬어요. 12시에

점심을 먹고 오후 1시부터 5시까지 갑판 정비 업무를 진행합니다. 오후 5시 30분에 저녁을 먹고, 그 이후에는 서류 작업이나 다음 날 필요한 작업을 정리합니다. 이후에는 자유시간을 보내요. 매주 토요일은 특별히 위생 점검을 진행합니다. 배의 공공구역과 선원들 침실 정리 정돈 상태를 확인하지요.

Q 주로 어느 항로를 다니시나요? 가장 기억에 남는 곳은 어디인가요?

A 정해진 항로가 없지만, 극동-유럽, 극동-아프리카-유럽, 극동-북아메리카-남아메리카-카리브해-유럽, 유럽-중동 항로로 많이 다녔어요. 이 외에도 자동차 운반선은 부정기선이라 다양하게 다니고 있답니다.

개인적으로 독일 브레머하펜(Bremerhaven)과 영국 사우샘프턴(Southampton)을 가장 좋아합니다. 특히 브레머하펜은 자동차 운반선을 타고 근무하다 유럽에 가게 되면 꼭 들르는 모항(母港)[21] 같은 곳이에요. 제가 대학교에서 독일어를 전공했기 때문에 더욱 친근하고 가깝게 느낀 데 한몫했지요. 영국 사우샘프턴도 자주 가는 곳이고요. 이곳이 타이타닉호가 출항했었던 항구라서인지 더 기억에 남네요.

Q 자동차 운반선의 장점과 단점은 무엇인가요?

A 다양한 항구를 갈 수 있다는 장점이 있습니다. 부정기선이라 항상 가는 항로가 바뀌기 때문에 새로운 느낌을 받을 수 있어요. 하지만 이건 장점이자 단점이 되기도 하네요.

21　명사 어떤 배의 근거지가 되는 항구를 뜻한다.

또 다른 장점은 자동차 자체 화물이 깔끔하다는 건데요. 다른 화물에 비해 각각의 화물이 완전체로 선적되기 때문에 화물 자체가 굉장히 단순합니다. 또 거주 구역 내에 사관이나 부원들 방이 같은 층에 배치되어 있어서 상대적으로 선원들 사이가 더 좋게 느껴지기도 한 것 같아요.

단점은 바쁘다는 거예요. 입출항이 잦은 편이라 선원들의 피로도가 높은 선박입니다. 정박 때도 각 화물 작업을 선원이 직접 감독해야 해서 육체적으로 힘들어요. 또한 바람이나 조류 같은 외부 요인에 영향을 많이 받기 때문에 날씨가 좋지 않으면 선박이 심하게 요동쳐요. 전 멀미를 많이 하는 편이라 더 힘들답니다.

Q 업무 외 시간은 어떻게 보내시나요?

A 요즘은 선내에서 인터넷을 사용할 수 있기 때문에 동영상을 보거나 SNS를 하거나, 가족 및 친구들과 카톡을 하면서 보냅니다.

Q 가장 위험했던 경험에 관해 들려주세요.

A 세 가지가 생각나요.

첫 번째는 제가 삼항사일 때 아프리카 나이지리아에 있는 라고스(Lagos)라는 항구에서 밀항자를 배에 태웠을 때입니다. 그 당시 밀항자 여섯 명을 발견하고 그들을 외부 수에즈 룸(Suez room)에 가둬두고 돌아가면서 보초를 서고 있었어요. 잠시 제가 혼자 보초를 서고 있을 때 밀항자들이 탈출을 시도했어요. 순간 너무 무서워서 적극적으로 말리지도 못하고 무전기로 선장님께 보고하였습니다.

두 번째는 배에서 일하던 필리핀 갑판장이 갑자기 사망하는 사건이 발생했던 때입니다. 배는 믈라카(Malacca, 현장에서는 흔히 '말라카'라고 부름) 해협 입구 쪽에서 홍콩을 향해 가던 길이었는데요. 갑판장이 숨을 못 쉬겠다고 해서 심각한 상황으로 번졌어요. 해상 의료 서비스를 통해 긴급조치를 취하고 주변 당국에 알리며 배의 항로를 급하게 바꾸는 방법도 고려했지만 결국 그를 살리지 못했어요. 그래서 배를 타는 것은 늘 위험을 수반하는 일이라는 점을 다시금 깨달았습니다. 더구나 배에서 아프면 매우 위험하다는 것을 체감했기에 개인적으로 건강에 더욱 신경 쓰는 계기가 되었어요.

마지막으로 제가 이항사였을 때였어요. 배가 광양에 정박해 있었는데요. 광양은 3·4월에 갑자기 돌풍이 부는 경우가 많아요. 배를 잡고 있는 줄 하나가 터져버리면서 배 선수가 갑자기 부두와 떨어지면서 긴박한 상황이 벌어졌어요. 급하게 예인선을 수배했지만 시간이 걸렸고, 배가 항구와 5미터 이상 멀어졌어요. 나머지 다른 줄들도 터지면서 더 큰 사고가 날 뻔했던 경험이 있어요.

Q 10년 후, 일한사님의 미래는 어떤 모습일 거라고 생각하시나요?

A 선장을 거쳐 도선사가 되어 있을 것 같아요. 여자 도선사도 생겼고 여자 선장들도 점점 생겨나는 시점이라 저 역시도 항해사로서 더 큰 꿈을 꾸고 있거든요. 또 도선사이신 아버지의 뒤를 따라 최초의 부녀 도선사가 되고 싶기도 합니다.

A 결코 쉬운 길은 아니라고 생각합니다. 하지만 불가능한 일이라거나 힘들기만 한 길은 아닙니다. 물론 감수하고 포기해야 하는 부분이 많은 것도 사실이지만, 그렇기에 더욱 자부심을 가지고 일을 할 수 있는 곳이 선박이라고 생각합니다. 어디나 어렵고 힘든 일은 존재하기 때문에 선박이 특별히 더 어렵다고 생각할 필요는 없습니다. 어느 정도의 위험성이 있더라도 항상 조심하고 주의하면 위험성도 통제할 수 있다고 생각합니다. 예전과 다르게 선상에서의 생활도 많이 바뀌어 가고 있기 때문에 두려움보다는 설렘을 가지고 즐겁게 승선한다면 충분히 보상이 주어질 것이라 자신합니다.

❶ 부두에 접안해 있는 자동차 운반선
❷ 선미 램프(Stern ramp)가 열려 있는 모습.
　이곳을 통하여 차를 싣는다.
❸ 옆에서 본 자동차 운반선

여객선 일등 항해사 생생 인터뷰

8년간 여객선에서 근무하며 일등 항해사로 승선하고 있는 항해사를 만나 이야기를 나누었다.

Q 여객선 항해사로 근무하게 된 계기가 있나요?

A 고등학생 때 페리를 타고 일본으로 수학여행을 간 적이 있습니다. 그때 대형 여객선에 대한 낭성이 생겨 여개선 항해사를 꿈꾸었습니다.

Q 여객선 항해사는 어떤 일을 하는지 궁금합니다.

A 여객선도 상선으로, 규모나 항로 등에 따라 상이할 수 있으나 항해사 업무는 크게 다르지 않습니다. 여객선은 여객만 모시고 운항하며, 카페리 여객선은 자동차와 여객 모두 태웁니다. 선내 여객설비와 구명설비가 상선, 즉 화물선에 비해 월등히 많아서 관리에 더욱 신경 씁니다

A 여객선의 가장 큰 장점은 원양항해처럼 멀리 가지 않는다는 점입니다. 그래서 가족, 친구, 연인과 오랜 기간 떨어지지 않고 가까이에 있을 수 있어요. 또 회사마다 조금 다르지만 휴가를 자주 갈 수 있고, 경조사가 있을 때는 팀원들과 일정을 조정하면서 마음 편히 다녀올 수 있어요. 승선하지만 육지에 있는 시간도 많고, 비교적 한 곳에서 오래 근무할 수 있다는 장점이 있습니다. 단점으로는 여객선이 많지 않고, 한번 승선하면 오래 근무하기 때문에 진급이 느리고 급여가 적다는 부분입니다.

A 전라남도 장흥과 제주도 항로를 약 4년, 인천에서 백령도 항로를 약 6개월, 그 후로는 여수에서 제주도, 완도-제주 항로에 근무했습니다.

A 여객선 및 항해 일정마다 조금씩 다르겠지만, 제가 승선했던 쾌속 카페리 여객선은 출퇴근 형태였기 때문에, 출항 준비를 하면 여객분들을 모시기 위해 부서와 직책을 막론하고 모든 직원이 선내·외부 창문, 외부 갑판, 선내 통로, 차량 갑판 청결 작업을 진행합니다. 쾌속 카페리 여객선보다 규모가 큰 카페리 여객선에서는 입·출항이 총 매일 4회 이상 하는 것이 다르며 여객설비, 선내 청결 관리 등에서는 동일합니다.

 여객선 항해사가 우선시하는 일은 무엇인지 궁금해요.

A 여객선이다 보니 여객들의 안전과 선박 청결 관리를 최우선으로 생각합니다. 또한 여객들이 사용하는 모든 부분을 관리해야 합니다. 겨울철 외부 갑판에서 여객들이 미끄러지지 않도록 재차 확인해 미끄럼 방지에 신경 씁니다. 특히, 물이 얼지 않도록 해야 합니다. 선내 각 구명장비(구명조끼, 비상 랜턴, 비상 망치 등)가 잘 비치되어 있는지 확인하고 작동 상태도 점검해야 합니다. 생각보다 여객분들이 궁금해하는 사항이 많은데요. 가끔 궁금증이 많은 여객분들은 본선이 안전하게 운항되는지 물어보고 목적항에 도착하는 시간도 최대한 맞춰주기를 바랍니다. 여객선 항해사라면 여객분들이 편안하게 승선할 수 있도록 운항 중에도 항시 온 신경을 써야 합니다.

Q **승선하고 나서 겪었던 재미있었던 일이나 뜻깊은 일이 궁금합니다.**

A 여객선의 경우 계속 같은 선원들과 오래 근무하는 경우가 많았습니다. 그래서 가족이나 친구처럼 가까이 지내곤 합니다. 매주 정기 휴항을 하면 같이 나들이도 가고, 제주도에 접안할 때면 잠시나마 외출할 수 있어 좋았습니다.

뜻깊은 경험으로 쾌속 카페리 여객선에 근무했을 때 생긴 일이 떠오릅니다. 여객선에 근무하면 수많은 여객과 마주하게 되는데요. 쾌속 카페리 여객선은 다른 배에 비해 선체 흔들림이 심합니다. 승선한 여객 한 분이 멀미가 너무 심한 나머지 실신해 응급조치했고, 다행히 천천히 혈색이 돌아왔어요. 여객분이 내려가는 길에 같이 있던 아이가 고맙다며 인사해줬던 것이 기억에 남아요.

또 수학여행으로 학생들이 승선했을 때 선내에서 친구끼리 뛰다가 넘어져 승객이 다리를 다친 적이 있어요. 전화가 잘 안 되는 구간이었는데, 긴급전화 119를 통해서 실시간으로 의사분과 3자 통화를 하면서 응급조치를 취했습니다. 입항 후에는 구급차로 인계했던 기억이 있어요.

A 아무래도 수많은 여객을 모시다 보니, 이런저런 소소하게라도 불미스러운 일들이 발생합니다. 황당한 사건이 있었는데요. 기상이 나쁠 때 최대한 흔들리지 않도록 신경을 써서 운항했지만, 멀미하던 한 승객이 저에게 "네가 운전했냐?"라며 언짢게 말씀하셨어요. 그때 죄송하면서 억울하기도 했습니다.

A 학생분들과 가족분들, 어른 단체 분들과 회사 프로그램으로 선내 투어를 할 때 "정말 멋지네요!"라고 말씀해주실 때 정말 기분이 좋았습니다. 기상악화 시 운항했을 때 많은 여객분이 "수고 많으셨습니다." "고맙습니다."라고 인사해주셨을 때가 뿌듯합니다.

A 매주 있는 정기 휴항일에는 같이 근무하는 선원들과 외출해서 맛있는 음식도 먹고 주변을 관광하며 시간을 보냈습니다. 휴가 때는 사랑하는 아내와 전국을 돌며 여행했습니다.

 여객선 항해사를 추천하는 이유는 뭘까요?

A 제가 짧게나마 원유선에 승선했을 때는 선장님 이하 많은 이가 가족과 시간을 많이 보내지 못해 힘들어하곤 했습니다. 저 또한 그런 경험이 있었기에 여객선 항해사를 추천하고 싶습니다.

무엇보다 저는 여객선에 승선하면서 아내를 만났습니다. 휴가 때면 한 달에 일주일 이상 여행을 다니며 시간을 보냈지요. 지금도 예쁜 딸아이와 자주 함께할 수 있는 점이 좋네요. 근무하는 회사에서도 젊은 선원 대부분이 가정을 많이 이루고, 또 이루려는 이들이 많이 있습니다.

Q **항해사를 꿈꾸는 사람들이 무엇보다 궁금한 부분은 연봉일 것 같아요.**

선종과 선사마다 차이가 있겠지만 대략 어느 정도인가요?

A 회사마다 다르며, 제가 다니는 회사 또한 항해사 중에서 연봉이 높은 편은 아닙니다. 일항/기사 기준 실수령 450만 원 정도 되며, 이항/기사 기준 실수령 400만 원 정도, 삼항/기사 기준 실수령 350만 원 정도, 또한 선장님은 실수령 650~700만 원 정도 받으시는 걸로 알고 있습니다. 수당에 따라 수금 더 받는 날도 있습니다.

Q **마지막으로 여객선 항해사를 꿈꾸고 있는 학생들에게 한 말씀 부탁드립니다.**

A 현재까지 여객선에서 후배 해기사들을 몇 명 만나봤지만, 여객선이 타 선종보다 일하기 편하고 업무가 쉬울 거라 생각하는 이들이 종종 있었어요. 그들이 하선할 때마다 아쉬운 점이 많았습니다. 관심 있는 분야에서 본인이 먼저 준비하고 노력하면 더 좋은 결과를 얻을 수 있지 않을까 생각합니

❶ 여객선 앞에서 선원 동료들과 찍은 사진
❷ 승객 승선 전 회의하는 모습
❸ 승선 후 승객을 대상으로
안전 교육하는 모습

다. 여객선에 관심을 가져주시면 좋겠고, 노력하는 유능한 후배 해기사들이 많이 왔으면 합니다. 더 안전하고 쾌적하고 즐거운 여객선이 늘어나면 좋겠습니다(웃음). 여객선 항해사를 꿈꾸고 계신 후배 해기사분들과 곧 뵙는 날이 오리라 믿습니다.

해외 선사 크루즈선 항해사 생생 인터뷰

세계 3대 크루즈 기업 중 하나인 로열 캐리비안 그룹(Royal Caribbean Group)에서 4년 차 근무하고 있는 항해사를 만나 이야기를 나누었다.

Q 크루즈선 항해사가 된 계기와 그 과정이 궁금합니다.

A 2011년 목포해양대학교 1학년 재학 중, 우연히 교내 게시판에 붙은 '2012 여수 세계박람회 진곡 공모전' 포스터를 보았습니다. 포스터에는 로열 캐리비안 크루즈 선사의 '오아시스 오브 더 시즈(Oasis of the Seas)'라는 당시 세계 최대 크루즈선의 이름이 적혀 있었습니다. '이거다!' 싶은 마음에 친구 두 명과 '바다토끼'라는 팀을 꾸려 공모전을 준비했습니다. 그 결과, 최종 상위 다섯 팀 안에 선정되어 외부 기관을 탐방힐 기회를 얻었고, 싱가포르에서 로열 캐리비안 크루즈 선사의 아시아 최대 크루즈선인 '레전드 오브 더 시즈(Legend of the Seas)'를 탐방했습니다. 그곳에서 만난 노르웨이 선장

님과 인연이 되어 동기부여를 많이 받았습니다. 이후 프로젝트 결과 공모전 대상과 국토해양부장관상을 받았습니다. 당시 크루즈로 진출한 한국 해기사 전례가 없었고, 취업할 방법을 찾기도 어려웠습니다. 미국 로열 캐리비안 고객센터에 이메일을 넣어보기도 했지만 정보를 얻기가 힘들었습니다. 졸업 후 의무 승선을 마칠 때까지 크루즈와 관련한 것이라면 무엇이든 적극적으로 알아보았습니다. 영어 공부는 물론 독일 크루즈 취업 박람회, 핀란드 소재 해양대학교 교환프로그램, 국제 크루즈 포럼에도 매년 참가했습니다. 현재 바다토끼 팀원들은 모두 세계 3대 크루즈 선사에 모두 입사하여 근무하고 있습니다. 저는 로열 캐리비안 크루즈, 다른 두 친구는 카니발 크루즈와 노르웨지안 크루즈에서 국가대표라는 마음으로 근무하고 있습니다.

Q 주로 어떤 일을 하시나요?

A 선사마다 상이할 수 있지만, 항해 업무를 기본으로 합니다. 화물선은 한 달에 한두 번 남짓 입출항하는데요, 크루즈선의 경우 한 달 중 보통 20~25일가량 정박하기 때문에 화물선에 비해 주기가 굉장히 빠르고 업무 부담이 큽니다. 항해 업무 외에도 선내 구명설비, 조난설비 등 전반적인 선내 점검, 각종 훈련에 더불어 타 부서와 협업해야 하는 일이 상당히 많기 때문에 선박 조직 자체에 대한 높은 이해도가 요구됩니다.

Q 항해사님의 일과는 어떻게 되나요?

A 어떤 당직을 서냐에 따라 일과가 많이 달라집니다. 현재 저는 3개월 승선, 3개월 휴가 시스템으로 근무합니다. 한 배에 같은 직급 사관이 3명이라

대략 한 달을 주기로 당직을 바꾸게 됩니다. 야간 당직을 서는 사람, 입출항 당직에 근무하는 사람, 정박 중인 주간 시간에 당직을 서는 사람으로 나뉘는데요, 기본적으로 아침에 입항한 후에는 그날 계획된 작업, 훈련, 교육, 검사 등을 준비하고 각자가 맡은 파트의 일정에 따라 움직입니다. 출항하기 전에는 '출항 전 브리핑'과 '다음 포트에 대한 입항 브리핑'을 하고, 그때까지 예상되는 업무에 대해 회의합니다. 기상 상태를 확인하고 대응하는 것도 중요한 업무 중 하나입니다.

A 당직 근무에 따라 달라집니다. 출항을 마치고 나서 쉬는 날이면, 퇴근 후에 이브닝 유니폼으로 갈아입고 동료 사관들과 게스트 구역에서 식사하고 카페에 가거나 공연을 봅니다. 야간 당직을 서고 난 다음 낮에는 쉬는 날이면 만사 제쳐두고 현지 기항지로 나가봅니다. 육지에 발을 디디고 현지 문화를 즐기면서 에메랄드빛의 바다 혹은 지중해 유적지 등을 만끽하고 돌아오면 정말 일할 맛이 난답니다. 게스트들이 이용하는 유료 투어에 사관들은 무료로 참여할 수 있어서 미리 알아두었다가 가고 싶은 투어가 있으면 참여하는 것도 큰 매력입니다.

A 지중해 크루즈 중에 방문한 그리스가 가장 기억에 남아요. 포카리스웨트 CF에 나오던 산토리니, 미코노스, 그리고 드라마 〈태양의 후예〉에 나왔던 장소, 출연진들도 기절할 정도로 예쁘다고 했던 자킨토스의 나바지오 해

변이 생각납니다. 화물선 항해사로 근무할 때, 제 직업이 항해사라고 하면 주변에서는 "오, 그럼 세계 여행도 하고 너무 좋겠네요!"라는 반응이 많았습니다. 당시에 그렇다고 말하면서도 속으로는 '잠시 스쳐 지나가는 정도라고 솔직하게 말할 걸 그랬나?' 하면서 내심 찝찝했던 적도 있었습니다. 하지만 지금처럼 사람들이 시간 내고, 비용을 들여 세계의 명소를 골라서 다니는 크루즈 항로에서는 진정으로 즐기며 근무하고 있습니다.

Q 항해하면서 가장 기억에 남는 일(위험한 경험, 뿌듯한 일)은 무엇인가요?

A 지중해 크루즈에 승선할 당시, 이스라엘에 있는 한 항구에 입항할 때였습니다. 새벽이라 앞이 캄캄했는데요. 전날 게스트 투어 중 차량에 문제가 생겨 복귀가 늦어져 평상시보다 빠른 속도로 항해하던 중에 이스라엘 해군의 전파 방해로 인해 GPS 세 개가 모두 다 작동 불가 상태가 되었습니다. 순식간에 레이더를 확인할 수 없는 상태에 직면했기 때문에 어두운 창밖을 눈으로 직접 보며 항해해야 했습니다. 시간이 한참 흘렀던 것 같은데, 지나고 보니 15분 남짓 지났다는 것을 알고 깜짝 놀랐습니다.

뿌듯했던 일도 있습니다. 핀란드에 있는 조선소에서 세계 최대 크루즈선인 아이콘 오브 더 시즈가 새로 만들어져 인수 멤버로 근무할 때였습니다. 처음에는 선내에 라이트조차 설치되기 전이라 손전등으로 비추며 다녔는데요, 몇 달이 지나 배가 완성되고 각종 검사를 통과해 출항할 수 있게 됐습니다. 아이콘 호의 모항이 될 마이애미 항에 처음 입항할 때 우연히 제가 당직이었는데요. 입항하는 동안 열 개가 넘는 드론과 헬리콥터, 경비행기, "Welcome Icon"이라는 문구를 들고 떠 있는 애드벌룬 등이 우리를 맞아주는 모습에 정말 뿌듯했습니다. 당시 제 가슴팍에 적혀 있던 "KOREA" 와 "Jimin"이라는 제 이름을 마음에 새겼습니다.

A 장점이 정말 많지만, 그중에서도 승선과 휴가의 비율이 1:1로 안정적이라는 점입니다. 이로 인해 삶의 질이 수직 상승했습니다.

휴가가 잘릴 일도 없고요, 갑자기 승선해야 하는 상황도 발생하지 않습니다. 육상에서 근무하는 '스케줄러'라는 직책이 있어서, 직급마다 관리하는 스케줄러가 다수 배정되어 있습니다. 해기사가 어떤 선박을 어느 항에서 언제 승선·하선할지 미리미리 효율적으로 일정을 운영합니다. 휴가 때는 가족 친지들에게 집중하고, 배우고 싶었던 것들도 마음껏 배울 수 있습니다. 게다가 선원 복지 혜택으로 가족들을 무료에 가까운 요금으로 초대할 수 있어요. 저는 이미 몇 차례 아내와 동승해서 한 달을 보내기도 하고, 부모님을 모시고 가족여행을 하는 등 서비스를 이용하고 있습니다. 단점은 별로 없지만 그래도 굳이 한 가지를 찾자면, 한국인 조리장이 없다는 점입니다. 셰프들이 해주는 스테이크, 파스타 등 서양 요리들 사이에서 한식파인 저는 늘 뜨끈하고 얼큰한 국물 음식이 그립답니다.

A 글로벌 선사에서 한국인 사관이라면 엄지를 치켜세울 수 있을 정도로, 시니어 사관이 되어 부단히 성장하면서 후배들에게 더 좋은 근무 환경을 마련해줄 수 있는 위치에 자리한다면 좋겠습니다. 10년 전, 해양대학교

① 아이콘호 근무 중 구명정에서
② 대학 시절 대외활동으로 로열 캐리비안
   레전드호에 승선해 꿈을 키우기로
   마음먹은 순간(바다토끼 팀과 함께)
③ 아이콘호 신조선 데크팀과 함께

4학년 때부터 지금까지, 그리고 그보다 더 오래전 처음으로 크루즈를 처음 보았을 때보다 앞으로 다가올 시간이 더 기대됩니다.

> **Q 마지막으로 이 길을 걷고자 하는 후배들에게 한 말씀 부탁드립니다.**

A 항해사가 되기 위해서 달리 대단한 것이 필요하지 않습니다. 하고자 하는 것이 있다면(그것이 항해사 이외의 무엇이라 하더라도) 간절히 원하는 만큼 노력을 마다하지 않겠다는 태도가 중요합니다. 성장 과정에서 나의 위치, 강점과 약점을 객관적으로 파악하고 실질적으로 이루기 위해 실천하는 자세가 필요합니다. 말만 번지르르하게 하는 것과 한 걸음이라도 꾸준하게 나아가는 것에는 정말 큰 차이가 존재합니다. 이것이 결국 제가 크루즈 항해사가 될 수 있었던 가장 큰 열쇠였다고 생각합니다.

원양어선 일등 항해사 생생 인터뷰

원양어선에서 13년 차 근무하고 있으며 일등 항해사에서 선장으로 진급한 분을 만나 이야기를 나누었다.

Q 항해사가 된 계기가 무엇인가요?

A 어린 시절 유난히 바다를 좋아했던 저는 여름이면 매일 같이 바다에 놀러 가곤 했습니다. 여느 때처럼 친구들과 물놀이를 즐기다 바다 위에 떠 있는 선박을 보곤 "저렇게 큰 배는 누가 어떻게 움직일까?" 하는 궁금증이 생겼고, 그때 항해사라는 직업을 처음 알게 되었습니다. 이후 검색해보던 중 드넓은 바다를 누비며 세계 곳곳을 다니는 항해사를 장래 희망으로 삼았습니다.

A   학창 시절 공부를 잘하지 못해 해사고등학교에 지원조차 할 수 없었던 저는 부모님과 다방면으로 알아보던 중 전문계 해양고등학교가 있다는 것을 알게 되었습니다. 그중에서도 기숙사비 및 학비 전액이 지원되는 경남해양과학고등학교에 진학하였습니다. 재학 중 졸업하신 선배님들의 승선 생활에 관한 이야기와 연봉 등 항해사의 구체적인 임무와 생활에 대해 알게 되고 원양어선에 승선하는 꿈을 키웠습니다.

A   참치 선망 어선 항해사의 주 임무는 어장까지 안전하게 항해하는 것입니다. 그리고 어장에서 경쟁 선박보다 먼저 참치를 찾는 어탐(魚探, 어군 탐지), 위험 요소가 매우 많은 어로작업 중 가장 안전하고 신속하게 어로 장비를 조작하는 것입니다.

A   원양어선의 경우 상선과는 다르게 어장에서의 주간 당직이 없습니다. 주로 어탐을 위해 움직이기 때문인데요. 저의 일과는 야간 당직부터 시작됩니다.

어장에서는 새벽 3시부터 박명[22] 시까지 당직을 서고 아침 식사 후 어탐을 위해 코파(망루)라는 곳에 올라가게 됩니다. 그곳엔 최대 8마일 거리에

---

22   박명(薄明)은 해가 뜨기 전이나 해가 진 후 얼마 동안 주위가 희미하게 밝은 상태를 뜻한다.

떨어져 있는 새를 볼 수 있는 쌍안경이 설치되어 있습니다. 버드 레이더(Bird Radar, 조류 탐지 장치)나 소나(음파탐지기)와 같이 여러 어탐 장비를 사용해 어획물을 찾아서 조업합니다. 이후 일몰 때가 되면 작업을 마무리하고 저녁 식사 후 휴식을 취합니다.

Q 주로 어느 항로로 이동하나요?

A 제가 승선 중인 선망선의 경우 남태평양이 주 어장이며, 주로 오세아니아 지역으로 많이 다닙니다.

Q 항해하면서 가장 기억에 남는 순간은 언제였나요?

A 19살의 나이로 '유벤투스(Juventus)'라는 선박에 승선한 저는 약 한 달간의 조업을 마치고 첫 번째 목적지[23]인 라바울(Rabaul)이라는 섬으로 입항하였습니다. 그 섬은 항구 옆에 활화산이 자리 잡고 있었는데, 그곳에서 쉼 없이 연기가 솟아오르고 있었습니다. 아주 인상 깊은 섬이었지요. 처음 보는 광경에 들뜬 마음도 잠시, 하루가 멀다 하고 뿜어져 나오는 화산재는 선 내 유리창을 넓고 레이더 스캐너마저 시꺼멓게 만들었습니다. 실습 항해사였던 열아홉 살의 저는 삼등 항해사와 함께 시꺼먼 화산재를 치우느라 진을 뺐던 기억이 가장 깊게 남아 있습니다. 당시에는 악몽 같았지만 유난히 힘들었던 그 시절 역시 이제는 가장 특별한 경험이자 잊지 못할 추억으로 마음에 남았습니다.

---

23 전재지 원양어선 마선 후 어획한 어획물을 운반선에 옮겨 싣기 위해 입항하는 곳을 말한다.

Q 승선 기간과 휴가 기간은 어느 정도인가요?

A 원양어선 계약은 업종 및 선사마다 차이가 있지만 제가 속한 회사는 계약 기간이 12개월입니다. 계약을 마치고 귀국하면 다음 계약까지 휴식을 취하는데, 보통 3개월에서 많으면 1년씩 쉬는 사람도 있습니다.

Q 항해 시 업무 외 시간은 어떻게 보내시나요?

A 만선 후 전재지 입항을 위한 항해 또는 어장을 찾기 위해 금어 수역을 통과하는 항해의 경우 원양어선도 상선과 같이 주야간 당직 체계로 돌아갑니다. 이럴 땐 주간에 조업이 이루어지지 않기 때문에 일, 이, 삼항사가 각 4시간씩 하루 총 8시간 당직 근무를 수행하며, 그 외 시간은 조업 준비, 연안국 보고 서류 같은 업무를 보고 그 외 시간은 자유시간으로 보냅니다. 본인은 이 시간을 활용해 독서나 음악감상, 또는 영화나 드라마를 보며 시간을 보내고 있습니다.

Q 회나, 생선을 많이 먹나요?

A 먹는 것은 육상에서 먹는 것과 크게 다르지 않습니다. 다른 점이 있다면 육상에서 접하기 힘든 참치 특수 부위 같은 걸 자주 접할 수 있다는 점입니다.

Q 원양어선 항해사의 장점과 단점은 무엇일까요?

A 원양어선의 장점은 상선 대비 많은 연봉과 빠른 진급이라 생각합니다. 물론 상선 또한 본인의 능력이 진급 속도에 영향을 주겠지만, 제 주변에 특

례가 끝나기 전 일등 항해사로 진급한 경우가 많습니다. 반대로 단점은 상선 대비 자유시간이 적다는 점입니다. 아무래도 조업은 보통 주간에 이루어지므로 조업 후 야간 당직까지가 일과입니다. 따라서 업무 외 개인 시간을 보내기 힘든 점이 단점으로 다가올 수 있으나, 다르게 생각하면 바쁜 하루를 보내다 보면 어느새 계약 만기 시점이 가까워지므로 큰 단점은 아니라고 생각합니다.

A 어려서 하는 고생은 사서도 한다는 말이 있습니다. 많은 사람이 공감하기 이려운 이야기이겠지만 이린 시절의 경험은 인생을 살아가는 토대가 되어 노하우를 쌓을 수 있다고 생각합니다. 선원 대부분이 이곳을 평생직장으로 생각하지 않는 것으로 알고 있습니다. '극한 직업'이라 불리는 해기사라는 경험과 세상을 돌아다니며 얻는 지식은 우리를 한층 더 발전하게 도와줄 것입니다.

A 원양어선 같은 경우는 환율, 어가(생선값)에 영향을 많이 받고 월 고정급이 아닌 생산 능률급이 적용되어 연봉이 매번 달라집니다. 정확하게 말씀드리기 어려우나, 제가 일등 항해사로 가상 적게 받은 금액이 1.5억 원이며, 가장 많이 받은 금액은 2억 원 정도였습니다.

원양어선 BONAMI호

냉동한 어획물(참치)을 운반선으로
옮기는 모습

어망을 던진 후 그물을 조이는 중에
물고기 떼가 탈출하지 못하도록 막는 모습

어획한 참치를 어창에 입고하기 위해 준비하는 모습
(사진상 어획물 약 200톤, 어가 1,500달러 기준 약 30만
달러로 약 4억 원에 달함)

A 10년 후 저는 현재 근무하는 회사의 선단장(船團長)[24]이 되어 있을 것이라 감히 말씀드려봅니다. 현재 우리 회사 태평양 선단엔 총 13척이 있으며, 그 13척의 선장님 중 경험이 풍부하고, 리더십이 강한 한 분의 선장님이 태평양 선단을 대표해 선단장 역할을 수행하고 있습니다. 10년 후 저는 경험이 풍부한 선배 선장님들과, 도전 정신과 열정이 가득한 MZ 세대 선장들의 정신을 이어받아 태평양 선단을 대표하는 선단장이 되어 있을 것입니다.

Q 이 길을 꿈꾸고 있는 후배들에게 어떤 마음가짐을 가지고 있으면 좋은지 한 말씀 해주세요.

A 원양어선이라 하면 보통 건축 현장보다 일이 힘들다거나 사람이 할 일이 못 된다는 둥 소문이 많습니다. 아무래도 한정된 공간에서 한정된 사람들과 한정된 작업을 하는 직업이다 보니 육체적으로 힘든 것은 사실이나, 잘 적응하고 즐기며 살아가는 사람도 많이 있습니다. 항상 긍정적이고 활동적이며, 강한 적응력을 가지고 있으면 선상에서도 밝고 씩씩하게 생활할 수 있을 것입니다

---

24 조업을 공동으로 하는 배의 무리인 선단을 지휘·통솔하는 사령관을 뜻한다

벌크선 선장 생생 인터뷰

8년 차 배를 타고 있으며, 현재 벌크선에 승선 중인 선장을 만나 이야기를 나누었다.

A 저는 고등학교 때 진로를 고민하다 단순히 '바다와 하늘 보기를 좋아한다.'라는 이유로 진로를 정했습니다. 처음에는 여성이 하기 힘든 일일 것이라 생각해 가족, 친인척부터 담임선생님까지 많은 사람이 반대했어요. 그러다 저의 강한 열정과 패기에 다들 제 뜻을 인정해주었습니다. 배 생활은 절대 쉽지 않았습니다. 힘들었지만 삼등 항해사로 처음 근무할 때, 당직을 수행하면서 꿈을 이뤘다는 생각에 가슴이 두근거렸던 것을 기억하며 버텨냈습니다.

A 벌크선은 비포장 화물을 운송하는 선박입니다. 컨테이너선은 컨테이너가 포장 박스 역할을 해서 화물을 컨테이너로 포장해서 운송한다면, 벌크선은 포장 상자 없이 선박 내 화물창[25]에 화물을 그대로 담아 운송합니다. 택배로 비유하자면 상자 없이 내용물만 배송해주는 셈입니다.

화물로는 주로 광석(석탄류), 곡물(옥수수, 콩 등), 원목, 시멘트, 철광석 외 화학 공업에 쓰이는 다양한 원료 등을 운송합니다. 또한, 철강 강국인 우리나라에서 철판, 코일도 벌크선으로 수출 및 운송합니다.

Q 벌크선의 주요 항로는 어떻게 되나요?

A 벌크선은 다양한 종류의 화물을 운송할 수 있기에 항로 또한 다양합니다. 화물을 직접 싣고 내릴 수 있는 크레인이 선박에 설치된 경우에는, 부두에 화물 하역 장비가 설치되어 있지 않은 전 세계 모든 부두에 접안[26]할 수 있습니다.

Q 가장 힘들었던, 제일 기억에 남는 항로가 궁금해요.

A 선박이 항구 근처에 도착해 부두 접안 순서를 기다린다고 육지와 멀지 않은 바다 한가운데에 둥둥 떠서 대기했던 적이 있었어요. 태풍이 근처를 지나면서 너울이 크게 울렁이던 때였습니다. 당시 화물을 가득 실어 규정상 최대한 잠길 수 있는 깊이까지 선박이 잠긴 상태였습니다. 즉, 선박 갑판과

---

25 화물창(貨物艙)이란, 선박 안에 마련된 화물을 싣는 창고를 뜻한다.
26 접안(接岸)은 항만 가장자리에 배를 대기 좋게 쌓은 벽이나 육지에 선박을 대는 것을 뜻한다.

수면까지의 거리가 짧은 상태였습니다. 그때 갑자기 큰 너울이 와서 선박이 좌우로 크게 흔들리고 바닷물이 갑판에 올라오며 심하게 흔들렸습니다. 선장님께서 바로 엔진과 타[27]를 조정해 안전한 상태가 되었지요. 그 짧은 시간에 많은 물건이 쏟아지고 기기들의 경고 알람이 왔어요. 그렇게 놀란 마음을 쓸어내린 적이 있습니다.

A 벌크선은 접안 시간이 길어 접안한 사이에 외출이 가능합니다. 자동차 운반선에서 근무한 경험도 있는데요. 자동차 50대를 내리기 위해 서너 시간 접안한 후 출항하려면 외출이 힘듭니다. 하지만 벌크선은 한번에 많은 화물을 작업하기에, 최소 18시간 이상 접안해 있습니다. 제가 본 어떤 선박은 육상 측 화물 보관함에 여유가 없어 작업을 반복적으로 중지하다가 약 2주 동안 접안하기도 했습니다. 이러한 경우 당직 및 업무를 마치고 다른 선원과 서로 당직을 바꾸면 보다 긴 외출이 가능합니다.

앞 배의 작업 시간이 지연되면 다음에 붙기로 한 다른 선박이 대기하는 시간도 늘어납니다. 일반적으로 선박이 작업하는 항구 근처에 도착해서 대기할 때는 육지 근처 지정된 묘박지[28]에 정박해 기다립니다. 이때는 육지와 가까이 있어 핸드폰 통신도 잘 되고 항해할 당시보다는 경계해야 할 사항이 줄어들어서 여유롭게 당직 근무할 수 있어 좋습니다.

---

27 타(舵), 배의 방향을 조종하는 장치를 말한다.
28 묘박지(錨泊地)는 배가 닻을 내리고 안전하게 머물 수 있는 해안 지역을 일컫는다.

Q 배에서 가장 힘들었던 일은 무엇인가요? 어떻게 극복하셨나요?

A 승선 중 외할머니께서 쓰러지신 적이 있습니다. 가족들은 제가 걱정할까 봐 외할머니께서 큰 고비를 넘기고 회복 중이실 때 알려주었습니다. 위성 전화로 외할머니 상태를 들으며 가슴을 쓸어내렸습니다.

이처럼 소중한 사람들에게 무슨 일이 있을 때, 경조사가 발생했을 때 당장 달려가지 못하는 답답함. 그리고 곁에서 위로하거나 축하해주지 못하는 미안함을 품고 있습니다.

Q 선원들을 사로잡는 나만의 방법이 있을까요?

A 선원들과 생활하며 같이 담소도 나누고 개인 사정을 듣기도 하며, 제가 해줄 수 있는 선에서 배려합니다. 먼저 마음을 열면 상대방도 마음을 열고 이야기하는데요. 이때 상대방의 특성을 잘 파악해 업무에 참고하기도 합니다.

Q 승선에 대한 동기부여가 부족하고 힘들어하는 후배에게 한마디 해주세요.

A 선박이 당신의 모든 세계는 아니지만 / 당신은 세계의 일부이기도 합니다. 중학교에서 고등학교에 갈 때, 고등학교에서 대학교에 갈 때 새로운 경험을 하듯, 승선 또한 새로운 회사 생활 경험입니다. 육상 회사 생활과 똑같으나 그저 환경이 다를 뿐입니다.

승선히는 동안 그 안에서 최대한 효율직으로 자신을 계발할 방법을 생각하면 좋습니다. 육상에서는 주변에 다양한 유혹(술집, 패스트푸드, 유튜브 숏츠, 인스타 릴스 등)이 많아서 무언가 하려 해도 집중력이 떨어져 꾸준히 하기

석탄을 선적하는 모습

선교에서 근무 중인 선장

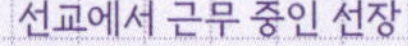

벌크선 화물창에 가득 찬 석탄

석탄 하역 후 비어 있는 화물창

에 어려운 경우가 많습니다. 그러나 승선하면 산속 절에 들어간 것처럼 되지요. 6개월 동안 운동, 악기 연습, 노래 연습, 춤 연습, 독서, 글씨체 교정 등 스스로 챌린지를 만들어서 집중하기 좋은 환경입니다. 이처럼 스스로 자기계발 후 하선하면 이전보다 더 멋진 사람이 되어 휴가를 보낼 수 있습니다.

A 10년 뒤 저는 선장 경력 최소 5년 차로 많은 경험을 쌓고 전문 지식을 습득해, 저와 승선한다고 하면 선원들이 '믿음직하다'라고 생각하며 안심하는 선장이 되어 있을 것입니다.

20년 뒤에는 최종 목표인 도선사[29]가 되어 한 가정에서 엄마의 역할도 같이 하고 있을 것 같아요.

---

29 항구에 들어갔을 때 선박의 입출항을 인도하는 사람. '수로 안내인'이라고도 하며 해당 지역의 조류, 수심, 해상 상태에 대해서 잘 알고 있고 각종 선박의 조종술도 익힌 사람이다. 선박 운항 전문가로서 항해 관련 식송의 죄송 테크로서 '해기사의 꽃'이라고 불린다. 도선사가 되려면 선장으로 승선한 경력이 3년 이상이어야 하며 도선사 시험에 합격해야 한다.

컨테이너선 선장 생생 인터뷰

승선 생활 20년 차, 벌크선에서 6년 근무한 후 현재 컨테이너선 선장으로 근무하고 있는 분을 만나 이야기를 나누었다.

Q 항해사가 된 계기와 과정이 궁금합니다

A 저는 전라남도 목포에서 나고 자랐습니다. 아버지가 어업에 종사하셨기 때문에 바다는 제게 늘 익숙한 공간이었습니다. 물론 처음부터 항해사를 꿈꾸진 않았지만, 목포해양대학교에 진학하여 항해사가 되었습니다.

Q 컨테이너선의 장점과 단점은 무엇인가요?

A 컨테이너선은 국제 해운에서 주로 사용되며 다양한 상품을 안전하게 운송하는 데 많이 활용됩니다. 그러나 컨테이너선에는 장점과 함께 일부 제한 사항과 단점도 있습니다. 먼저 장점으로는 효율적인 운송을 꼽을 수 있

습니다. 컨테이너선은 다양한 종류와 크기의 컨테이너를 효율적으로 적재해 운송할 수 있습니다. 이는 다양한 상품을 효과적으로 운송하여 유연성을 제공합니다. 그리고 손쉬운 적재와 하역으로 처리 속도가 빠릅니다. 이를 통해 노동력을 아낄 수 있고 다양한 운송 수단과 연계가 용이합니다. 선박에서 철도, 트럭, 컨테이너 터미널 등으로 신속하게 화물을 이동할 수 있다는 의미입니다. 또한 컨테이너 자체의 보안, 기밀성 및 안전성을 강화하는 데 유리합니다. 각 컨테이너는 밀폐되어 있어 외부에서의 접근을 제한하기 때문에 안전한 운송이 가능합니다.

일부 제한적인 단점도 존재합니다. 컨테이너선을 구입하고 운용하려면 상대적으로 초기 투자 비용이 큽니다. 또한, 컨테이너 터미널과 관련된 인프라 구축에도 상당한 비용이 필요합니다. 무거운 화물이나 대형 장비 같은 대형 상품들은 컨테이너에 적재하기 어려워 대량화된 화물에는 부적합할 수 있습니다. 또한 컨테이너선은 상대적으로 연료 소비율이 높습니다. 이는 환경적인 이슈와도 관련됩니다. 이러한 장단점은 상황과 운송 목적에 따라 변할 수 있으며, 산업의 변화와 기술의 발전으로 개선될 수 있습니다.

Q 배에서 선장님이 하는 일은 무엇인지 알려주세요.

A 선장은 선박과 관련된 주요 업무를 담당합니다. 우선, 운항과 관리를 담당하는 중요한 역할을 맡고 있습니다. 해운회사는 고객 및 화주[30]의 물건을 안전하게 목적지까지 운송하는 역할을 합니다. 해당 해운 회사에서 전

---

30 화주(貨主), 화물의 임자, 주인을 뜻하는 말이다.

문 항해사 및 기관사를 선택해 운송 업무를 맡깁니다.

화물의 안전한 운송을 위해서 항해사 및 선장은 선박을 안전하게 운항하기 위해 항로를 결정하고, 항해 도중에 발생할 수 있는 다양한 조건을 고려해 안전한 항로를 선택합니다. 항로 결정에는 날씨, 해상 조건, 교통 상황 등을 고려하며, 필요한 경우에는 변경할 수 있습니다. 선장은 선박의 안전을 최우선으로 여깁니다. 국제 해양 기구(IMO) 규정 및 현지 해운 당국 규정을 준수해 선박 및 선원의 안전을 유지하고, 환경 오염이 발생하지 않도록 합니다.

선장은 선박의 모든 측면을 관리하며, 기관, 장비, 선원 등을 적절히 관리해 선박을 원활하게 운항할 수 있도록 합니다. 그리고 언제 어디서든 긴급 상황에 대비하고 대응할 수 있어야 합니다. 화재, 침수, 구조 작업 등과 같은 긴급 상황에 대비해 선원들을 훈련하고 필요한 조처를 하며 안전을 유지합니다. 선장은 선박의 총괄자로서 항해와 관련된 모든 책임을 지며 선박 및 선원의 안전과 환경 보호, 항로 결정 등 다양한 업무를 수행합니다. 항해는 항해사가 맡는 중요하고 다양한 임무 중 하나일 뿐입니다.

Q 항해하면서 가장 힘든 일은 무엇이었나요? 어떻게 극복하셨나요?

A 18년간 승선 생활을 하면서 가장 힘든 부분은 아무래도 안전 문제와 관련된 일입니다. 고립된 승선 생활 중에 발생하는 다양한 인명, 화물, 기기 사고를 겪을 때면 항상 힘듭니다. 항해사들은 다양한 안전 문제에 직면할 수 있습니다. 날씨 변화, 해양 조건, 기관 고장 등이 예기치 못한 상황을 초래하기도 합니다. 이를 극복하기 위해서는 철저한 훈련, 긴급 상황에 대응하는 계획 수립, 선원 간 효과적인 소통이 필요합니다.

급격한 기상 변화도 항해하면서 힘든 부분 중 하나입니다. 항로에 저기압이 발생하면 이를 뚫고 지나가야 하는 상황이 생기는데요. 선박 및 화물의 안전을 위한 적절한 조치가 필요합니다. 물론 세력이 큰 저기압일 경우에는 우회 항로를 선정해 피해서 가지만 통상적으로 세력이 작은 저기압은 뚫고 지나갑니다. 이런 상황에서 선장은 우회 항로 설정, 선박 및 화물의 상태 등 전반적인 상황들을 고려해 최우선적인 결정을 해야 합니다.

승선 생활을 하다 보면 여러 가지 이유로 피로감과 스트레스가 쌓일 수 있습니다. 이를 극복하기 위해서는 효과적인 휴식과 회복 시간을 확보하고, 선원 간 균형 잡힌 근무 일정을 구성하는 것이 중요합니다. 정기적인 신체 활동, 문화 및 여가 활동, 선원 간 사회적 상호 작용 등을 통해 스트레스를 관리해야 하고요. 항해사들은 특히 도전적인 상황에서도 안전하고 효과적으로 선박을 운항하기 위해 항상 훈련하고 준비되어 있어야 합니다. 이러한 과정에서 발생할 수 있는 어려움들에 대한 대비책과 팀 내 협력은 항해사의 핵심 역량 중 하나라고 생각합니다.

Q 항해하면서 가장 기억에 남는 순간은 언제였나요?

A 지중해에서 시리아 난민선을 구조했던 순간이 제일 기억에 남습니다. 당시 우리 배는 우크라이나에서 곡물을 싣고 중국으로 가는 항로로 운항 중이었습니다. 지중해를 지나던 중 그리스 MRCC[31] 본부로부터 연락을 받았습니다. 선박 근처에 시리아 난민이 다수 승선하고 있는 보트가 표류 중이

---

31 'Maritime Rescue Coordination Center'의 약자로, 해상 구조조정본부로 해상에서 발생하는 인명 구조 작업과 수색을 담당한다.

라며 구조를 요청하는 내용이었습니다. 회사와 연락을 취한 후 난민선으로 이동해서 보니 작은 보트 안에 난민 50여 명이 추위에 떨고 있었습니다. 테러 위험 때문에 난민들을 본선에 승선시키지 않고 물과 담요, 간단한 식량을 전달하고 그리스 구조선에 난민 보트를 인계한 다음 다시 항해를 재개한 기억이 납니다.

Q 승선 기간과 휴가 기간은 얼마나 되나요?

A 선원들의 승선 기간과 휴가 기간은 다양하게 설정될 수 있습니다. 선박의 운영 방식, 운항 노선, 회사 정책, 국제 규정 등에 따라 차이가 발생합니다. 회사마다 다를 수 있으나 통상 6개월 승선 후 2개월의 휴가가 부여됩니다. 요즘은 선원들의 처우가 많이 개선되어 4개월 승선 후 45일 휴가를 주는 회사가 늘고 있습니다. 저는 6개월 승선 후 두 달의 휴가를 받습니다. 휴가 기간은 승선 후 일정 근무 기간 이후에 부여되며, 이 기간에 선원들은 땅에서 가족과 휴식을 취할 수 있습니다.

이러한 기간은 선원들이 업무를 효과적으로 수행하면서도 충분한 휴식과 가족과의 소통 시간을 확보할 수 있도록 조절됩니다. 다만, 항해사들이 근무하는 선박에 따라서는 이러한 규칙이 다를 수 있습니다.

Q 항해 시 업무 외 시간을 어떻게 보내시나요?

A 항해사들이 항해 중에 업무 외 시간을 어떻게 보내는지는 다양합니다.

업무 외에도 자신의 전문 분야에서 최신 정보를 업데이트하고 새로운 기술 및 규제에 대비하기 위해 독서와 공부에 시간을 할애하는 사람도 있고요. 선박 내에 헬스 시설이나 운동기구가 마련되어 있어, 운동을 통해 건강을 유지하고 스트레스를 풀기도 합니다. 또한, 휴식을 취하며 긴장을 풀기도 합니다.

선박 내에서 인터넷이나 통신 시스템을 통해 가족, 친구, 동료와 소통할 수도 있습니다. 이는 멀리 떨어진 가족과의 연락이나 사회적인 네트워킹을 위해 중요한 부분이기도 합니다. 그리고 텔레비전, 영화, 음악 등의 엔터테인먼트가 제공되어 자유시간에 이를 즐길 수 있습니다.

저는 보통 운동하고 공부하는 데 시간을 많이 보냅니다. 그러나 상황에 따라 업무가 급박하거나 예기치 못한 일이 발생할 수 있으므로, 이러한 활동들은 항해사의 개인적인 기호와 선박 상황에 따라 다를 수 있습니다.

Q 세계 여러 나라에 갈 수 있다는 것도 큰 장점일 것 같아요.

A 네, 맞습니다. 세계 여러 나라에 방문할 수 있는 것은 항해사로 일하며 느끼는 큰 장점 중 하나입니다. 항해사들은 다양한 국제노선에서 근무하는데요, 이는 여러 이점을 제공합니다. 여러 국가의 항구를 방문하며 해당 국가와 지역을 여행하면서 다양한 문화와 환경을 경험할 수 있습니다. 다른 나라의 음식, 언어, 관습 등을 이해하고 체험하며 문화적으로 이해를 증진하고 사고를 확장할 수 있습니다.

여러 나라의 아름다운 해안 지역이나 항구에서 멋진 풍경을 감상할 수도 있습니다. 다양한 자연 경관을 가까이하고 도시 풍경을 지나며 새로운 장소에서 경험을 쌓을 수 있지요. 여러 국가 사람과 교류하면서 언어 능력이 향상되고, 다문화 환경에서의 대인관계 기술도 발전할 수 있습니다. 이는 국제적인 업무와 협력에서 유용하게 활용됩니다. 이와 같이 세계 여러 나라를 갈 수 있다는 점은 항해사에게 폭넓은 경험과 기회를 제공해 직업적 발전과 개인적 성장을 도모하는 중요한 측면입니다.

Q 선장으로서 언제 혹은 무엇에 보람을 느끼나요?

A 어려운 상황을 극복하고 리더십을 발휘해 적절하게 해결하고 나면 큰 보람을 느낍니다. 선장은 기상 상황이 악화하거나 긴급 상황이 발생했을 때, 또는 다양한 문제에 직면했을 때 리더십을 통해 조절할 수 있어야 합니다. 갑작스럽게 마주한 어려운 상황에서 승무원과 협력해서 문제를 해결하고 안전을 유지하는 과정에서 보람을 느끼곤 합니다.

아울러, 국제 해양 규정 및 환경 보호 정책을 준수해 바다와 해양 환경을 보호해야 합니다. 이러한 노력으로 해운 산업이 지속 가능하도록 기여하고, 선장에게 환경적인 책임을 수행하는 보람을 줄 수 있습니다. 선장으로서 승선 생활을 하며 여러 가지 측면에서 보람을 많이 느낍니다.

Q 항해사를 꿈꾸는 사람들이 무엇보다 궁금한 부분은 연봉일 것 같아요. 선종과 선사마다 차이가 있겠지만 대략 어느 정도인가요?

A 항해사의 연봉은 여러 요소에 따라 크게 달라집니다. 선종, 경력, 항해사 등급, 근무 회사의 정책 등이 연봉에 영향을 미칩니다. 우선 선종에 따라 다를 수 있습니다. 특수 선박인 LPG, LNG 운송선이나 탱커에 근무하는 항해사들은 일반적으로 높은 연봉을 받습니다. 또한, 항해사 등급도 연봉에 영향을 미칩니다. 항해사는 삼등 항해사, 이등 항해사, 일등 항해사로 구분

되는데요. 일등 항해사는 선장을 대신해서 선박 전체의 수리, 유지 및 보수 업무를 수행하고 선원들의 규율을 관리하는 최고 관리 책임자로서 항해사 중 연봉이 제일 높습니다. 그래서 경력을 쌓을수록 보다 높은 등급의 항해사로 진급 가능하며, 높은 연봉을 받을 수 있습니다.

항해사가 근무하는 회사에 따라서도 연봉이 상이할 수 있습니다. 대형 국제 해운 회사에서 근무하는 항해사들은 일반적으로 높은 연봉을 받습니다. 대략 삼등 항해사는 6천만 원, 이등 항해사는 7천만 원, 일등 항해사는 9천만 원, 선장은 1억 2천만 원 정도의 연봉을 받습니다.

항해사의 연봉은 시장 조건과 회사의 정책에 따라 다를 수 있습니다. 따라서 항해사가 근무하고자 하는 분야 및 조건, 경력에 따라 연봉을 검토하는 것이 중요합니다.

Q 10년 후, 선장님의 미래는 어떤 모습일 거라고 생각하시나요?

A 10년 후에도 이 분야에서 도움을 주는 일을 하고 있지 않을까요? 해운 산업과 관련된 일을 그만두고 싶다는 생각은 아직 해본 적 없습니다. 계속해서 새로운 기술을 습득하고, 지식을 확장 해 해운 산업이 발전하는 데에 도움이 되고 싶습니다.

Q 이 길을 꿈꾸는 후배들에게 어떤 마음가짐을 가지고 있으면 좋은지 한 말씀 해주세요.

A 항해사라는 여정을 꿈꾸는 후배 여러분. 본인이 꿈꾸는 길에 대한 열정을 유지하고 명확한 목표를 설정하시는 게 좋습니다. 목표가 뚜렷할수록

항해 중 컨테이너선
선교 외부에서 찍은 사진

사무실에서 선원들과 함께

그에 따른 노력과 계획을 세울 수 있습니다.

항해사는 큰 책임을 지고 있습니다. 항상 안전을 최우선으로 두고 책임감을 가지고 업무에 임했으면 좋겠고요. 예상치 못한 상황에 대처하려면 유연성과 적응력이 필요합니다. 새로운 환경과 도전에 대해 개방적으로 대처하는 습관도 중요합니다. 그리고 선박에서는 팀워크와 소통이 중요합니다. 동료들과의 원활한 소통과 협력은 성공을 이루는 데 큰 도움이 됩니다.

꿈을 향해 나아가는 과정에서 여러 어려움과 도전이 있을 것입니다. 하지만 꿈과 비전을 지속적으로 지니세요. 어려움을 극복하고 끊임없이 나아갈 동력이 되어줄 겁니다. 자신의 능력을 믿고, 어떤 어려움이 닥쳐도 계속해서 전진하시길 바랍니다. 자신을 믿는 마음가짐은 큰 성취를 이루는 데 중요한 역할을 합니다.

여러분에게 행운과 성공이 함께하기를 바랍니다. 계속해서 꾸준한 노력과 열정으로 목표를 향해 나아가기를 기대하고 있겠습니다.

해외 선사 LNG선 선장 생생 인터뷰

여러 해 LNG선을 타며 해외 선사에서 이등 항해사부터 일등 항해사를 거쳐 현재 선장으로 근무하고 있는 분을 만나 이야기를 나눴다.

A 저는 목포해양대학교를 졸업하고 2014년부터 승선 생활을 시작했습니다. 해양대학교를 다니며 외항 상선 선장을 꿈꿔왔고, 삼등 항해사부터 시작해 국내 선사에서 5년 유조 탱커 및 LNG선에 승선했으며, 2019년에 영국 선사로 이직해 이등 항해사부터 선장까지 진급했습니다.

A 저는 '시피크(Seapeak)'에 2019년 입사해 근무하고 있습니다. 에너지

수송을 전문으로 하는 선주 회사이며, LNG/LPG선 80여 척을 보유·관리하고 있습니다. 본사는 캐나다 밴쿠버에 있고, 오퍼레이터(Operator, 관리 회사)는 영국 글래스고(Glasgow)에 있습니다. 30여 개 국가의 다양한 국적을 가진 선원들이 근무하는 세계적인 LNG 선사입니다. 저는 2019년에 이 선사에 입사한 첫 한국인입니다. 근무 조건이 좋은데요, 한 달 승선 시 30일의 유급휴가를 부여받고, 3개월 계약으로 승선합니다. 유급휴가 시에는 급여 100%가 지급됩니다.

A 선장의 업무는 선박과 승조원들의 안전을 책임지고 선박의 모든 일들이 회사와 국제 규정에 맞도록 수행되도록 하는 것입니다. 선박 특성상 전 세계를 기항하며 액화천연가스를 운반하기 때문에 입항하는 국가들과 항해하는 해역의 규정에 따라 선박을 운항하고, 계약에 따라 화물을 안전하게 운송하는 일을 총체적으로 책임집니다.

A 항해사라는 직업은 선장으로 진급할 수 있는 유일한 사관 직급입니다. 선박을 운항하고 조선하는 일을 개인적으로 좋아하고 즐겨하는 스타일이라, 선박 조선에 관해 공부하고 이를 실제 상황에 대입해보며 안전하게 선박을 운항할 때 보람을 많이 느낍니다. 무엇보다도 저와 함께 승선하는 승조원들이 행복해하고 자부심을 느끼며 책임을 다하는 모습을 보일 때 가장 보람을 많이 느낍니다.

A 선박에서 일하면 물리적으로 가족들과 떨어져 있기 때문에 고립감이나 외로움이 몰려왔을 때 가장 힘듭니다. 1년에 6개월을 바다에서 보내는 선원이라는 직업 특성상, 집에 무슨 일이 생겨도 직접적으로 할 수 있는 게 없습니다. 따라서, 정신적으로 스트레스를 많이 받을 수밖에 없지요. 요즘에는 스타링크라는 초고속 위성 인터넷이 잘 보급되어 가족들과도 화상·음성통화가 잘 되는 편이라 예전보다는 스트레스 관리가 원활한 편입니다.

저는 개인적으로 운동을 많이 하고, 선원들과 자주 어울리고 이야기하며 스트레스 레벨을 관리하려 노력합니다.

A 대양을 항해하다가 배가 벼락을 맞아 불이 났던 일이 기억납니다. 당시 선박은 멕시코만에 정박한 상태였고, 스콜이 지나가는 도중 새벽 5시경에 선박 벤트마스트(Vent Mast)[32]와 브릿지 안테나[33] 쪽에 낙뢰가 떨어졌습니다. 벤트마스트쪽에서 가스가 약간 새고 있었는지 불이 붙었고, 안테나들은 산산조각이 나 30여 미터 앞쪽 갑판까지 날아갔습니다. 바다에서는 쇠로 이루어진 배 자체가 피뢰침 역할을 하므로 가끔 벼락을 맞곤 합니다.

---

[32] LNG선의 화물 탱크나 파이프라인에서 발생하는 증발 가스를 안전하게 배출하기 위한 용도로 사용되는 기둥처럼 생긴 안전장치. 이를 통해 탱크의 압력을 제어한다. 주로 LNG선의 상부 갑판에 설치된다.
[33] 선교 쪽에 있는 안테나를 뜻한다.

Q 화물선에 종류가 많은데 LNG선을 선택한 이유가 있을까요?

LNG선의 장단점은 무엇인가요?

A LNG선은 제가 승선할 때부터 유망한 선종으로 꼽혔습니다. 항해사로서 탱커 쪽으로 방향을 정했던 이유도 항해사가 직접 화물을 관리하고 하역하는 일에 전문성을 가지고 다른 선종에 비해 여러 방면에서 특화될 수 있겠다 싶었습니다. 지금도 LNG선 발주는 계속해서 이루어지고 있고, LNG를 연료로 하는 선박 수요도 꾸준히 늘고 있기에 선종의 전망을 우선시했습니다.

LNG선은 상선 중에서 고가의 가치를 가진 선박이기 때문에 기본적으로 선박에 설계되고 장착되는 장비들의 기준이 높습니다. 또한 선원들이 거주하는 거주 구역도 다른 선종에 비해 넓고 시설도 잘 구비되어 있습니다. 단점으로는 위험 화물 선박이기 때문에 선박에서 제한되는 사항이 많고, 하역 관련 기기들이 굉장히 다양하고 많기 때문에 공부해야 할 양과 받아야 할 교육이 많습니다.

Q 주로 어느 항로를 다니시나요? 가장 기억에 남는 항구가 있나요?

A 제가 승선하는 선박은 전 세계를 돌아다니는 월드와이드(World Wide) 선박입니다. 유럽(덴마크, 노르웨이, 영국, 독일, 프랑스, 이탈리아, 튀르키예)이나 아프리카(앙골라, 나이지리아), 중동(카타르, 쿠웨이트, UAE), 아시아(한국, 일본, 중국, 싱가포르, 말레이시아, 인도, 파키스탄, 호주, 인도네시아, 파푸아뉴기니) 등을 기항했습니다.

가장 기억에 남는 항구는 아무래도 한국입니다. 한국에 거의 들어가지 못하기 때문에 한국에 들어가면 VHF[34]에서 들리는 한국말이 그렇게 반가울 수가 없습니다.

A 해외 선사에 취직을 준비한 건 삼항사 때부터였습니다. 주로 영어와 직무 두 개를 집중해 준비했습니다. 영어는 토익이나 토플 등 어떤 특정 시험의 점수를 얻기 위한 공부가 아니라 실전에 대비하는 방향으로 공부했습니다. 직무도 배에서 일어나는 모든 일들을 영어로 바꾸어서 공부하고 말해 보고, 회사 매뉴얼이나 한국에서 배운 대로만 일하는 것이 아닌 표준은 무엇이며 국제 규정은 무엇인지 알아보고 저만의 기준을 만들어 일하고 기록하는 것을 연습했습니다. 회사 규정은 회사마다 조금씩 다를 수 있겠지만 국제 규정은 어디를 가든 똑같기 때문이죠. 사실 외국 회사 취직도 이미 5년 전이고 준비했던 과정도 그 훨씬 전이라 자세히 기억나지는 않습니다(웃음).

A 영국 선사라 해도 영국 선원들만 승선하는 것이 아닙니다. 나를 제외한 모든 선원이 영국 선원이라고 하면 영어를 굉장히 잘해야겠죠. 하지만

---

34 현장에서 자주 쓰는 말로, 탑승한 배와 다른 선박 혹은 관제소와 통신하기 위해 사용하는 통신기기이다. 30마일 정도 되는 거리의 선박 혹은 관제소와 통신이 가능하다. 무전기는 'transceiver'로 선박 안에서 선원들이 연락할 때 쓰기에 의미가 다르다.

다국적 선원 선사에서는 국적은 다양하더라도 선원 대부분이 원어민 수준으로 영어를 구사하진 않습니다. 실제로 영어 수준이 떨어지는 선원들도 있고요. 그래서 영어를 못해도 회사에 입사는 가능하고, 생활은 가능하지만, 진급이나 좋은 고과를 받기는 어렵다고 말씀드릴 수 있습니다.

영어는 잘하면 잘할수록 좋긴 하지만, 네이티브로 할 필요는 없습니다. 외국에서 공부했거나 일해보았다면 잘 아시겠지만, 영어는 의사소통의 수단이지 얼마나 유창하게 사용하는지 뽐내는 도구가 아닙니다. 자신의 의견을 피력하며 상대방이 알아들을 수 있고, 내가 상대방의 의도를 이해하고, 일에 문제가 없을 정도면 충분합니다.

A 제가 현재 승선한 선박에는 10개국의 다국적 선원이 있습니다. 회사 전체에 33개국 선원이 근무하니 승선할 때마다 기본 7~8개국의 선원과 함께 일하는 게 보통입니다. 힘든 점은 딱히 없습니다만, 한국 문화를 고집하며 일한다면 적응하기가 어렵고 문제가 많이 생길 수 있습니다. 또한 국적이 다른 선원들은 저마다 다른 문화와 업무 수행 방식을 갖고 있기 때문에, 특히 초임 사관들이나 회사에 처음 들어온 선원이라면 이 문화에 적응하지 못해 도움이 많이 필요할 수 있습니다. 좋은 점은 서로 존중하는 문화가 기본적으로 깔려 있으며, 다양한 문화와 생각을 접해볼 기회가 있다는 점입니다. 또한 영국회사이기 때문에 영국과 아일랜드 사람들이 많이 있어서 영어를 공부할 기회가 있다는 점도 장점입니다.

A 해외 선사는 굉장히 차이가 큽니다. 한국 해기사 대부분이 국내 선사와 외국 선사를 비교하려 하는데, 전 세계에 있는 선사 중 우리가 알고 있는 한국 선사들의 몫은 그렇게 많지 않습니다. 또한 계약 조건이 다르기 때문에 승선하는 기간부터 다르지요. 승선을 많이 하면 할수록 월급을 더 많이 받는 선원 계약 구조상 월급을 비교하는 자체가 어려울 수 있습니다.

유럽 LNG 선사와는 어느 정도 비교해볼 수 있습니다. 비정규직 기준(휴가 시 급여 지급 없음) 한 달 승선 시 삼등 항해사는 850만 원, 이등 항해사 920만 원, 일등 항해사 2,300만 원, 선장 3,000만 원 정도입니다. 외국 회사의 경우 이 금액을 1년에 몇 개월 승선하는지에 따라 연봉으로 책정된다고 보면 됩니다. 선장의 경우 1년에 6개월 승선 시 1억 8천만 원, 8개월 승선 시 2억 4천만 원, 10개월 승선 시 3억 원입니다.

A 앞서 이야기했듯, 가장 큰 차이점은 짧은 계약 기간입니다. 3개월 승선에 3개월 휴가 또는 2개월 승선에 2개월 휴가와 같은 형식입니다. 또한 대형 LNG 선사들은 본인 포함 가족 4인까지 보장하는 국제 의료보험을 들어주고(1년 한도 인당 1억 원, 평생 10억 원), 스위스 은행펀드를 통해 퇴직금에 가입할 수 있습니다. 또한 영국에서 받는 모든 교육을 포함한 숙박 시 교통비 등은 회사에서 100% 지급합니다.

Q 한국 회사는 개인 서류와 필수 교육을 회사에서 챙겨주는 것으로
알고 있어요. 해외 선사도 마찬가지인가요? 아니면 알아서 준비해야 하나요?

A 해외 선사의 경우 필수 교육은 본인이 한국에서 교육받고 상환하는 형태로 청구 가능합니다. 하지만 대부분의 교육은 영국에서 준비해주고, 개인 서류는 회사와 개인이 이중 확인하며(매 승선/하선 시) 만료되는 교육을 미리 알려주어 놓치는 일이 없게 합니다.

Q 10년 후, 미래에 어떤 모습이기를 바라시나요?

A 당장 내일 어떤 일이 일어날지 모르기 때문에 감히 10년 후를 생각하기가 어렵습니다만, 제 바람이라고 한다면 건강하고 행복한 모습으로 제 일에 최선을 다하는 모습을 항상 유지하는 것입니다. 또한 저와 같이 바다에서 꿈꾸는 사람들, 힘들어하는 선원들, 이웃들을 돕고 더 좋은 사회를 만들 수 있도록 봉사 활동하는 것을 목표로 하고 싶습니다.

Q 마지막으로 해외 선사 취직을 꿈꾸고 있는 학생들에게
한 말씀 부탁드립니다.

A 많은 한국 해기사가 외국 회사 개인 송출에 관심이 있는 것으로 알고 있습니다. 그분들에게 약간의 팁을 드리고 싶습니다. 사실 외국 회사에 입사하는 것은 그렇게 어렵지 않습니다. 입사 후 생활하고 능력을 보이고 진급히는 것이 어렵죠. 바로 실력이 있어야 한다는 뜻입니다. 입사한다고 하더라도 실력이 없다면 도태되기 쉽습니다.

진급이 어려워 퇴사하는 과정을 반복하는 한국인이 많습니다. 외국 회

❶ 항해 중인 LNG선에서 찍은 사진
❷ 선교에서 항해사들과 함께(왼쪽부터 한국인
　선장, 영국인 삼항사, 이탈리아인 일항사, 크로아티
　아인 실항사, 인도인 이항사, 말레이시아인 이항사)
❸ 저녁 식사를 마치고 선원들과 함께

사에 입사하는 자체를 목표로 두지 마시고 꼭 실력을 키우시기를 당부드립
니다.

　앞으로 전 세계 무대에서 더 많은 한국 해기사가 태극기를 날리는 모
습을 기대하겠습니다.

항해사 되는 방법 미리보기

○ 항해사 자격증 취득 → 해운선사 취직 및 승선

우리나라 선박직원법 제4조에서 규정하는 해기사란, 면허의 직종 및 등급에 부합하는 면허를 받은 사람을 말하며 항해사는 해기사에 포함된다.

> 해기사는 선박의 운항, 선박 엔진의 운항, 선박통신에 관한 전문 지식을 습득하고 국가자격 시험에 합격하여 소정의 면허를 취득한 자로서, 해기사에는 항해사, 기관사, 전자기관사, 통신사, 운항사, 수면비행선박 조종사, 소형선박 조종사로 구분된다(선박직원법 제4조).

항해사 면허의 급수는 6급부터 1급까지 있으며, 원양항해에 종사하려는 항해사의 경우 4급 이상을 취득해야 한다.

받으려는 면허	면허를 위한 승무 경력			
	자격	승선한 선박	직무	기간
1급 항해사	2급 항해사	연안수역 또는 원양수역을 항행구역으로 하는 총톤수 1천 600톤 이상의 상선	선장·일등 항해사	1년
			선장·일등 항해사를 제외한 선박 직원	2년
		연안수역 또는 원양수역을 항행구역으로 하는 총톤수 500톤 이상 1천600톤 미만의 상선	선장 또는 일등 항해사	2년
			선장 및 일등 항해사를 제외한 선박 직원	3년
2급 항해사	3급 항해사	연안수역 또는 원양수역을 항행구역으로 하는 총톤수 1천 600톤 이상의 상선	선박 직원	1년
		연안수역 또는 원양수역을 항행구역으로 하는 총톤수 500톤 이상 1천 600톤 미만의 상선	선장 또는 일등 항해사	2년
			선장 및 일등 항해사를 제외한 선박 직원	3년
3급 항해사	4급 항해사	연안수역 또는 원양수역을 항행구역으로 하는 총톤수 500톤 이상의 상선, 총톤수 50톤 이상의 여객선	선박 직원	1년
		연안수역 또는 원양수역을 항행구역으로 하는 총톤수 100톤 이상 500톤 미만의 상선	선장 또는 일등 항해사	2년
			선장 및 일등 항해사를 제외한 선박 직원	3년
4급 항해사	5급 항해사	총톤수 100톤 이상의 상선, 총톤수 30톤 이상의 여객선	선박 직원	1년
		총톤수 100톤 미만의 상선, 총톤수 5톤 이상 30톤 미만의 여객선	선박 직원	2년

[비고]
- 5급 항해사부터 3급 항해사까지의 면허를 위한 승무 경력에는 6개월 이상의 항해 당직 근무(실습을 포함) 경력을 포함하여야 한다.
- 4급 항해사부터 1급 항해사까지의 면허를 위한 승무 경력에는 해당 선박 중 최상급 총톤수 이상의 선박에서의 6개월 이상의 승무 경력(실습을 포함)을 포함하여야 한다.
- 받으려는 면허가 3급 항해사 이상의 면허 중 상선 면허인 경우의 승무 경력은 상선에 승무한 경력만 해당한다.
- '여객선'이란 여객 정원이 13명 이상인 선박을 말한다(이하 이 표에서 같다).[35]

면허를 위한 승무 경력 안내

---

[35] 한국해양수산연수원 국가자격시험 홈페이지 자료, 2025. (lems.seaman.or.kr/Lems/Officer/selectOfficerView.do)

우리나라에는 해기사 양성을 위한 해양계 교육기관이 총 5개로, 한국해양대학교, 목포해양대학교, 인천해사고, 부산해사고, 한국해양수산연수원이 있다.

구분	해양계 교육기관	비고
대학교	한국해양대학교, 목포해양대학교	3급 해기사
고등학교	인천해사고, 부산해사고	4급 해기사
단기양성 교육기관	한국해양수산연수원	3~5급 해기사

해양계 교육기관 종류

대학을 졸업하는 경우 3급 항해사 면허를 취득할 수 있고, 고등학교를 졸업하는 경우 4급 항해사 면허 취득이 가능하다. 관련 대학과 고등학교를 졸업하지 않더라도 해양수산연수원에서 진행하는 오션폴리텍 과정을 수료하면 3급 항해사 면허를 취득할 자격이 주어진다.

해양 관련 교육기관에 진학하면 항해사 면허를 취득하는 데 필요한 교육을 이수하여 필수 학점과 승선 경력을 채울 수 있다. 또한 학생들은 해양수산연수원에서 시행하는 필기시험에 응시하여 합격해야 한다. 필기 과목으로는 항해, 운용, 법규, 영어, 전문(상선, 어선) 다섯 가지 과목이 있다.[36]

시험과목	과목 내용	시험 응시 대상 면허 등급
항해	1. 항해계기	6급 항해사 이상
	2. 항로표지	3급 항해사 이하
	3. 해도(수로표지)	3급 항해사 이하
	4. 조선 및 해류	3급 항해사 이하
	5. 지문항법	6급 항해사 이상
	6. 천문항법	5급 항해사 이상
	7. 전파 및 레이터 항법	6급 항해사 이상
	8. 항해계획	4급 항해사 이상
	9. 국제해사기구의 표준해사 항해영어	5급 항해사(국내항 한정)
운용	1. 선박의 구조 및 설비	2급 항해사 이하
	2. 선박의 이동 및 조종	6급 항해사 이상
	3. 선박의 복원성	6급 항해사 이상
	4. 당직 근무	3급 항해사 이하
	5. 기상 및 해상	6급 항해사 이상
	6. 선박의 동력장치	6급 항해사 이상
	7. 비상조치 및 손상제어	6급 항해사 이상
	8. 선내 의료	3급 항해사 이하
	9. 수색 및 구조·해상통신	6급 항해사 이상
	10. 승무원의 관리 및 훈련	3급 항해사 이상
	11. 선내 의료 제공에 관한 조직과 관리	2급 항해사 이상
법규	1. 선박의 입항 및 출항 등에 관한 법률	6급 항해사 이상
	2. 선원법 및 선박직원법	5급 항해사 이상
	3. 선박안전법	6급 항해사 이상
	4. 해양사고의 조사 및 심판에 관한 법률	4급 항해사 이상
	5. 해양환경관리법	6급 항해사 이상
	6. 상법(해상편)	3급 항해사 이상
	7. 해사안전기본법 및 해상교통안전법	6급 항해사 이상
	8. 국제충돌예방규칙	6급 항해사 이상
영어	1. 국제해사기구의 표준 해사 항해영어	5급 항해사 이상
	2. 해사영어	3급 항해사 이상

전문	상선	1. 화물의 취급 및 적하	6급 항해사 이상
		2. 선박법	3급 항해사 이하
		3. 해운 실무(보험 편 포함)	3급 항해사 이상
		4. 해사 관련 국제협약(상선)	4급 항해사 이상
	어선	1. 어획물의 취급 및 적하	6급 항해사 이상
		2. 수산관련법	3급 항해사 이하
		3. 수산실무	3급 항해사 이상
		4. 해사관련 국제협약(어선)	4급 항해사 이상

직종 등급별 시험과목

항해 관련 교육과 훈련을 받고, 승선 경력 조건을 충족, 시험에 합격하면 항해사 면허가 주어진다. 해기사 면허를 바탕으로 원하는 회사에 원서를 제출해 지원하면 비로소 항해사로서 승선하게 된다.

구분	합계	한국해양대학교	목포해양대학교	부산해사고	인천해사고	한국해양수산연수원
2013년	1,193	402	367	152	122	150
2014년	1,205	382	424	159	114	126
2015년	1,163	382	402	157	116	106
2016년	1,249	424	441	158	118	108
2017년	1,184	418	401	156	116	93
2018년	1,178	409	436	159	112	62
2019년	1,241	456	453	156	121	55
2020년	1,221	483	439	141	112	46
2021년	1,181	439	437	151	117	37
2022년	1,243	469	449	146	108	71

최근 10년간(13~22년) 교육기관별 사관 배출 인원 현황

이 인원은 외항 상선에 승선할 수 있는 한국 및 목포해양대학교 3급, 해
사고 4급 해기사 및 한국해양수산연수원은 오션폴리텍 3급 해기사 인원만
산정하였다(내항 5급 해기사 제외).[37]

한국선원복지고용센터 발표한 '2024년 한국선원통계(2023. 12. 31 기준)'
를 보면 현재 상선에 근무 중인 여성 해기사가 몇 명인지 알 수 있다. 상선
에 근무하고 있는 해기사 14,629명 중 여성 해기사는 188명이다. 일등 항해
사는 17명으로 약 1.28%에 해당하며 선장으로 집계된 여성 항해사는 4명
으로 0.14%에 속한다.

---

[37] 한국선원복지고용센터·한국해양수산연수원, 「2012~2022 외항상선 선원인력 수급 예측과 인력
부족에 대응한 선원 정책 방향」, 2022.

다큐멘터리 추천 1

부산 MBC 창사 60주년 특집 다큐멘터리, '빅 캐리어' 스페셜 1부: 밤새워(war)	
방송연도	2019년
제작	MBC
제작지원	부산광역시, 은산해운항공, 세운철강, 에어부산
상영시간	49분
장르	시사교양

빅 캐리어 스페셜 1부 미리보기 이미지(출처: 유튜브 채널 부산 MBC)

화물선 선원의 생활을 잘 다룬 다큐멘터리입니다. 화물 항공기 승무원과 화물선 선원의 업무와 생활을 자세히 담았습니다. 배를 타고 있는 듯한 실감이 나는 영상입니다. 우리가 사용하는 물건들이 화물 항공기와 화물선을 통해 어떻게 목적지에 도착하는지 생생하게 보여줍니다. 다큐멘터리 제목이 '밤새워(war)'인 것처럼 화물은 밤낮을 가리지 않고 이동됩니다. 제작진은 컨테이너선 빅토리호에 동승해 컨테이너를 싣고 바닷길을 통해 목적지에 내리는 과정을 현실감 있게 담았습니다. 깁핀부, 기관부, 조리부를 니누이 소개하며 전반적인 화물선 구성원과 업무를 알기 쉽게 파악할 수 있습니다. 화물선 생활을 실감 나게 간접 체험할 수 있는 양질의 다큐멘터리입니다.

1. 컨테이너와 컨테이너 사이를 연결하며 배가 흔들리더라도 컨테이너가 떨어지지 않도록 네 모서리에 고정하는 잠금 장치의 명칭은 무엇일까요?

2. 항구에 입항하거나 출항할 때 선박에 승선해 길라잡이 역할을 하며, 그 항구의 지형과 기후를 가장 잘 아는 사람은 누구일까요?

3. 배에서 의료관리자 자격증을 가지고 있으며 의약품과 병원을 관리하는 사람은 누구인가요?

4. 선박에서 실시하는 화재 훈련과 퇴선 훈련의 주기는 어떻게 되나요?

5. 이등 항해사가 새벽 당직(자정~ 04시) 때 가장 주의하는 것은 무엇인가요?

정답

1. Cone
2. 도선사(Pilot)
3. 삼등 항해사
4. 한 달에 한 번
5. 어두울 때 갑자기 빛에 노출되면 주변이 잘 보이지 않으므로 주의한다.

다큐멘터리 추천 2

〈다큐멘터리 3일〉 508회, 바다는 낭만을 싣고	
방송일자	2017년 7월 9일
편성	KBS2
제작진	임세형 책임프로듀서 외
상영시간	50분
징르	시시교양

다큐 3일, 바다는 낭만을 싣고(출처: 유튜브 채널 KBS여행 걸어서 세계속으로)

블라디보스토크를 출항해 동해에서 일본을 오가는 크루즈선의 72시간을 담고 있습니다. 여객을 싣고 일본을 오가는 여객선의 일상을 자세히 보여주는 다큐멘터리입니다. 화물선은 화물 운반을 목적으로 한다면, 여객선은 여객을 안전하게 운송하는 데 목적이 있습니다. 영상을 통해 이 두 선종의 차이를 비교해볼 수 있습니다. 승객의 음식을 담당하는 조리부원과 승객을 접대하는 승무원의 모습까지 여객의 관점, 승무원의 관점, 항해사의 관점, 조리부의 관점, 기관사의 관점을 엿보면서 여객선의 전반적인 흐름을 알 수 있습니다. 각기 어느 부분을 중시하며 어떤 일을 하는지 살펴봅시다.

1. 영상에 나오는 '이스턴 드림' 호는 몇 명의 여객을 실어 나를 수 있을까요?

2. '배에서 먹는 음식'을 뜻하는 말로, 승객과 선원들이 항해 중 먹을 음식을 칭하는 말은 무엇인가요?

3. 배가 출항하는 첫 번째 조건으로, '이것'에 이상이 없어야 합니다. 선박의 심장이라고 할 수 있는 이것은 무엇일까요?

4. 일본 마이즈루 항에서 실은 화물은 무엇인가요?

5. 한국으로 돌아오는 배에서, 선장은 '이것'이 보이면 안심이 된다고 합니다. 바다와 육지가 맞닿아 있는 지역 및 해역을 총칭하는 말인 이것은 무엇일까요?

정답

1. 400여 명
2. 선식 혹은 주부식(부식)
3. 엔진
4. 자동차, 컨테이너 섀시
5. 연안

다큐멘터리 추천 3

〈당찬 도전 아무튼 청춘〉 쉼 없이 동해를 달리는 크루즈(여객선) 일등 항해사	
방송일자	2024년 11월 21일
편성	NATV 국회방송
제작진	에이치넷미디어, 신지영 PD
상영시간	22분 41초
장르	시사교양

쉼 없이 동해를 달리는 크루즈 일등 항해사

울릉도와 포항을 오가는 여객선에서 근무하는 일등 항해사의 일상을 담은 영상입니다. 〈다큐멘터리 3일〉에서는 여객선에 근무하는 선원들과 다양한 부서를 골고루 살펴보았다면, 〈당찬 도전 아무튼 청춘〉에서는 항해사의 일상을 집중적으로 다루어, 여객선에서 항해사가 하는 일을 자세히 알 수 있습니다. 또한 휴가를 어떻게 보내는지도 보여주기 때문에 여객선 항해사의 전반적인 삶을 엿볼 수 있습니다. (유튜브 검색어: 거친 파도는 나의 벗)

1. 항해사들이 근무를 서는 선교에 설치되어 있는 항해 장비로 전파를 이용해 목표물의 거리, 방위를 측정하는 장치의 이름은 무엇인가요?

2. 포항 영일만신항과 울릉도 사동항을 운항하는 여객선에 포함되지 않은 시설은 무엇인가요?
   ① 오션 뷰 레스토랑
   ② 오락실
   ③ 엘리베이터
   ④ 카지노
   ⑤ 노래방

3. 어선과 충돌을 방지하기 위해 배와 소통할 때 서로 상대 선박의 오른쪽을 보고 지나가자고 사용한 표현은 무엇일까요?

4. 선박이 항구에 입항, 출항 시 일등 항해사의 위치는 어디이며 무슨 역할을 하나요?

정답

1. 레이더(RADAR: RAdio Detecting And Ranging)

2. ④ 카지노

3. 영상에서는 "우현 대 우현 부탁드리겠습니다."라고 표현했습니다. 우현 대 우현 (Starboard to Starboard), 선박에서 오른쪽은 '스타보드(starboad)'라는 표현을 사용합니다. 흔히 알고 있는 '라이트(right)'는 여러 의미를 담고 있기 때문에 비상 시 혼선을 야기할 수 있으므로 사용하지 않습니다.

4. 배의 선수에서 계류 작업을 지휘합니다. 계류줄이 부두에 걸릴 수 있게 선장님과 소통하며 현장을 지휘합니다.

03
상선 항해사
되기

상선 항해사 출신별 현황

구분 면허		합계	해양계					수산계					일반 (계)
			계	대학	전문	고교	단기	계	대학	전문	고교	단기	
합 계		20,061	8,775	5,760	181	2,334	500	2,266	524	476	1,186	80	9,020
항해사	계	10,935	4,902	3,186	69	1,383	264	1,234	275	276	650	33	4,799
	1급	2,136	1,604	1,167	48	336	53	113	33	45	35	-	419
	2급	1,655	1,106	756	14	255	81	241	56	100	75	10	308
	3급	2,790	1,785	1,259	7	431	88	556	184	130	227	15	449
	4급	1,092	367	2	-	346	19	163	-	-	160	3	562
	5급	907	24	-	-	3	21	155	1	-	149	5	728
	6급	2,355	16	2	-	12	2	6	1	1	4	-	2,333

취업해기사 출신별 현황

한국선원복지고용센터는 선원들의 취업 동향과 고용 정보를 제공하는 기관이다. 선원의 구직, 구인등록 및 취업 알선 서비스도 운영하고 있다.

한국선원복지고용센터에서 제공하는 선원·선박 통계자료를 보면 항해사의 출신별 현황을 알 수 있다. 이를 참조하면 화물선 항해사로 취업하는 항해사의 전반적인 현황을 알 수 있으니 살펴보자.[38]

앞의 표를 보면, 항해사는 해양계와 수산계로 구분된다. 해양계는 상선을 타는 항해사, 수산계는 어선을 타는 항해사라고 이해하면 쉽다. 이 책에서는 상선 항해사를 주로 다루고 있지만 수산 계열 어선 항해사도 있다는 점을 참고하자. 해양계(상선 항해사)를 살펴보면 취업한 해기사 중 해양계 대학 졸업 출신이 다수를 차지한다. 일찍이 항해사가 되기로 결심했다면 대학을 통해 항해사가 되는 길이 보다 보장된 길이라고 할 수 있다.

---

38 한국선원복지고용센터, 2024 한국선원통계연보, 2023. 12. 31.

해양대학을 공략하라!
해양 관련 대학교 진학

현재 한국에는 한국해양대학교, 목표해양대학교 두 학교에서 관련 교육 과정을 운영하고 있다. 대학교에 진학하면 학교에 마련된 교육프로그램에 따라 항해사 면허를 취득하는 데 필요한 교육과 훈련을 받을 수 있다.

○ 한국해양대학교 해사대학

한국해양대학교 해사대학은 한국 해양 관련 분야에서 가장 역사가 깊은 학교이다. 한국해양대학교에 진학해 항해사를 준비할 수 있다. 한국해양대학교 해사대학은 전 학생에게 1년간의 승선 실습 과정이 포함된 기본 교육 과정을 이수, 해기 전문 인력을 육성하는 것을 목적으로 한다.

해사대학에 속한 항해융합학부, 해양경찰학부, 해사인공지능 보안학부

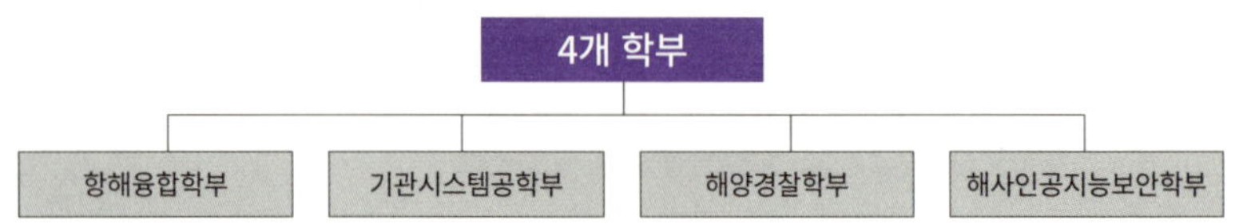

해사대학 학부 구성

에 진학하면 항해사가 될 수 있다.

해사대학 재학생 전원은 4년간 승선생활관에 입관해서 생활하며, 숙식 및 규정된 피복(일부 품목은 개인 부담)을 국비로 제공받는다. 입학금과 수업료 일부를 4년간 면제받는다. 남학생의 경우 징병 신체검사 결과 현역병 입영 대상자로 판정받은 자는 병역법에 따라 병무청장이 정한 인원의 범위 내에서 졸업 후 승선 근무 예비역에 편입되어 5년 내 3년간 승선함으로써 병역의 의무를 마칠 수 있다.

해사대학	항해사	기관사
항해융합학부	O	X
기관시스템공학부	X	O
해양경찰학부	X	O
해사인공지능보안학부	X	O

한국해양대학교 해사대학 학부별 항해사 양성 여부[39]

---

39 한국해양대학교 홈페이지, 2025. 1.

관련 법	대상	기간	내용	주관	비용
한국해양대학교 학칙 제58조	1학년	6일	승선생활교육의 이해 및 제반사항 교육	승선 생활관	-
			기본인성교육 및 학사관리 교육		
			비상대피훈련		
			기초체력교육		

신입생 적응 교육

관련 법	대상	기간	내용	주관	비용
한국해양대학교 학칙 제58조	2학년	5일	인명구조법	승선생활관	-
			팀 이동법		
			구명벌 사용법		
			이선법		
			응급조치법		

해상생존 및 인명구조훈련(해양훈련)

관련 법	대상	기간	학점	내용	비고
STCW VI/1 규칙 선박직원법 제5조 선원법 제116조 지정교육기관기준	2학년 (1학기에만 개설)	기초안전교육 (교과목) 36시간 -이론 20시간 -실습 16시간	기초안전 1학점 (17시간)	-선내인간관계 -소화대의 조직 및 훈련 -화재원인과 예방 -화재 빛 소화이론 -비상상태의 종류 및 생존 원칙 *강의실(이론 수업)	

STCW VI/1 규칙 선박직원법 제5조 선원법 제116조 지정교육기관기준	2학년 (1학기에만 개설)	기초안전교육 (교과목) 36시간 -이론 20시간 -실습 16시간	기초안전 1학점 (17시간)	-구명 설비의 종류 -지시의 이해와 선내 임무의 이해 -생존정 의장품 및 개인 생존 장비 -선박소화설비의 종류와 운용 -화재 시 선내에서의 대응 *강의실(이론 수업)	-교육주관: 해기교육원(실습) -학부(과) 교과과정: 이론 -교육비: 위탁교육은 실비 청구 *2만 원~3만 원 정도로 교육 인원 수에 따라 변경될 수 있음 (2020년부터 국립대학 육성사업을 통하여 지원 가능) -1학기에 기초안전(1학점) 교과목 개설되며, D학점 이상 취득 및 모든 실습 이수 후 기초안전교육이수증 발급 -기초안전교육이수증 발급 조건 미충족 재학생은 3학년 승선실습 전 한국해양수산연수원의 기초안전교육(5일) 개별 이수 및 증서 준비 필요
				-응급처치개론 -부상자 관리 -비상 절차 -해양오염 방지 -안전작업 실무 *강의실(이론 수업)	
			응급처치 (7시간)	-합동강의(3) -응급처치 실습(4) *강의실(체육관)	
			소화 및 퇴선 실습(8시간)	-소화훈련(4) 및 퇴선훈련(4) *실습선	
			위탁교육 (4시간)	-소화훈련 및 생존기술 위탁실습 *연수원	

기초안전교육[증서발급], 승선실습 전 이수

관련 법	대상	기간	학점	내용	비고
STCW VI/2 규칙, VI/3 규칙, VI/4 규칙 선박직원법 제5조 선원법 제116조 지정교육기관기준	3학년	상급안전 64시간 -이론 33시간 -실습 31시간	기존 교과목 (해상안전실습 또는 기관당직 및 안전) 3학점 중 7주 강의 (28시간)	구명정수(12시간) -생존정 및 구조정의 운용 -생존정 기관 및 부속 장치 -퇴선 후 생존자 및 생존정의 관리 -조난 통신과 조난 신호 상비 -의료 권고 및 무선통신 -조난 사고의 사례 분석 -조난자 구조 및 응급처치 *실습선	-교육주관: 해기교육원(실습) -학부(과) 교과과정: 이론 -교육비: 위탁교육은 실비 청구 2만 원~3만 원 정도로 교육 인원수에 따라 변경될 수 있음 (2021년부터 국립대학 육성사업을 통하여 지원 가능)
				상급소화(10시간) -선박의 화재와 소화 개요 -소화대의 조직과 훈련 -소화작업의 절차 및 소화시스템의 제어 -선박소화작업의 위험성 및 부상자 관리 -화재사고의 조사와 보고서의 수집 -시청각 교육(소화) *실습선	
				응급처치 이론(6시간) -환자 관리법 및 약물사용법 -인체의 구조와 기능 -응급처치 개론 및 부상자응급서시 *실습선	
			상급 안전교육 1하전 (32시간)	구명정수 실습(9시간) -생존정 및 구조정 임무 지정 -구명정수 실습 *실습선	

STCW VI/2 규칙, VI/3 규칙, VI/4 규칙 선박직원 법제5조 선원법 제116조 지정교육 기관기준	3학년	상급 안전 64시간 -이론 33시간 -실습 31시간	상급 안전교육 1학점 (32시간)	상급소화 실습(9시간) -휴대식, 이동식 소화기 운용 실습 -화재 탐지 설비, 수소화 운용 실습 -고정식 소화 장치 작동 실습 *실습선	-1, 2학기에 상급안전(1학점) 교과목 개설되며 실습선 실습(구명정수 9, 상급소화 9, 응급처치 20), 위탁교육 이수자에게 PS 부여 -모든 교과목 이수 및 모든 실습 이수 후 상급안전교육이수증 발급 -상급안전교육이수증 발급 조건 미충족 재학생은 졸업 전 한국해양수산연수원의 상급안전교육(3+3+3일) 개별 이수 필요(국내항해용 5일 과정 불가)
				응급처치 실습(9시간) -삼각건 및 붕대법 실습 -부목법 및 환자 운반법 실습 -환자 운반법 및 심폐소생법 실습 *실습선	
				통합이론강의(응급처치 일부, 5시간)	
			위탁교육 (4시간)	-내연단련 및 상급소화훈련	

상급안전교육[증서발급], 졸업 전 이수

○ 국립목포해양대학교 해사대학

국립목포해양대학교 해사대학으로 진학해서 항해사가 되는 방법이 있다. 해사대학에 속한 항해학부, 해상운송학부, 항해정보시스템학부, 해군사관학부에 진학하면 된다.[40]

---

40 목포해양대학교 홈페이지 자료.

목포해양대학교 해사대학	항해사	기관사
항해학부	O	X
해상운송학부	O	X
항해정보시스템학부	O	X
기관시스템공학부	X	O
해양경찰학부	X	O
해양매카트로닉스학부	X	O
해군사관학부	O	O

국립목포해양대학교 해사대학 학부별 항해사 양성 여부(2025년 1월 기준)

한국해양대학교와 국립목포해양대학교는 교내에 해기교육과정과 실습선이 있기 때문에 교육과정을 잘 이수하면 3급 항해사 면허를 취득할 수 있다. 또한 학교 내의 ROTC에 지원하면 졸업 후 군 항해사로서 근무할 수 있다. 자세한 사항은 학교별 세부 내용을 참조하자(6장).

참고로 한국해양대학교와 국립목표해양대학교 해사대학으로 진학하는 것 이외에 해당 학과로 전과하는 방법도 있다. 전과는 2학년 1학기에 이루어지며 입학 정원의 20% 범위 내로 선발한다. 지원 자격은 2학년 이상 재하생으로서 1하년 수료 하전 이상 이수차고, 기존에 이수한 성적의 춘 평점 평균이 2.5 이상이어야 한다.

한국해양대학교와 국립목포해양대학교에 진학하면 이름 있는 해운선사에 입사할 확률이 매우 높아진다. 해기사가 되고 싶다면 이 두 학교 숭 한 군데에 진학하는 것이 유리하다.

방법2 해양 관련 고등학교 진학(마이스터고)

○ **국립부산해사고등학교, 인천해사고등학교 진학**

해사고등학교를 졸업하면 4급 항해사 면허를 취득하게 된다. 고등학교를 졸업하고 바로 항해사가 되기 때문에 해사고등학교에 진학하는 것은 항해사가 될 수 있는 가장 빠른 방법이다.

국립부산해사고등학교와 인천해사고등학교는 모두 역사가 깊다. 국립부산해사고등학교는 1977년에 설립되어 해기사를 육성하는 해양마이스터고등학교다. 2025년 현재 항해과 64명, 기관과 64명 총 128명을 모집했다. 인천해사고등학교는 1979년에 설립되어 해기사를 양성하는 해양 분야 마이스터고등학교다. 2025년 기준 항해과 54명, 기관과 54명 총 108명의 해기사를 배출했다(자세한 내용은 6장 '예비항해사를 위한 꼼꼼 가이드' 참고). 항해사가 되기 위해서는 1년의 승선 경력이 필요한데, 해양수산연수원 실습선에서 1년 실습하거나, 실제 선사에서 실습 항해사로 6개월의 승선 경력을 채울 수 있다. 항해사로 취업 후 승진 시, 해양 관련 대학교를 졸업해서 3급 항해사 면허를 취득한 항해사와 비교하여 승선 경력을 더 요구하는 경향이 있다.

- 1학년: 전문교과 기초 교육, 해외 승선 체험학습

- 2학년: 1차 승선 실습(6개월) 실습을 통한 실무 능력 함양

- 3학년 1학기: 실습 경험을 토대로 이론 강화 학습, 선종별 맞춤형 학습

- 3학년 2학기: 2차 승선 실습(다양한 선사의 개인 승선 실습)

- 졸업: 협력 산업체 취업, 초급 해기사 영 마이스터

- 졸업 3~5년 후: 승선 근무 예비역으로 병역함. 중견 해기사 (일등 항해사)

인천해사고등학교 교육 커리큘럼

1학년 과정은 인문 교과 및 항해에 관련된 전문교과의 기초적인 학습과 원리를 습득하며 2, 3학년이 되어 실습 위주의 학습을 통해 1학년 과정에서 배운 내용을 적용하는 교육을 받는다.

- 취득 자격증: 4급 항해사 면허증, 전파전자 기능사

- 승선 필수 이수 교육: 기초 안전교육, 상급 안전교육, 선박 보안 중급 교육, 탱커 기초교육, 자동 충돌 예방 및 레이더 시뮬레이션 교육

취득 자격증 및 필수 교육

방법3 해양수산연수원을 공략하라!

해양 관련 대학이나 고등학교를 진학하지 않아도 항해사가 되는 방법이 있다. 바로 해양수산연수원에서 진행하는 오션폴리텍 과정을 이수하는 것이다. 오션폴리텍 해기사 양성 교육은 승선 경험이 없는 육상의 우수 인재를 선발해 해운산업 인재를 양성하기 위한 해기 전문, 승선 실습 교육을 제공하는 프로그램이다. 교육 기간은 3~11개월이며 상선과 어선 분야 모두 모집한다.

승선 필수 법정 교육을 제공하고 교육 기간 중 훈련 수당을 월 20만 원 지급한다. 교육비와 교재비, 숙식비는 무료이다. 오션폴리텍을 졸업하면 외항 상선 3급 해기사 자격증이 나온다. 육상에서 6개월 동안 교육받은 후 3개월은 연수원 실습선 승선 실습 교육을 받으며, 전원 합숙 훈련으로 진행된다.

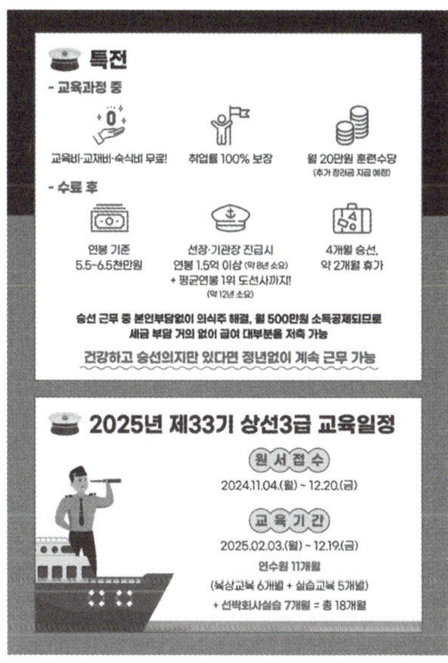

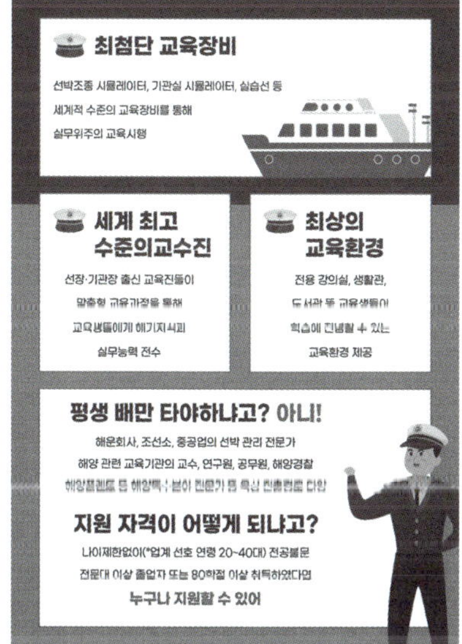

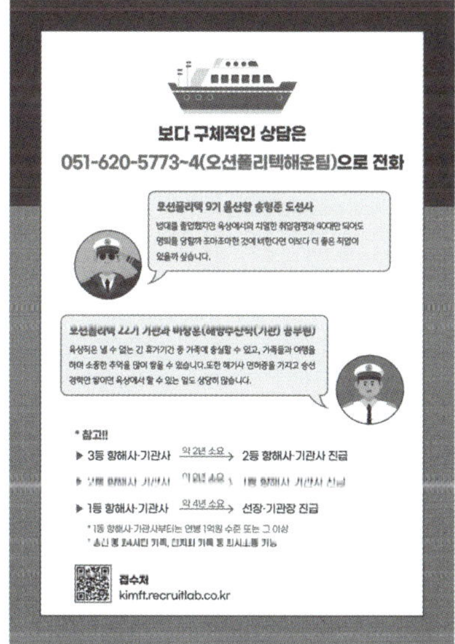

2024 외항상선 3급 해기사 양성 과정 모집 공고(출처: 한국해양수산연구원)

여객선 항해사 되기

여객선 항해사도 상선 면허가 필요하다. 상선 면허를 취득하려면 앞서 언급한 해사고등학교, 해양대학교 혹은 한국해양수산연수원의 오션폴리텍 과정을 수료하고 4급 혹은 3급 항해사 면허를 취득해야 한다. 화물선과 다른 점은 여객선 직무교육을 따로 받아야 한다는 점이다.

직책		기초 안전 교육	상급 안전교육 (국제선)			원양 선 직무 교육	레이더 교육		여객선 교육		선박 보안 교육		리더십 교육		전자 해도 장치 교육 (ECDIS)
			구명 정수	상급 소화	응급 처치		시뮬 레이 션	ARPA	기초 교육	상급 교육	중급	상급	팀워 크	관리 기술 직무	
갑 판 부	선장	○	○	○	○	○	○	○		○		○	○	○	○
	일항사	○	○	○	○	○	○	○		○	○		○	○	○
	이항사	○	○	○			○	○		○	○		○		○
	삼항사	○	○	○	○		○	○		○	○		○		○
교육주기		5(년)	5	5	5	-	-	-	5	5	-	-	-	-	-

선원법 및 선박직원법에 따른 법정 교육과정: 국내 상선 갑판부(한국해양수산연수원 홈페이지 자료)

○ 크루즈선 항해사 되기

영화 및 기타 매체를 통해 호텔, 카지노, 워터파크 등 초호화 호텔을 겸비한 크루즈선을 본 적이 있을 것이다. 국내에는 아직 크루즈선을 독자 유치한 회사가 없다. 따라서 크루즈선 항해사가 되고 싶다면 해외 선사에 취직해야 한다. 국제항해선박에 승선하려면 관련 면허와 교육을 이수한 후, 개인이 직접 지원서를 영어로 작성하고 영어 면접을 통과해야 한다. 영어를 잘해야 함은 물론 다국적 사람들과 잘 지낼 수 있는 능력이 필요하다. 초호화 크루즈선에 승선하고 있는 한국인 항해사는 매우 드물다. 또한 외국 선사에 취직할 때, 남성의 경우 군 복무제도를 생각해 한국 선사에서 기간을 마치고 지원하는 경우가 일반적이다.

해외 선사 취업

외국계 해운선사 Maersk, MSC, Hapag-Lloyd, CMA CGM, OOCL, EVERGREEN은 전 세계 해운사 순위 10위 안에 손꼽히는 글로벌 기업이다. 이와 같은 유수의 해외 선사에 취업할 수 있을까? 답은 '가능하다.'이다. 국제항해선박에 필요한 면허와 교육을 이수한 후 영어 지원서를 마련해 지원하고 영어 면접을 거치면 된다.

한 가지 알아두어야 할 점은 남성의 경우 군 복무를 마치고 지원해야 입사 후 병역 문제에서 자유로울 수 있다. 해외 선사 취업을 원하는 남성의 경우 보통 한국 선사에서 3년 승선해 승선 근무 예비역을 마친 후 외국 선사에 지원한다.

해외 선사에 취업하는 과정도 알아서 준비해야 하지만, 입사 이후에도 챙겨야 할 서류가 많다. 입사 이후 항해사로서 구비해야 하는 서류도 개인이 준비해야 한다.

직책		기초 안전 교육	상급 안전교육 (국제선)			원양 선 직무 교육	레이더 교육		선박 보안 교육		리더십 교육		전자 해도 장치 교육 (ECDIS)
			구명 정수	상급 소화	응급 처치		시뮬 레이션	ARPA	중급	상급	팀워크	관리 기술 직무	
갑판부	선상	○	○	○	○	○	○	○	-	○	○	○	○
	일항사	○	○	○	○	○	○	○	○	-	○	○	○
	이항사	○	○	○	○	-	○	○	○	-	○	-	○
	삼항사	○	○	○	○	-	○	○	○	-	○	-	○
	교육주기 (년)	5	5	5	5	-	-	-	-	-	-	-	-

선원법 및 선박직원법에 따른 법정 교육과정: 국제 기타 상선 갑판부(한국해양수산연수원 홈페이지 자료)

법정 교육인 기초 안전교육, 상급 안전교육, 원양선 직무교육, 레이더 교육, 선박 보안 교육, 리더십 교육, ECDIS 교육은 물론 2년마다 건강검진을 받아 갱신해야 한다.

보통 한국 선사의 경우 항해사 개인 증서를 한데 모아 회사에서 관리한다. 즉 만료되는 교육, 건강검진 등 일체를 회사에서 관리해주며 갱신 비용과 교육비까지 지원하기 때문에 선원은 휴가 시 회사에서 알려주는 대로 교육에 참여하면 된다. 한 과정당 교육비는 3만 원에서 30만 원 수준이다. 하지만 외국 선사에 취업하면 서류와 승하선 공인, 교육을 자신이 알아서 챙기고 준비해야 한다. 지원서를 쓸 때도 외국 선사에서 요구하는 양식에 따라 영어로 작성한 후 메일을 통해서 승선 날짜를 주고받는다. 자신의 증서를 자신이 관리하며 스스로가 자신의 에이전트가 되는 것이다.

○ 영어는 기본

한국 선사에 비해 해외 선사에서 근무하려면 영어 활용 능력이 매우 중요하다. 한국 선사로 예를 들자면, 선원 20명 중 사관 대다수는 한국인이고 부원들은 대부분 필리핀, 인도네시아, 미얀마 국적을 가진 사람들이다. 그 외의 국적을 가진 사람도 함께 승선하지만 최소 10명은 한국인이기 때문에 한국어를 쓸 일이 더 많다. 하지만 외국 선사의 배를 타면 20명 중 적어도 10명이 각기 국가가 다른 경우가 대부분이다. 공용어로 영어를 사용하기 때문에 업무 지시를 내릴 때도 영어를 사용한다. 모든 일 처리가 영어로 이루어지기 때문에 영어로 의사소통이 가능해야 함은 물론 관련 지식도 갖추어야 한다.

도서 추천

모비 딕(Mobydick)		
	출간일	1851년 10월 18일(원서 최초 발행일)
	저자	허먼 멜빌
	분류	고전문학

『모비 딕(백경)』 표지(출처: 효리원 출판사)

고전 소설 『모비 딕』에서 선박의 직급체계를 엿볼 수 있습니다. 이 책은 포경선 에식스호 침몰 사건을 모티브로 합니다. 고래를 포획하려는 선장과 똑똑한 고래 모비 딕의 이야기를 담은 소설입니다. 태평양 한가운데서 펼쳐지는 인간과 고래의 숨 막히는 추격전을 다루고 있지요. 급박한 상황에서 리더의 판단력과 결정이 얼마나 중요한지 생각해보게 합니다.

Q 퀴즈

1. 이성적이고 합리적이며 차분한 성품을 가진 인물로 피쿼드호의 일등 항해사의 이름은 무엇일까요? 이 이름은 그리스 신화에 바다 위에서 노래로 사람들을 유혹하는 인어, 세이렌을 로고로 한 유명한 커피 회사 이름의 모티브가 되었습니다.

2. 덩치가 크고 이빨이 있는 고래 모비 딕은 무슨 고래일까요?
   ① 혹등고래
   ② 향유고래
   ③ 대왕고래
   ④ 긴수염고래
   ⑤ 범고래

정답
1. 스타벅스
2. ② 향유고래

영화 추천

하트 오브 더 씨(In the Heart of the Sea)		
	개봉일	2015년 12월 3일
	감독	론 하워드
	주연	크리스 헴스워스
	상영시간	121분
	장르	액션, 모험, 드리미

영화 포스터(출처:영화관입장권 통합전산망)

영화 〈하트 오브 더 씨〉는 포경선 에식스호의 침몰 사건을 다뤘다는 점에서 소설 『모비 딕』과 스토리가 비슷합니다. 영화는 에식스호 생존자가 모비 딕의 작가인 허먼 멜빌에게 이야기를 들려주는 형식으로 전개됩니다. 고래기름을 얻기 위해 포경선에 오른 선원들이 고래의 공격, 거친 폭풍우 등 절망적인 상황에서 얼마나 고독한지를 절실하게 보여줍니다.

1. 영화의 시대적 배경인 1820년에는 고래잡이인 포경산업이 유행
   했습니다. 사람들은 이것을 얻기 위해 고래를 잡으려고 했는데
   요. 석유가 등장하기 전 석유를 대신한 이것은 무엇일까요?

2. 에식스호가 출항 후 처음 만난 것은 무엇인가요? 이것을 만나 선
   장과 일등 항해사의 견해가 달라 서로 갈등이 악화되는 계기가
   되었습니다.

3. 에식스호가 출항한 지 1년쯤 되었을 때 처음으로 상륙한 나라는
   어디인가요? 이곳은 남아메리카 북서쪽 태평양 연안에 위치하고
   있으며 산타마리아호 선장을 만나 흰고래와 고래 서식지에 관한
   얘기를 듣게 됩니다.

4. 흰 고래가 한 일이 아닌 것은 무엇인가요?
   ① 꼬리를 휘둘러 일등항해사가 타고 있는 보트를 전복시켰다.
   ② 에식스호를 직접 공격해 배에 물이 새도록 했다.
   ③ 작살을 맞은 후 빠르게 헤엄치면서 배의 돛대가 부서졌다.
   ④ 섬을 발견하고 좋아하는 선원들의 보트 3척을 모두 전복시켰다.
   ⑤ 섬을 나온 후 작살을 든 일등항해사와 눈이 마주치자 더욱 난
     폭하게 굴었다.

정답

1. 고래기름
2. 돌풍
3. 에콰도르
4. ⑤

   에식스호 선장은 일등 항해사에게 흰고래를 향해 작살을 던지라고 명령했지만 일등 항해사는 작살을 던지지 않았습니다. 자신을 공격하지 않는 사람들을 보고 이제껏 선원들을 해치던 흰고래는 유유히 바다로 사라졌습니다.

항해사가 되기 위한 첫 시작은 면허를 취득할 수 있는 교육기관에 입학하는 것이다.
앞서 설명했듯 한국해양대학교, 목포해양대학교, 부산해사고등학교,
인천해사고등학교, 한국해양수산연수원 오션폴리텍 5개 기관이 있으며,
자신의 상황에 맞게 선택해서 준비하면 된다. 자세한 입시 방법은 6장을 참조하자.
이번 장에서는 교육기관 입학 후 초임 항해사가 되기까지 겪게 되는 과정을
저자의 경험에 비추어 설명하고자 한다.
저자는 해양 관련 대학을 졸업하였기 때문에
대학교 과정 관련 설명에 더 집중했으니 참고하자.

04
항해사가 되기 위한
노하우 총집합

학교 생활 노하우

○ **기숙사 생활, 단체 생활의 시작**

　해기사 양성 교육기관은 기숙사 생활을 원칙으로 한다. 대학교에 입학하자마자 4년 동안 기숙사에서 룸메이트와 단체 생활을 한다. 군대와 비슷한 생활이 시작되며 인원 점검, 아침 구보와 훈련을 매일 하고, 일주일에 한 번 위생점검과 복장 점검을 실시한다. 오전과 오후에는 수업을 듣고, 저녁에는 기숙사에서 인원 점검과 청소 점검을 하며 마무리한다. 복장은 항시 제복 또는 체육복을 상황에 따라 착용하며, 사복은 특별한 경우에만 허가를 받고 입을 수 있다. 고등학교 때 흔히 선망하는 '자유와 낭만이 넘치는 대학교 생활'과는 거리가 있다. 입학이 예정되면 학기가 시작하기 전에 6일간 신입생 적응 교육을 받는다. 미리 학교 생활에 대해 이해하고 사전에 필요한 교육을 받기 위함이다. 제복을 받고 입는 방법을 배우며, 제식교육이 이루어진다. 대학교에 입학하기 전에 동기들과 단체 생활을 하며 학교의 규칙과 예법을 익히는 과정이다. 일반적으로 '신입생 오리엔테이션'이라고 생각하는 것보다는 강도가 세다. 재학생 500명 중 한두 명은 낙오자가 생기는 만큼 각오하고 임하는 것이 좋다.

관련법	대상	기간	내용	주관	비용
한국해양대학교 학칙 제58조	1학년	6일	-승선생활교육의 이해 및 제반사항 교육 -기본인성교육 및 학사관리 교육 -비상대피훈련 -기초체력교육	승선생활관	-

신입생 적응 교육 내용

구분	품명	규격	지급 학년	구분	품명	규격	지급 학년
제복	동정복	상·하의	1학년	모자	정모		1학년
	동근무복	상·하의	1, 2학년		근무모	카키색, 흰색	1학년
	잠바	상의	1학년	부착물	명찰 명패	아크릴 천 아크릴	1학년
	동코트	상의	1학년				1학년
	하정복	상·하의	1학년		학년장	철제	1~4학년
	하약정복	상의	1학년		학과장	철제	1학년
	하근무복	상·하의	1,2 학년		학교배지	철제	1학년
	조끼	상의	1학년 (여학생)		수장		2~4학년
					견장		1~4학년
	셔츠	상의	1학년		약장		1~4학년
	가디건	상의	1학년	구두	단화	흑, 백	1학년
	베스트	상의	1학년				
생활복	체육복	상·하의	1학년	생활복	기수티셔츠, 반바지	상·하의	1학년
	실습복	상·하의	1학년				
	해양훈련티셔츠, 반바지	상·하의	2학년		실습선 티셔츠	상의	3학년

해양대학교 해사대학생 복장 규정[40](생김새가 궁금하다면 홈페이지 참고)

시간	월~목	금
07:00~07:40	아침 인원 점검 및 운동	아침 인원 점검 및 운동
07:40~09:00	세면 및 아침 식사	세면 및 아침 식사
09:00~12:00	오전 수업	오전 수업
11:50~13:00 (13:00~14:00)	점심 식사	점심 식사
13:00~18:00 (14:00~18:00)	오후 수업	오후 수업
17:30~19:00	저녁 식사	저녁 식사
19:00~22:00	자율 활동	자율 외박 자율 외출(~24:00)
22:00~22:30	청소	
22:30~23:00	저녁 인원 점검	
23:00~24:00	생활관 내 자율 활동	
24:00~익일 06:00	취침	생활관 출입 제한

한국해양대학교 승선생활관 시행세칙: 평일 일과

시간	토	일
~22:00	자율 외박 자율 외출(~24:00)	귀관
22:30~23:00		귀교 집합
~24:00	귀관	생활관 내 자율 활동
24:00~익일 06:00	취침	취침

한국해양대학교 승선생활관 시행세칙: 주말 및 공휴일 일과

대학 생활 동안 재학생은 위와 같이 통제된 생활을 하게 된다. 기숙사 생활을 할 때도 규칙을 얼마나 잘 지키며 생활하는지에 따라 상점이 부여된다. 일정 벌점 이상이 되면 일시 퇴관이라는 조치가 취해진다. 일시 퇴관 때는 제복을 반납하고 일정 기간 기숙사에서 나가아 하고 사복 차림으로

---

41 해양대학교 해사대학생 복상 규정, 제10조(반급 피복 및 부속 장구 시급 횟수)에 따라 예산의 범위 내에서 4년간 아래와 같이 지급한다. 다만 학장은 필요시 지급을 달리하거나 제외할 수 있다.

수업을 듣게 된다. 기숙사 생활 관리와 상·벌점을 간과할 수 없는 이유는 취직 면접 시 해당 사항을 기입하는 란이 있기 때문이다.

훈련을 힘들어하는 학생들도 있는데, 어차피 피할 수 없는 상황이라면 나를 단련하는 기회로 생각하자. 운동이라고 생각해도 좋다. 당시에는 이해가 되지 않았지만 실제 승선하여 배에서 생활해보니, 학교에서 길러주려 했던 자질의 의미를 비로소 이해하게 되었다. 상선사관[42]으로서 기본적으로 체력을 갖춰야 함은 물론, 책임감과 협동심 그리고 리더십도 갖추어야 한다. 배에서의 생활은 개인 생활도 있지만 전반적으로 단체 생활을 기반으로 한다. 협동하며 서로를 배려하는 자세가 필수적이다. 내가 가볍게 여겨 간과한 것과 한 개인의 사소한 실수가 배 전체의 안전에 위협이 될 수 있다. 따라서 기숙사 생활을 하면서 이런 점들도 고려했으면 한다. 상선사관을 배출하는 학교의 방향과 자신이 지향하는 바가 다르다고 중도에 포기하는 학생을 종종 본다. 겉으로만 보이는 모습 이면에는 끊임없는 통제와 분투가 있음을 미리 알고 항해사의 길을 선택했으면 한다.

○ 성적 관리를 잘하자

해기사를 양성하는 기관은 소수이다. 따라서 학교 성적이 곧 취직을 얼마나 잘할 수 있는지와 연계된다. 학교 성적을 잘 받기 위해 노력하고, 열심

---

[42] 사관(士官)은 장교를 통틀어 이르는 말로, 보통은 위관급을 말한다.

히 생활하면 좋은 회사에 취직할 수 있다. 아침 훈련 후 제복을 입고 수업을 들으면 수업에 집중하기가 어려울 수도 있다. 하지만 수업 시간에 교수님이 강조하는 부분이 중간고사와 기말고사에 출제되는 경우가 많기 때문에 수업을 빠지지 말고 잘 들으면 좋다. 또한 교수님이 이전 시험을 어떻게 출제했는지 알고 있으면 공부하기가 수월하다. 같은 학부 선배나 동아리 선배에게 물어보는 것도 좋은 방법이다.

○ 영어 성적을 높이자

회사에 입사지원서를 제출했을 때 가장 먼저 보는 것은 학교 성적 그리고 영어 점수이다. 학교 졸업 요건에 맞는 영어 점수를 갖추는 것은 입사 시에 변별력 있게 작용하지 않는다. 다른 학생들도 졸업을 위해서 노력하는 부분이기 때문이다. 토익 점수는 900점 이상을 받아야 유리하다. 토익 성적의 유효기간은 2년이기 때문에 4학년 졸업 후 취직 면접 기한을 생각해 면접 2년 전부터 영어 성적을 높일 수 있도록 노력하자. 면접에서 영어로 질문하고 대답하는 경우가 있기 때문에 회화도 틈틈이 해두는 편이 좋다. 이는 취직을 위해서뿐만 아니라, 실제 승선해 생활할 때도 도움이 된다. 또한 항해사라는 전문가로 일을 시작했을 때, 영어를 유창하게 구사하면 다양한 기회가 주어질 수 있으니 꾸준히 실력을 쌓도록 하자.

○ 2급 항해사 필기를 미리 따두자

해양 관련 대학을 졸업하면 3급 항해사 면허가 나온다. 3급 항해사 면허는 삼등 항해사, 이등 항해사까지 가능한 면허이다. 2급 항해사는 2급 항해사 면허가 있어야 일등 항해사로 진급할 수 있다. 2급 항해사 면허는 필기와 면접, 3급 항해사 면허를 소지한 채로 승선 경력 1년을 충족해야 최종 발급 가능하다. 학교에 다니는 동안에는 승선 경력이 부족하기 때문에 2급 항해사 면허를 취득하기가 불가능하다. 하지만 취직 면접 시 2급 항해사 필기 합격증을 소지하고 있으면 일등 항해사까지 승선할 것이라는 의미로 받아들여진다. 면접관에게 장기 승선의 의지를 보이기 때문에 취업에 유리하게 작용할 수 있다. 2급 항해사 필기시험 합격 유효기간은 4년이다. 3급 해기사 면허를 소지한 채로 1년의 승선 경력을 채우기까지 유효기간은 충분하기 때문에 3급 필기를 땄다면, 2급 필기에 도전해보자.

○ 회사 관련 활동에 적극적으로 참여하자

회사와 연관된 활동은 크게 3학년 때 실시하는 실습항해사(업계에서는 실습항해사를 실항사라고 칭함), 4학년 때 선발하는 회사 장학생, 그리고 선사에서 실시하는 청년해기인력 공급기반 강화 사업이 있다. 가고 싶은 회사가 있으면 회사에서 운영하는 활동에 적극 참여하자. 가고 싶은 회사를 결정하지 못했거나, 원하는 회사가 활동에 참여하지 않아도 경험을 쌓아두는

청년해기인력 공급기반 강화사업 모집 공고(2023)

깃이 좋다.

3학년 때 실시하는 6개월 실습은 십중팔구 1, 2학년 때 받은 성적으로 결정된다. 성적이 높은 순으로 먼저 회사를 결정하는 식이기 때문에 1, 2학년 성적 관리를 잘해두어야 유리하다. 4학년 때 회사에서 장학생을 선발하며, 장학생으로 선발된 학생은 졸업 후 취업으로 이어지는 경우가 대부분이다. 기회가 있다면 놓치지 말고 잡는 게 좋다. 보통은 실습한 회사로 취업하는 경우가 일반적이지만 한 회사에 얽매일 필요는 없다.

4학년 때 실시하는 프로그램 중에는 한국선박관리산업협회와 해운회사가 협력해 재학생과 졸업 예정자를 대상으로 실시하는 '청년해기인력 공급기반 강화' 사업이 있다. 해당 프로그램을 통해 배출된 연수생을 기업 채용 시 적극 우대하기 때문에(채용 예상인원의 75% 이상을 채용하는 약정이 있음) 참여하는 것이 취업에 유리하다.

나는 3학년 때 해운선사 실습을 다녀왔지만, 4학년 때 선사에서 실시하는 장학생과 청년해기인력 공급 기반 강화 사업에서 떨어졌다. 취업 시기에 불안함이 있었지만, 이 활동을 못 했다고 해서 항해사가 될 수 없는 것은 아니니 너무 상심하지는 말자.

실습 생활 노하우

○ 해기사 면허 필수 조건, 승선 경력 1년

대학교 3학년이 되면 실습선에서의 생활이 시작된다. 3급 해기사 면허 필요 충족 요건으로 실습선 경력(1년)이 요구되기 때문이다. 학교에는 2개의 실습선이 있어 6개월간 다른 실습선에서 생활하는 것을 기본으로 한다. 그 중 1학기나 2학기 중에 한 번은 실제 회사에서 운영하는 배에서 생활하며 실습할 기회가 주어진다. 어느 학기에 어느 선사로 승선할지는 본인의 성적과 여건에 맞게 선택하면 된다.

학교 실습선 생활은 동기들과 교수님이 있으니, 생활 반경과 기숙사를 육지에서 배로 이동했다고 생각하면 된다. 대부분은 대학교 내에 있는 부두에 정박해 있으면서 배에서 수업을 진행하며, 학교 스케줄에 맞춰 국내항과 외국항에 다녀오기도 한다. 해운선사에서 실습할 때는 실제 무역에 종사하는 배에 혼자 실습항해사로 승선해 선장님과 항해사, 기관사, 부원들과 생활해야 해서 분위기가 학교 실습선과는 다르다.

○ 실습항해사 인수인계

해운 선사로 6개월 실습하게 되면 처음에는 배 생활에 적응하는 데 온 힘을 쏟게 된다. 먼저 움직이는 배에 적응해야 한다. 그러나 적응된 후에도 배 특유의 냄새와 낯선 환경 때문에 피로가 누적되곤 한다. 10년 차 승선하는 나도 휴가를 마치고 배에 타면 일주일간은 몸이 짓눌린 듯 무겁다. 배 생활이 익숙한 사람도 느끼는데, 처음 승선한 실습항해사라면 더 힘들고 조금만 움직여도 피로감이 크게 느껴질 것이다. 게다가 무슨 일을 해야 할지 모르기 때문에 신경은 곤두서 있고, 사관들의 눈치를 살피기에 바쁘다.

친절하게 설명해주는 사관을 만나면 다행이지만, 모든 사관이 그럴 것이라고 기대하면 안 된다. 학생으로서 배우고 시키는 대로 하는 데에 익숙한 실습생에게는 이 상황이 불안하게 느껴질 수 있다.

될 수 있으면 이전 실습항해사에게 인수인계를 상세히 받자. 인수인계서에 자세히 설명되어 있더라도 실제로 해보면 막히는 경우가 있다. 이전 실습항해사가 하는 것을 직접 보고 익혀두자. 허락을 구한 뒤 개인 소장용으로 영상을 찍어두거나, 녹음하는 것도 좋은 방법이다.

지금 당장 급한 일, 매일 해야 할 일, 주기별로 해야 할 일을 숙지하고 놓치지 말자. 실습항해사는 어떤 일을 하든 그에 대한 책임을 지지 않는다.

따라서 나를 담당한 사관의 확인을 받는 것이 중요하다.

또한 인수인계서를 받을 때, 업무에 대한 것은 물론이거니와 배를 타고 있는 사람들의 성향을 물어보는 것도 큰 도움이 된다. 인수인계가 끝난 후, 시간적 여유가 있다면 거주 구역을 살펴보면서 몇 층에 무슨 방과 어떤 시설이 있는지 익히는 것도 도움이 된다.

○ 시뮬레이션하며 숙지하자

처음 승선하는 실습항해사라고 해도 너무 걱정하지 말자. 배를 타고 있는 모두가 '실습항해사는 배 생활을 잘 모른다.'라는 사실을 전제로 둔다. 실습항해사에게 큰 것을 바라지도 않으며 배의 운명을 좌우할 만큼 중요한 일을 혼자 수행하도록 내버려두지 않는다. 사관들도 마찬가지이다. 승선한 후, 한 항차[43]가 마무리될 때까지는 실습항해사가 모르는 것이 당연하고, 가르쳐줘야 한다고 생각한다. 가르쳐주는 방식과 태도, 말투는 사관마다 차이가 있겠지만 실습항해사는 처음 무언가를 익힐 때 다음에도 혼자 할 수 있을 만큼 숙지하는 것이 좋다. 배울 때만 해도 눈으로 보면서 당장 할 수 있을 것 같지만, 막상 혼자 해보려고 하면 헷갈리는 경우가 많다. 똑같은 것을 한두 번 물어보는 것은 괜찮지만, 그 이상 넘어가면 신뢰에 문제가 생길 수 있다. 일항사(일등 항해사) 입장에서는 실습항해사가 제대로 듣고 이해하

---

[43] 항차(航次)는 배가 한 번 항해하는 단위를 말한다. 배가 출발해서 항로를 따라 목적지에 도착하여 해당 항해가 끝날 때까지의 운항 한 회차를 뜻한다.

고 있는 것인지 의문이 들 수 있다. 무언가를 배웠다면 다음에는 혼자 할 수 있을 정도로 시뮬레이션을 해보고 충분히 숙지하려는 마음가짐과 자세를 가지자.

배 종류에 따라 한 항차의 주기가 다르다. 컨테이너선의 경우, 배가 뉴욕에서 출항해 태평양을 건너 아시아에 갔다가 다시 뉴욕으로 돌아오기까지 두 달이 걸린다. 이를 한 항차라고 한다. 다시 뉴욕에 돌아와 항해를 시작하면 업무가 반복되기 때문에 자연스럽게 '이제는 알겠지.'라는 생각이 자리잡게 된다. 하지만 실습항해사 때는 정신없이 하루가 흘러가기 때문에 놓치고 간과하는 게 생기기 마련이다. 무엇이 중요한지 우선순위를 알지 못하기 때문이다. 항구에 들어가면 그 항구만의 특성, 내가 해야 할 일을 정리해두는 게 좋다. 그래야 다음번에 다시 그 항구에 입항했을 때 과거에 어떻게 했는지 살피면서 미리 준비할 수 있다.

○ '나는 삼등 항해사다'라고 생각하자

무슨 일을 하든 마음가짐이 중요하다. 실습항해사로서 일을 잘 해내고 싶다면, '나는 꼭 훌륭한 항해사가 될 거야'라는 마음가짐만으로는 부족하다. 반드시 행동으로 채워야 할 부분이 있기 때문이다. 사실 실습항해사는 말 그대로 '실습'하는 사람이다. 실습항해사에게 규정된 역할과 책임도 없다. 실습항해사 생활이 끝나고 학교를 졸업하면 삼등 항해사로서 배를 타게 된다. 다음 단계가 삼등 항해사이기 때문에 '내가 삼등 항해사라면'이라는 생각으로 임하는 것이 좋다. 선장님에 따라 다르지만 보통 실습항해사는 처음에 삼등 항해사 당직에 배정되어 삼등 항해사를 따라다니며 일을 배운다. 이때 실습항해사로서 삼등 항해사를 잘 보좌해야 하는데, 내가 삼등 항해사가 되었다고 생각하며 책임감을 가지고 배우면 습득하는 속도와 이해가 남다를 것이다.

○ 다시 한 번 생각해보기

배는 거대한 기기이다. 화물 운반이 주요 목적이고, 엔진의 힘으로 바다를 헤쳐나간다. 배에는 사람이 살아가는 데 필요한 물, 전기를 제공할 수 있는 기기가 갖추어져 있다. 배는 하나의 거대한 기술 집약체이다. 항해사가 항해 당직을 서는 공간에는 여러 항해 통신 장비가 있으며 엔진을 조종하는 기기들도 있다.

무언가를 알기 위해서는 직접 해봐야 한다는 말에 동의하지만, 기기 장비에 있어서는 동의하지 않는다. 특히 선교에 설치된 빨간색 버튼은 비상 장치인 경우가 많다. 궁금하다고 손대었다가는 배가 멈추거나 장비가 정상 작동하지 않을 수 있다. 궁금할 경우 항해사에게 물어보거나 매뉴얼을 찾아보는 방법을 권유한다. 하지만 서류 작업의 경우 직접 하더라도 바로 큰일이 일어날 가능성이 드물다. 게다가 과거 자료가 있기 때문에 참조할 수 있다. 서류 작업은 할 만한지 미리 시도해보고 항해사에게 묻는 것을 권한다.

실습항해사에게는 선박에서 사용되는 모든 용어가 낯설다. 누군가 무언가를 시켰을 때, 그 말을 다시 한 번 말함으로써 피드백을 받자. 예를 들어 "BCR[44] 가서 Bell book[45]을 가져다줄래?"라는 말을 듣고 바로 "네!" 하고 대답한 후 발걸음을 옮기는 대신, "네, BCR 가서 Bell book 가져오겠습니다."라고 말하는 것이다. 말함과 동시에 지시를 내린 사관에게 자신이 제대로 이해한 것인지 확인받을 수 있으며, 혹여 내가 모르는 용어가 나왔을 때 한 번 더 물어봄으로써 불필요한 동선을 줄일 수 있다. 이삼 초만 주의를 기울여서 복명복창하면 몇 분 혹은 많게는 몇 시간의 낭비를 줄일 수 있다.

○ **삼진아웃과 실수 리스트**

인간은 누구나 실수하기 마련이다. 처음 하는 일에서 완벽할 순 없다. 나는 '실수하는 것'보다 '같은 실수를 반복하는 것'을 최대한 줄이고자 했다. 그래서 속으로 삼진아웃을 생각했다. 한 번은 실수할 수 있지만, 세 번이나 같은 실수를 하게 된다면 그건 나의 부주의이고 명백한 잘못이다. 고쳐야만 한다. 반복된 실수는 나의 개인 능력에 흠을 남길 뿐 아니라 같이 승

---

44 'Ballast Control Room'의 줄임말. 선박평형수관련 기기를 작동할 수 있는 설비가 있는 방으로 하역 당직 때 주로 이용하는 공간이다.
45 입출항 시 엔진 사용 시간 및 발생되는 모든 사건의 시간을 기록하는 노트다.

선하는 선원들에게 신뢰를 잃게 만든다.

나는 처음 실수했을 때 그 내용을 기록했다. 벽에 빈 A4용지를 붙여두고 실수할 때마다 적었다. 아침에 일어나서 방문을 나서기 전에 지난 나의 실수를 한 번씩 외치고 나섰다. 방문을 나설 때마다 눈으로 확인하게 되니 자신에게 경각심을 주고 실수를 줄일 수 있었다.

○ **리포트는 나중에**

실습항해사로 승선하면 내리는 날까지 받게 되는 남모를 스트레스가 있다. 학교에 제출할 리포트를 작성해야 하기 때문이다. 실습 수업의 경우, 실습항해사로 근무하며 리포트를 작성하고 학교에 제출해 성적을 받는 시스템이다. 실습항해사로 승선했지만 대학교 3학년이다 보니 성적도 중요하다.

승선 후 언제부터 실습 리포트를 작성하기 시작하는 게 바람직할까? 정답은 정해져 있지 않다. 하지만 승선한 직후는 피하라고 말하고 싶다. 우선 배 생활 적응에 최선을 다하자. 배가 어떻게 운항되는지, 내가 당장 해야 할 일은 무엇인지, 무엇이 중요한 일이며, 이 일을 하는 데 어느 정도의 시간이 소요되는지, 입출항하기 전 어떤 것을 준비해야 하는지를 익히고 어느정도 익숙해지고 난 뒤에 작성해도 시간은 충분하다. 승선 3개월, 4개월 후부터 리포트 작성을 시작해도 늦지 않다. 하선하기 한 달 전부터 시작한 동기가 대부분이었다.

다만 리포트 성적을 잘 받기 위해서 약간의 준비가 필요하다. 승선하기 전에 어떤 과목의 리포트를 준비해야 하는지 파악하고 파일을 준비해두자. 미리 문제를 읽어두면 좋다. 배에서 실습항해사로 일하면서 '이건 문제에 나왔던 내용인데?' 하며 위치를 파악하고, 나중에 본격적으로 리포트를 준비할 때 빠르게 찾을 수 있도록 준비하자.

리포트 점수를 잘 받았던 선배의 자료를 확보해두는 것도 큰 도움이 된다. 성적을 잘 받은 리포트를 살펴보면 정리가 깔끔하게 되어 있고 색연필이나 사인펜으로 중요한 내용을 강조하는 등 이해하기 쉽게 구성되어 있다. 이전 자료를 확인해 어떤 식으로 전개할 것인지 생각해두면 빠르게 완성할 수 있다.

○ 파도는 계속 오기 마련

실습항해사는 사관 중에서 가장 낮은 위치에 있다. 하선하기 전에는 선장님과 일등 항해사에게 인사 평가를 받기 때문에 눈치를 볼 수밖에 없다. 실습을 잘해야만 해당 회사에 취직할 수 있다고 생각했고, 나 역시도 그랬다. 인사 평가를 잘 받기 위한 것이 최우선적인 목표는 아니었지만 개인적으로도 어떻게든 일을 잘하고 싶었고 인정받고 싶었다.

실습항해사로서 보낸 일주일은 정말 정신없이 흘러갔다. 방에 돌아오면 불도 끄지 못한 채 쓰러져 잠들고, 짐을 풀고 방을 정리할 시간도 없었다. 한 달쯤 되니, 그제야 조금 배가 어떻게 운항되는지 느껴졌다. 삼 개월쯤 되니, 이제 실습항해사 일은 물론이고 삼등 항해사 일도 할 수 있겠다는 생각이 들었다. 육 개월이 되자 이제 이 배를 다 안 것 같았다. 늘 좋은 순간만 있었던 것은 아니다. 혼도 많이 났다. 한 달이 되자 "한 달이나 되었는데 이것도 몰라?", 두 달이 되면 "두 달이나 되었는데 이것도 몰라?", 석 달째는 "석 달이나 되었는데 이것도 몰라?" 하선이 다가오는 육 개월째는 "육 개월이나 되었는데 이것도 몰라?"라는 말을 들었다. 사실 이 말은 지금의 나에게도 마찬가지로 적용된다. '십 년 차 된 일등 항해사가 되었는데 이것도 몰라?' 나는 아직 모르는 것투성이라는 생각이 든다.

실습항해사는 해도 혼나고 하지 않아도 혼난다. 때로는 여성이라는 이유로, 웃음이 많다는 이유로 질책받을 때가 있었다. 파도는 계속 온다. 내가 무얼 하든 하지 않든 그때마다 파도를 탓하고 자신을 탓하기보다는 내가 있는 이 자리에서 꿋꿋이 내 역할을 하자. 그러다 보면 거센 파도는 지나가기 마련이다. 또 다른 파도가 계속 올 것을 안다. 그러니 맡은 일을 계속하다 보면 언젠간 파도를 즐기는 날도 올 것이다.

시험 통과 노하우

○ **3급 항해사 필기시험**

대학교 졸업 전에 3급 항해사 필기시험에 합격해야 3급 항해사 면허를 발급받을 수 있다. 대학교 1, 2학년 때는 대개 학교 적응에 힘쓰고, 대학교 3학년 때부터 필기시험에 응시하기 시작한다. 필기시험은 1년에 네 번 시행되는 정기시험과 수시로 진행되는 상시시험이 있다. 상시시험까지 생각하면 월에 한 번은 시험을 칠 수 있다. 항해, 운용, 법규, 영어, 상선 전문 다섯 가지 과목을 준비해야 하며 한 과목당 100점을 만점으로 매 과목 40점(항해사의 법규과목은 60점) 이상, 전 과목 평균 60점 이상 득점하면 합격이다. 과목합격이라는 제도도 있어, 필기시험 합격 기준에는 미달이더라도 한 과목당 60점 이상 취득한 과목이 두 과목 이상일 경우 다음 시험에서 합격한 과목을 제외한 다른 과목을 응시할 수 있다.

필기시험에 합격하기 위해서는 기출문제를 많이 접하는 것이 중요하다. 최근 3년에서 5년 사이 출제된 기출문제를 풀어보기를 권한다. 기출문제는 한국해양수산연수원 홈페이지에서 다운로드 가능하다. 내가 재학할 당시에는 한국해양수산연수원에서 제공하는 기출문제 자료가 없어 해기사 기출문제 애플리케이션을 활용하였다.

한국해양수산연수원 홈페이지에서 기출문제를 다운로드해 공부해도 되지만, 해기사 기출문제 애플리케이션을 이용하면 연도별, 항해사 급수별, 과목별로 선택해 공부할 수 있어 이동하면서 공부하기에 편리하다. 실전 모드와 연습 모드가 있으며, 연습 모드는 답을 체크하면 바로 정답을 공개하는 모드이고, 실전 모드는 문제를 다 풀고 점수를 매겨주는 모드이다.

한국해양수산연수원에서 다운로드한 기출 자료를 프린트해 쓰면서 공부하고, 이동할 때나 실력을 알고 싶을 때는 자동으로 점수를 매겨주는 해기사 기출문제 애플리케이션을 활용하면 다방면으로 도움이 된다. 3급 항해사 필기시험에 합격했다면, 취업 면접 전까지 2급 항해사 필기를 준비하기를 권한다. 3급 항해사 필기를 준비하면서 익혔던 지식을 잊기 전에 바로 준비하면 공부하기도 수월할 것이다.

○ 전파전자급 3급 통신사 면허

항해사로서 상선에 승선하려면 항해사 면허는 물론 전파전자급 3급 통신사(GOC, General Operator's Certificate) 면허가 필요하다. 이는 해상통신

장비에 대한 운용 능력 자격을 부여하는 통신사 면허다. 과거에는 '통신장'이라는 직책이 따로 두어 통신 업무만 담당했으나, 기술이 발전하고 통신 업무가 간단해지면서 항해사가 통신사를 겸하도록 국제 협약이 이루어져 통신사는 점차 사라졌다. 이때, 항해사는 통신 능력을 검증하는 국제 기준인 GOC 면허를 갖추어야 한다.

GOC 면허를 취득하려면, 한국방송통신전파진흥원이 주최하는 전파전자통신 기능사 자격증을 취득해야 하고 한국해양수산연수원에서 진행하는 통신사 면접에 합격해야 한다. 전파전자통신 기능사 시험은 필기와 실기로 구성된다. 학교 수업 시간에 해당 교육을 이수했을 경우 필기시험은 면제된다. 실기시험은 학교 수업 시간에 집중해서 연습해 운용법을 익혔다면 통과하는 데 큰 문제가 없다. 면접의 경우, 한국해양수산원 홈페이지에서 예상문제를 다운로드할 수 있으므로 숙지해서 준비하도록 하자. 방심은 그물이다. '설마 내가 떨어질까?' 하는 안일한 생각으로 시험 준비를 소홀히 하면 재시험을 여러 번 보는 경우도 있다. 이왕이면 첫 시험에 응시할 때 최선을 다하기를 바란다.

면접 통과 노하우

해양 관련 대학에서 4학년 2학기가 되면 취업박람회가 열린다. 각 회사가 학교에 방문해 강의실을 빌려 회사를 홍보하고 해당 기간에 졸업생들은 입사지원서를 제출한다. 이번 장에서는 회사 면접 통과하는 방법과 학교에서 도움을 받아 지원서를 작성하는 법, 함께 준비하는 사람과 모의 면접하기, 예상 질문 및 준비 자세에 관해 다루겠다.

○ 자기소개서를 성심성의껏 작성하라

대학알리미 홈페이지(www.academyinfo.go.kr)에서 학교별 취업률 통계를 열람하여 해사대학 학과별 자료를 살펴볼 수 있다. 해양대학교는 학교 자체에 '해기사 양성'이라는 특수한 목적이 있는 만큼 학생 대부분이 취업에 성공해 평균 취업률이 90% 이상이다(전국 대학 평균 취업률 66.3%). 그래서 면접은 치열하게 준비하지 않는 경향이 있다. 하지만 나는 학교에서 소수에 해당하는 여성이었고, 군대 문제[46]가 연관된 것도 아니었다. 회사 입장에서 굳이 여성을 뽑을 이유가 없었기 때문에 나에 대해서 더 열심히 어필해야 했다.

회사마다 자기소개서 양식과 질문지는 달라도 공통되는 질문은 있기 마련이다. 조사해서 공통되는 질문을 몇 가지 추려 미리 작성하였다. 학교에 다니는 동안에는 인지하지 못했고 훗날 알게 되었지만, 학교에는 자기소개서 작성을 도와주는 제도가 있었다. 학생 복지와 관련된 건물에서 진행되는데, 재학생들에게 무료로 적성검사를 해주며 취업을 도와주는 곳이었다. 나는 미리 작성한 자기소개서를 제출해 수정에 도움을 받았다. 내용은 같았지만 더 깔끔하고 한눈에 이해하기 쉬워졌다. 부정적인 단어를 순화하자 내가 한 활동들이 더욱 그럴듯해 보였다. 자기소개서를 어떻게 작성하면 좋은지 일대일로 상담도 해주므로 재학생이라면 꼭 한번 받아보길 추천한다.

또한 꼭 확인해야 할 부분이 있다. 여러 회사에 지원하다 보면 회사명을 바꾸지 않고 제출하는 경우가 있다. 이는 큰 결례로, 이처럼 중요한 실수는 저지르는 일이 없도록 하자.

---

[46] 앞서 다룬 것처럼 해사대학을 졸업한 학생은 「국립학교설치령」제18조제1항 및 학칙 제95조(복무의무)에 따라 수업연한에 해당하는 기간에 각각 해양수산부장관 또는 교육부장관이 지정하는 직무에 복무할 의무가 있다. 5년 내에 3년 승선 근무 예비역으로 배를 타면 군대를 대체하는 제도가 있으나 여학생의 경우 의무적으로 배를 타지 않아도 된다는 의미다.

○ 친구들과 모의 면접을 하자

면접을 준비하면서 친구들과 시뮬레이션하며 가장 도움을 많이 받았다. 친구 세 명과 같이 면접 시뮬레이션을 했다. 두 명은 면접관이 되고 한 명이 지원자가 되는 식이었다. 어떤 내용을 물을까, 이런 질문을 하면 어떻게 답할까 달달 외우고 들어가면 긴장한 게 티 나고 부자연스러운 점이 보였다. 나의 경우, 생각하면서 얘기할 때면 위를 보고 말하는 경향이 있었다. 친구들은 정면으로 응시하지 않는 점이 신뢰성을 떨어뜨린다면서 지적해주었다. 혼자 생각하고 연습했다면 절대 알지 못할 부분이었다. 의자를 가운데 하나 두고 들어가는 것부터 나가는 것까지 연습하면서 서로에게 어떤 점이 부족한지 이야기했다. 이런 부분은 얘기하지 않는 것이 좋겠고, 이런 점은 잘하고 있다 등등 세세하게 알 수 있었다. 꼭 친구들과 시뮬레이션해보길 바란다.

○ 용모는 단정히, 표정은 자신감 있게

제복을 입고 면접을 보기 때문에 대부분 단정하고 깔끔한 모습이며 별도로 정장을 준비할 필요가 없다. 면접에 가기 전, 한 번 더 다림질에 신경 쓰고 머리를 손질해 깔끔한 인상을 줄 수 있도록 노력하자. 머리를 염색하거나 과도한 액세서리 착용, 손톱에 매니큐어를 바르는 것은 개인의 자유이지만 면접관들에게 좋은 인상을 줄 가능성은 작으니 피하는 것이 좋다.

긴장되는 것은 어쩔 수 없다. 면접관의 눈을 바라보기가 어렵다면 미간이나 인중을 쳐다보아도 좋다. 눈을 피하거나 고개를 떨구어 바닥을 보고 얘기하면 신뢰감이 떨어진다. 첫인상도 불안한 모습으로 비추어진다. 무표정보다 미소 띤 상태를 유지하며 긍정적인 인상을 주려고 노력하자.

○ 시간 약속은 철저히

승선 생활에서는 시간 약속을 지키는 것이 가장 중요하다. 배 근무는 당직제로 이루어지기 때문에 시간에 제때 맞춰가지 않으면 전에 당직을 서고 있는 사람이 더 오래 일해야 하고, 이에 따른 피로감을 줄 수 있다. 어느 사회에서든 마찬가지이지만 배에서 시간을 지키지 않으면 다른 사람에게 직접적으로 피해를 준다. '당직 십오 분 전'을 지키듯 면접도 최소 십오 분 전에 도착하는 습관을 지니자.

○ 자기소개서 내용을 숙지하자

면접관은 지원자를 평가하는 항목이나 공통적인 질문을 항목대로 물어볼 수 있다. 일반적으로는 지원자가 제출한 자기소개서에 있는 내용을 토대로 질문한다. 본인이 어떤 내용을 썼는지 확실히 숙지하고 예상되는 질문이 있다면 답변을 미리 준비하자. 답변 시 부정적인 표현은 피하는 것이 좋다. 자신에 관해 이야기할 때, '성격이 급하다', '고집이 세다', '소심하다' 라는 표현보다는 '민첩하다', '생각이 확고하다', '신념이 뚜렷하다', '신중하다'라는 표현으로 완곡하게 바꾸자.

○ 저자가 작성한 초임사관 자기소개서 예시

[적극적 참여, 체력단련, 책임감: 모든 일에 대한 최선]

제 신조는 '항상 모든 일에 최선을 다하자' 즉, '절대 후회하지 않는 생활을 하자'입니다. 1학년 때부터 학교 생활을 즐기면서 학과 공부에 매진하였고, 학교 행사에 적극적으로 참여하였습니다. 대학교 진학 후, 토익에 응시했을 때 ○○○점이라는 점수로 좌절했지만 이후, ○○○점을 받았으며 4학년 때는 ○○○점을 넘겼습니다. 지금은 ○○○점을 목표로 계속 노력하고 있습니다. 배에서는 업무와 대인관계가 중요하지만 무엇보다 탄탄한 '체력'이 뒷받침되어야 합니다. 저는 어릴 적부터 운동 신경과 체력이 좋아서 체육 과목 모두 만점을 받았으며 국토 종단에 참가해 부산에서 서울까지 13박 14일 동안 걸어서 완주하였습니다. 대학교에 들어와서 받는 훈련은 물론, 부사관이라는 직책을 맡아 더욱 강인한 체력을 길렀으며 부정기선인 LPG선에서 실습하면서 승선에 적합한 체력을 다졌습니다. 또한 한 해 동안 동아리 회장을 맡으면서 동아리를 성공적으로 이끌어 단원들에게 인정받았습니다. 이 과정에서 리더로서 책임감과 자질을 기를 수 있었습니다. 동아리를 성공적으로 이끈 또 다른 이유는 단원들이 자신의 일처럼 생각하고 잘 따라와주었기 때문입니다. 이를 통해 리더를 적절히 보좌하고 협력하는 것의 중요성과 이를 통해 목표하는 결과를 창출하는 팔로워십(followership)을 배울 수 있었습니다.

[Passion! Professional!]

저는 해기사로서 큰 자부심을 가지고 있습니다. 책에서 6·25전쟁 직후 어려운 국가를 살리기 위한 해기사들의 노력을 접했습니다. 굳은 의지와 그로 인해 국가 경제 발전에 크게 기여한 해기사들이 자랑스러웠습니다. 그 시기 선배님들이 보여주었던 애국심, 책임감, 끈기는 항해사로서 겸비해야 하는 자세라고 생각합니다. 제 단기적인 꿈은 이런 멋진 해기사가 되는 것입니다. 장기적인 꿈은 학교에서 배운 전공을 살려 해운 분야에서 으뜸으로 꼽을 수 있는 전문가가 되는 것입니다. 학교에 들어와 처음에는 선박 관련 과목이 낯설었지만 배우면 배울수록 재미있다는 것을 느꼈습니다. 특히 3학년 때 학교 실습선과 상선을 실질적으로 경험하면서 그 재미가 배가 되었습니다. 해운 분야에서 전문가가 되려면 운송수단의 99%를 차지하고 있는 선박에 대해서 아는 것은 필수라고 생각합니다. 선박 소유자와 화주의 계약 시작과 끝에 있어 그 연결점은 선박입니다. 단순히 이론적인 것이 아니라 계약이 온전히 끝나는 과정을 당사자가 되어 직접 경험한다면 그 기쁨은 이루 말할 수 없을 것입니다. 그러기 위해서는 삼항사, 이항사가 하는 선박의 기본적인 입출항 절차, 항로 설계는 물론 계약의 대상인 화물 및 전반적 운항을 알아야 할 것입니다. 그 시작을 세계적인 선박관리회사인 ○○○와 하고 싶습니다. ○○○는 우수한 선박관리체계는 물론 선원이 선박을 승선함에 있어 가장 인간다운 생활을 할 수 있는 회사라고 생각합니다. 저는 이런 회사의 시스템, 분위기에 매료되었고 제가 가진 강인한 체력과 끈기, 열정을 ○○○에서 발휘하고 싶습니다.

저의 장점은 타인을 존중하는 마음과 발전하려는 의지를 지녔다는 점입니다. 사람은 누구에게나 배울 점이 있고 그래서 존중받아야 합니다. 저는 사람을 대할 때 그 사람의 장점을 찾고 본받으려고 노력합니다. 이런 노력은 원만한 대인관계를 유지하게 되고 주변 사람들에게 즐거움을 줍니다. 실제로 실습할 때 선장님과 다른 항해사로부터 성격이 좋다는 말을 들었고 하선할 때는 "김승주 실항사가 가게 되어서 아쉽다."라는 말을 들었습니다.

또한 사람은 같은 수준에 항상 머무르지 않고 자기 스스로를 끊임없이 계발해야 한다고 생각합니다. 특히 항해사는 선박이라는 고립된 환경 속에서 선박의 안전 운항과 인명의 안전을 책임져야 하는 만능의 일이 요구되는 직업입니다. 이를 성공적으로 수행하기 위해서는 전문적인 지식을 쌓고 정확한 판단력을 겸비하여 업무를 처리할 수 있도록 자기계발을 지속해서 이루어야 합니다.

○○○이 불황을 극복할 수 있었던 이유는 이해관계자의 행복을 궁극적인 목적으로 끊임없이 진화하고 발전해왔기 때문이라고 생각합니다. 타인을 존중하는 마음과 끊임없이 발전하는 항해사가 되어 ○○○과 함께 글로벌 리더로 도약하고 싶습니다.

졸업생 90% 이상이 취직되기 때문에, 면접을 형식적인 의례 중 하나로 생각하는 경향이 있다. 이는 졸업생들이 하는 가장 큰 착각이다. "어디 한 번 면접 보러 가볼까?" 하는 식의 참가자도 있는데, 이는 인상이나 태도로 드러나 면접관에게 불쾌감을 줄 수 있다. 면접을 보러 간 회사에서 실습하고, 장학생으로 선발되고, 청년해기인력 공급 기반 강화사업까지 완수해 취업이 거의 확정되었을지라도 탈락할 수 있다. 이는 장기적인 관점에서 보았을 때 진급과 배정에 있어서도 부정적으로 작용할 수 있으니 항상 겸손한 마음으로 면접에 임하기를 바란다. 마지막 관문에서 안 좋은 이미지를 보여 장학금을 뱉어내는 학생도 있는 만큼, 무슨 일이든 자만하고 방심하면 일을 그르치는 법이다.

○ **면접관들은 어떤 질문을 할까?**

회사마다 차이가 있겠지만 면접관들이 평가하는 항목을 크게 다섯 가지로 구분할 수 있다. 태도, 장기 승선, 조직 적응, 직무능력, 안전의식에 관한 면접관들의 질문을 구체적으로 살펴보자.

Q. 본인 성격의 장점과 단점은 무엇이라고 생각하십니까?

Q. 승선 기간은 어느 정도로 생각하고 있습니까?

Q. 우리 회사에 대해 아는 대로 말해보세요.

Q. 우리 회사에 왜 지원했나요?

Q. 직장 상사가 과도한 업무를 시키면 어떻게 할 건가요?

Q. 본인은 음주하지 않는데 상사가 음주를 권유한다면 어떻게 할 건가요?

Q. 조직에서 비리를 저지른 사람을 목격한다면 어떻게 하겠습니까?

Q. 가장 큰 좌절감을 느껴 본 때는 언제입니까? 어떻게 극복했나요?

Q. 실습 기간에 무엇을 배웠나요?

Q. 삼항사의 역할은 무엇입니까?

Q. COLREG에서 제한시계의 정의는 무엇입니까?

Q. COLREG에서 충돌의 위험성은 어떻게 정의합니까?

Q. SOLAS에서 소화 퇴선 훈련의 주기는 얼마이며 삼항사의 역할은 무엇인가요?

Q. 본인이 배를 타면서 가장 중요하게 생각하는 덕목은 무엇인가요?

Q. 승선 중에 위험한 상황이 있었나요? 이떤 점을 배우셨나요?

Q. 우리 회사가 당신을 왜 뽑아야 하나요?

Q. 생활 기록부에 벌점이 많은데 왜 받게 되었나요?

Q. 실습 기간이 6개월이 안 되네요. 이유가 무엇인가요?

Q. 여성은 보통 육상직종으로 취업하기 쉬운데 왜 승선하려고 하나요?

○ 완벽한 답을 몇 가지 준비하라

면접관이 질문할 내용에 맞게 100% 준비할 수는 없지만 예상되는 공통적인 질문들이 있다. 이 질문에 대해 나의 에피소드를 곁들인 답을 준비하라. 에피소드는 학창시절 동아리 활동이 될 수도 있고, 학생회 활동, 캠페인 참여, 실습 경험 등 다양한 경험을 토대로 할 수 있다. 몇 가지 완벽한 답변을 준비해두고 면접관의 질문을 나의 답변으로 끌어오자. 책임감, 리더십, 고난을 극복한 경험, 중요하게 생각하는 덕목 등 미리 준비한 에피소드를 활용해 키워드를 가져오면 구상하고 준비했던 내용이기 때문에 자신감을 가지고 얘기할 수 있다.

○ 면접은 나의 모든 것을 얘기하는 자리가 아니다

자기소개서에 좋은 말을 쓰려고 많이 노력했겠지만, 어쩔 수 없이 취약점으로 드러나는 부분이 존재할 수 있다. 요컨대 성적과 벌점, 짧은 실습 기간 등이 그렇다. 이와 관련한 답변은 조금 더 주의 깊게 준비해야 한다. 왜 성적이 남들보다 낮은지, 벌점을 많이 받은 이유가 무엇인지, 실습 기간을 다 채우지 못하고 하선할 수밖에 없었던 이유에 대해 사실대로 말하다 보면 감정이 섞일 수 있다. 이에 자신도 모르게 면접관들에게 억울함을 토로하면서 상황을 세세하게 말하는 경우가 있다. 면접관은 내 말에 공감해주는 친구가 아니다. 이러한 태도는 자신의 단점을 부각할 뿐 아무런 도움이 되지 않는다. 사실을 얘기하되 어떤 면에서는 장점으로 보일 수 있게 준비하자. 그리고 마지막에는 그 경험을 바탕으로 깨달은 점과 함께 '이렇게 개선했다'고 발전 방향을 이야기하며 마무리 짓자.

면접에서 "우리 회사 말고 다른 회사에도 지원했나요?"라는 질문을 받을 수 있다. 동공이 흔들려 사실대로 말하고자 "네……." 하고 답하는 지원자도 있다. 그러나 답은 정해져 있다. "아니오." 자기소개서와 면접에서 "이 회사에 꼭 입사하고 싶습니다."라고 얘기해놓고 다른 회사에도 지원했다니, 어불성설이다. 이미 면접관은 면접자가 한 군데만 지원하지 않았다는 사실을 알고 있다. 비슷한 맥락으로, "배를 얼마나 오래 탈 생각인가요?"를 묻기도 한다. 어떻게 대답해야 할지는 눈치챘으리라 생각한다. 솔직해서 어리석은 사람은 되지 말자.

○ 회사 홈페이지 확인하기

회사 홈페이지를 살펴보자. CEO가 지향하는 회사의 미래, 인재상, 회사의 최근 활동을 볼 수 있다. 자기소개서도 중요하지만 이를 숙지하면 면접 질문에 답할 때 회사에 맞는 인재라는 인상을 줄 수 있다. 회사가 중요시하고 자주 쓰는 단어를 언급해도 좋다. 혁신, 오픈 마인드, 열정, 프로페셔널 등 평소에 쓰지 않는 단어가 많기 때문에 입에 담기가 조금 어색할 수도 있지만 자신감 있게 얘기하자. 젊은 사람의 패기가 더해져 긍정적인 이미지를 심어줄 것이다.

이번 장을 마무리하며 당부하고 싶다. 여러분이 항해사의 길을 선택하든, 또 다른 길을 선택하든 자신이 선택한 길을 믿고 걸어가기를 바란다.

인생은 BCD라는 말이 있다. 태어나서(Birth) 죽을 때까지(Death) 선택(Choice)의 연속이라는 뜻이다. 선택은 다른 사람이 아닌 바로 자신이 했다. 〈남이 될 수 있을까〉라는 드라마에서 인상 깊은 장면이 있었다. 엄마가 딸에게 부모는 조수석에 앉은 사람이고 인생의 운전자는 나 자신이라고 말하는 장면이었다. 옆에 있던 엄마가 중간에 내리고, 아빠가 아무리 시끄럽게 방해해도 운전대를 절대 놓치지 말고 목적지까지 자신의 힘으로 가야 한다고 말한다. 부모가 해줄 수 있는 건 심심하지 않게 말을 걸어주거나 배고프지 않게 맛있는 음식을 준비해주는 것뿐이라는 대사였다. 남이 좋다고 해서, 가족의 권유로 등 떠밀려 선택한 것 같아도 결국 최종 결정은 운전자인 내가 내렸기에 '지금의 나'가 있다. 결정을 내린 자는 따라오는 현상에 대한 책임도 자신이 져야 한다.

상선사관으로 승선하면 수많은 어려운 상황과 예기치 못한 상황을 맞이하게 된다. 해운 선사의 면접관은 고립된 배에 타서 겪게 되는 고난을 알고 있으며 이미 견디지 못하고 회사를 떠난 항해사들을 많이 보아왔다. 어려운 상황이 닥쳤을 때 견뎌낼 수 있는지, 문제가 발생했을 때 상급 사관들과 협력해 얼마나 적극적으로 대응하려고 하는지 평가하려 할 것이다.

의도했든 의도치 않았든 다가오는 상황은 내가 선택한 길이다. 삶에 주인 의식을 가지고 능동적으로 대한다면 누가 내게 잘하라고 격려하든 비난하든 흔들리지 않고 스스로 해결할 수 있는 동력을 갖출 수 있다.

영화 추천

마스터 앤드 커맨더: 위대한 정복자 (Master and Commander: The Far Side Of the World)	
개봉일	2003년 11월 28일
감독	피터 위어
주연	러셀 크로우
상영시간	138분
장르	액션, 드라마, 모험, 전쟁

영화 포스터(출처:영화관입장권 통합전산망)

<마스터 앤드 커맨더: 위대한 정복자>는 해군 전투를 소재로 한 영화입니다. 나폴레옹이 유럽을 장악하고 영국 함대가 그에 대항하여 바다가 전쟁터인 시기, 대영제국 서프라이즈호에 프랑스 함 아케론호를 공격하라는 명령이 하달됩니다. 주인공은 서프라이즈호의 함장이자 최고의 해양 전투 전문가입니다. 주인공은 아케론호를 공격하다 대규모 공습을 받게 되됩니다. 위기에 빠진 주인공과 197명의 부하가 국가의 운명을 손에 쥐고 아케론호를 추격하면서 펼쳐지는 이야기를 담았습니다. 현대의 선박과는 다르지만, 이 영화를 통해 리더십의 중요성을 느낄 수 있습니다.

등장인물들이 성장하는 모습이 인상적이며, 주인공이 어려움을 겪으면서도 역할을 수행하는려는 노력이 감동적입니다. 전략적인 전투와 리더십, 의사소통 능력 그리고 팀워크가 결국 전투의 결과를 좌우한다는 점에서 항해사로서 생각할 점이 많은 영화입니다.

Q 퀴즈

1. 서프라이즈호(Surprise)가 아케론호의 포격으로 위험에 빠지고 조타력을 상실했을 때, 위험을 피하기 위해 함장이 한 선택은 무엇인가요?

2. 아케론호를 두 번째 마주쳤을 때 서프라이즈호는 어떻게 위기를 극복했나요?

3. 잭 오브리 함장의 취미는 무엇일까요?
   ① 바이올린 켜기
   ② 선원들과 노래 부르기
   ③ 카드놀이
   ④ 그림 그리기
   ⑤ 모형 만들기

4. 날씨가 악화되자 서프라이즈호는 남쪽으로 항로를 바꾸고 아케론호가 있을 것이라 예상해 '이곳'으로 향했습니다. 신기한 동물들이 많이 서식하는 이곳은 어디일까요?

5. 잭 오브리 선장이 홀롬 생도를 훈계할 때, 선원들이 원하는 것은 '이것'이라고 하면서, 힘을 보여야 한다고 말합니다. 이것을 보여주면 존경심이 생긴다고 하는데요. 이것은 무엇일까요?

6. 잭 오브리 선장은 아케론호를 잡기 위해 포경선으로 위장합니다. 변장이라는 영감을 얻은 생물의 이름은 무엇일까요?

정답

1. 안개 속에 배를 숨기고 조용히 있었다.
2. 깜깜한 밤 적을 속일 수 있는 돛이 달린 작은 부유물을 만들고 불빛으로 유인했다.
3. ① 바이올린 켜기
4. 갈라파고스
5. 리더십
6. 자벌레. 나뭇가지로 위장하여 은신한다.

도서 추천

나는 스물일곱 이등항해사입니다: 오늘을 견디는 법과 파도를 넘는 법	
출간일	2019년 9월 2일
저자	김승주
출판사	한빛비즈
페이지	296쪽
분야	에세이

『나는 스물일곱 이등항해사입니다』 표지(출처: 한빛비즈)

삼등 항해사부터 이등 항해사를 거치며 저자가 배에서 경험한 일, 생각한 것을 엮은 책입니다. 에피소드를 읽으면서 선상 생활을 간접 체험할 수 있습니다. 저자가 처음 배에 올라 느낀 어려움과 고민을 들여다볼 수 있습니다. 자신을 알아가기 위해 수없이 질문하고 답을 찾아가는 저자의 여정에서 바다란 무엇인지 생각해보게 합니다. 저자에게 바다는 단순한 일터 이상으로 자아를 단단하게 만들어주는 공간입니다. 부드러운 감성으로 그려내는 배 이야기를 읽다 보면 묘한 재미를 느낄 수 있습니다.

1. 저자가 바다에서 마주한 동물로 처음에 바위라고 생각할 정도로 거대하며 물을 뿜는 이 동물은 무엇일까요?

2. 배는 바다에 떠 있기 때문에 자동차처럼 움직이지 않도록 주차하기가 쉽지 않습니다. '적당한 움직임을 감안한 바다 위 주차'를 하기 위해서 배에서는 어떻게 할까요?

3. 브릿지에 설치되어 있는 기기로, 정해진 시간 안에 사람의 움직임이 포착되지 않으면 경고음이 울리는 이 기기는 무엇일까요? 이 기기 때문에 저자는 항해 당직 때 무서움을 느낀 에피소드가 있었습니다.
   ① 레이더(RADAR)
   ② 엑디스(ECDIS)
   ③ AIS
   ④ BNWAS
   ⑤ AUTO PILOT

4. 배와 배가 만나 서로 교신할 때 쓰는 말로, 서로 좌현을 보며 지나가자는 표현은 무엇일까요?

5. 배의 선수 마스트에 있는 불빛으로 다른 불빛과 구분하기 위해 주로 파란색을 사용하는 이 불빛은 무엇일까요? 야간에 좁은 협수로나 어선 사이를 지나갈 때 우리 배의 뱃머리의 위치를 알 수 있어 안전 운항에 도움이 됩니다.

6. 저자가 배를 타고 다녀온 나라 중 한 곳입니다. 멈춘 기차 안에서 '느림'과 '여유로움' '빠름'과 '조급함'을 생각하게 해준 국가는 어디일까요? 이 국가의 수도는 쿠알라룸푸르이며 랜드마크는 페트로나스 트윈 타워입니다.
① 인도네시아
② 이집트
③ 캐나다
④ 사우디아라비아
⑤ 말레이시아

정답

1. 고래, 저자는 고래에게 '별고래'라는 별명을 붙여주었습니다.
2. 닻을 내립니다.
3. ④ BNWAS(Bridge Navigational Watch Alarm System)
4. 포트 투 포트(Port to Port) 선박에서 왼쪽은 포트(Port), 오른쪽은 스타보드(Starboard)라는 표현을 사용합니다.
5. 스티어링 라이트(Steering Light)
6. ⑤ 말레이시아

항해사의 자질

항해사에게 요구되는 적성이 따로 있을까?

항해사라고 해서 특별히 남들과 다른 기질이 요구되지는 않는다. 바다와 관련된 직업이니 물을 무서워하면 안 된다고 생각할 수도 있지만, 물에 직접 들어가야 하거나, 물이 나에게 닿는 일은 잘 일어나지 않는다. 생활도 배 안에서 하다 보니 '물이 보이는 풍경을 지닌 건물에서 일한다.'라는 표현이 더 적절한 것 같다.

배를 타면서 육체적·정신적 능력이나 태도 면에서 부족한 부분을 느끼면 채워나가면 된다. 나 역시도 그랬다. 배 생활에 적응하면서 충분하지 못한 부분을 보완할 시간도 충분하다. 항해사로서 지녀야 할 자질에 대해서는 저서 『오진다 오력: 세상의 중심에 서는 5가지 힘』에 자세히 설명해두었다. 이 장에서는 일반적인 점을 두루 다루겠다.

○ 바다라는 특수성, 고립된 생활

배 생활은 육지 생활과 다르다. 선상에서의 생활은 우선 '바다'라는 특수성과 '배'라는 고립된 장소에서 시작한다. 비행기처럼 몇 시간 이동해 목적지에 도착하는 것이 아니라, 짧게는 4개월부터 길게는 8개월까지 평균 6개월을 배 안에서 생활해야 한다. 육지와 떨어져 있기 때문에 정해진 공간에서 제한된 생활을 하게 된다. 필요한 물건을 그날그날 마트에 가서 사고, 영화관에 가서 영화를 보고, 배달 음식을 시켜 먹는 등 육지에서 당연하게 누렸던 일상이 배에서는 당연하지 않다. 일하는 시간과 쉬는 시간이 명확하게 분리되지 않는다는 점도 육지에서 하는 직장생활과 다르다. 개인 공간도 안전을 위해서 어느 정도 통제되어야 하며, 단체 생활을 위해 서로를 배려해야 한다. 따라서 개인 시간과 개인 공간이 지켜지지 않을 때도 있다. 이런 점에 스트레스를 많이 받는다면 배 생활이 힘들 수 있다.

○ 긍정적인 생각

업무 스트레스나 관계에 관한 어려움이 생겼을 때 자신의 스트레스를 완화하는 법을 알지 못하면 정신적으로 힘들 수 있다. 친구들과 외식하고 쇼핑하며 스트레스를 풀 수 있는 육지와는 다르다. 한번 부정적인 감정에 휩쓸리면 꼬리에 꼬리를 물고 심연에 빠지기 쉬운 환경이다. 심하면 선원들끼리 몸싸움이 나기도 하고, 삶을 포기하려는 극단적인 면까지 보일 수도

194

있다. 따라서 현재 힘들더라도 나아질 것이라는 긍정적인 생각과 희망을 품는 것. 이는 배를 오랜 시간 잘 탈 수 있게 해주는 힘이 된다. 아무것도 보이지 않는 밤, 고된 업무를 마치고 당직이 되면 항해사에게 꼭 한 번씩은 찾아오는 질문이 있다. '나는 왜 여기 있지?' '가족들과 연인, 친구와 떨어져서 여기서 무얼 하고 있지?' '내가 잘하고 있는 걸까?' 긍정적인 회로를 돌려 이에 대한 답을 긍정적으로 풀어보자.

Q. 나는 왜 여기 있지? → 음, 여러 이유가 있겠지만 일단 돈을 벌려고 여기 왔겠지.

Q. 돈을 벌려면 꼭 배를 타야 하나? → 타야지, 배 타는 것을 좋아하니까.

Q. 배 타는 것이 왜 좋아? → 지금까지 배워온 것이기도 하고, 사람들에게 필요한 물건을 바다 건너 전하는 것이 좋아. 개인적으로도 이 생활에 만족해. 행복하다고 느껴.

Q. 배 타는 것이 행복해? → 응, 나는 내가 좋아하는 것을 하고 거기에서 오는 만족으로부터 행복을 느껴. 행복은 내 삶의 목적이자 이유이지.

Q. 배를 타서 이루려는 목적이 뭔데? → 나는 이 분야에서 진문가가 되고 싶어. 선장이 되어서 배를 이끌어 나가보고 싶어.

Q. 너의 목표는 알겠어. 그런데 지금 하는 일도 그렇고 관계도 그렇고 힘들잖아. → 맞아. 하지만 육지에서 일한다고 해도 일과 인간관계는 쉽지 않아. 바깥 핑계를 대면서 여기서 포기해버리면, 그것 때문에 내 인생의 방향을 틀어버리게 되는 거잖아. 그게 뭐라고. 내 인생을 바꾸게 두지 않겠어. 내가 스스로 선택한 길이야.

힘든 상황이 닥쳤을 때 못 할 이유를 수백 가지 생각하기보다는 '그럼에도' 해야만 하는 이유를 수백 가지 생각해보자. 배에서 같은 시간을 보내더라도 어떤 태도로 바라보아야 더 오래 즐겁게 보낼지는 답이 보인다. 이는 삶에서도 마찬가지다.

○ 결정해야만 한다

나는 성격이 우유부단했다. 점심으로 무엇을 먹을지 고르기 힘들었고, 어떤 과자를 먹을지조차 한참 고민했다. 뭐든 정하기가 어려워서 항상 친구들을 따라 결정했다.

그러다 우유부단한 성격을 단번에 바꿔준 사건이 일어났다. 대학교 때였다. 항해 시뮬레이션 수업이 있었는데, 기기들을 선교와 비슷하게 비치해서 마치 배를 탄 것 같은 그래픽을 이용해 조종하는 수업이었다. 그날은 팀을 나누어 각자 돌아가면서 선장 역할을 했다. 내가 선장이 되었을 때, 줄지어 가는 요트가 앞에서 횡단하는 바람에 피해야 하는 상황이 발생했다. 한 친구는 오른쪽으로 피하라고 하고, 한 친구는 왼쪽이 더 좋을 것 같다고 조언했다. 어느 쪽으로 갈지 결정하지 못한 채 우왕좌왕하는 사이, 갑자기 화면이 멈추었다. 요트와 충돌했기 때문이었다. 화면은 한동안 멈춰 있었고 그렇게 수업은 끝이 났다. 나는 충격에 휩싸였다. 몇 년이 지난 지금도 그 장면이 선명하게 기억난다. 실제 상황이었다면 어땠을까? 오른쪽이든 왼쪽이든 어느 한쪽으로 결정했더라면 다음 길이 보였을 텐데. 고민만 하다 아무 조치도 취하지 않았기 때문에 사고가 났다.

실제로 배에서 근무하며 항해 당직을 서면 어선을 피하기 위해서 결정을 내려야 하는 순간이 온다. 주변 교통 상황을 확인하고 적확하게 결단해야 한다. 큰 사고를 막기 위해 항해사는 반드시 신속한 판단으로 분명한 태도를 취해야 한다. 초임 항해사로 승선하면 긴장될 수밖에 없다. 선장님이 항해하는 것을 보면서 '나라면 어떻게 항해할까?' 관찰하고 배우면서 결단력을 키울 수 있다.

○ 실패를 두려워 말자

항해사는 정신력이 강해야 한다. '정신력이 강하다.'라는 의미는 어떤 어려움이 닥치더라도 다시 일어나겠다는 불굴의 의지가 있음을 의미한다. 인생은 계획한 대로 되지 않는다. 숱하게 들어온 말이겠지만 배에서는 무엇이든 더더욱 계획한 대로 되지 않는다. 기상 상황은 그때그때 바뀌고 운항 일정이 연기되어 계획을 완전히 바꿔야 할 수도 있다. 계획했던 대로 되지 않는 것에 대한 스트레스, 나와 잘 맞지 않는 사람과의 관계에서 오는 정신적 고통은 육지에 비해 이루 말할 수 없이 크다. 타격감도 클 수밖에 없다. 배에서 맞닥뜨리는 예상 밖의 상황에 자신의 무능을 탓하며 좌절로 이어질 수도 있다. 실패는 당연히 찾아온다. 처음 세상에 나왔을 때 인간에게는 매뉴얼이 없다. 그럼에도 살아가고 성장하듯 배에서도 마찬가지이다. 스스로 어려움에 부딪치면서 알아가야 한다. 사관들이 친절하게 알려주지 않는 것은 그럴 의무가 없기 때문이다. 누군가 일을 차근차근 가르쳐주지 않는다고 해서 그들을 탓하는 대신, 열심히 하는 자세와 열정을 보여주자. 그러면 상대는 자연스럽게 마음의 문을 열 것이다.

지적을 당하거나 질책 받으면 잠시 풀이 죽을 수도 있다. 그러나 잘하지 못한다고 해서 열등감에 사로잡히지 말고, 바닥을 쳤으니 올라갈 일만 남았다고 생각하자. 나에게 다가오는 고난이 지나가는 파도와 같다고 생각하면 못할 것도 없다.

○ 도움을 요청하라

항해사는 직업 특성상 배에서 힘든 일이 일어나면 혼자 끙끙 앓으며 해결하려는 경우가 많다. 배를 타지 않는 사람에게 배에서 일어난 일을 말해도 해결할 수 없을 것 같고 자신의 무능함을 인정하는 것 같아 두렵기 마련이다. 또한 '일이 잘못되어 회사에서 나를 해고하면 어쩌지?' 하는 불안함도 있다.

안 좋은 생각이 들고 힘들 때일수록 누군가에게 도움을 요청하라. 때론 그냥 말하는 것만으로도 풀릴 때가 있고, 걱정했던 것과는 다르게 아주 간단한 일일 수도 있다. 배를 타러 가기 전에 멘토를 정해 언제든 상담을 요청하라. 멘토가 없더라도 다른 사람에게 도움의 손길을 요청하는 것을 주저하지 말자. 배를 탄 선배 모두가 겪은 일이다. 그들 모두 힘든 순간과 시기를 이겨냈기에 관리자가 될 수 있었다.

항해 중인 벌크선에서 찍은 바다 풍경

내가 배를 타는 이유를 찾아서

배를 타다 보면 끊임없이 찾아오는 질문이 있다. '여기서 뭘 하고 있지?' 아무리 긍정적으로 생각해보려 해도 인터넷이 육상처럼 원활히 되지 않고, 좋아하는 것을 마음껏 하지 못하는 절제된 생활을 계속하다 보면 문득 배를 꼭 타야 하는지 의문이 든다. 특히 SNS를 통해 친구들의 다채로운 삶을 보면 나만 정체되어 있는 것 같고 초라하게 느껴졌다. 배를 타면서 회의감은 필히 찾아온다. 이때 내가 배를 타는 이유를 명확히 아는 것은 큰 도움이 된다.

직관적으로 생각했을 때, 배를 타는 이유는 거창하지 않다. 누군가는 돈을 벌기 위해서라고 답할 수도 있고, 누군가는 군대를 마치기 위해서 배를 탈 수도 있다. 하지만 이 같은 이유로는 내가 궁극적으로 배를 타야 하는 이유를 설명할 수 없다. 돈을 벌기 위해서 꼭 배를 타야 하나? 군대를 꼭 배를 타면서 마쳐야 하나?

교회를 짓는 목수 세 명이 있다. "당신은 지금 무엇을 하고 있습니까?"라고 물었을 때, 한 사람이 답했다. "보면 몰라요? 벽돌 쌓고 있잖아요!" 다른 사람이 말했다. "돈 벌고 있잖아요." 마지막 사람이 답했다. "나는 아름다운 교회를 짓고 있어요." 같은 일을 하더라도 누군가는 불만 섞인 마음으로, 누군가는 즐거운 마음으로 일한다. 교회를 짓고 있다고 말한 사람은 교회를 지어졌을 때를 생각하며 흐뭇한 표정을 감추지 못한다. 벽돌을 쌓는 같은 일을 하면서도, 미래를 생각하는 사람은 자신이 하는 일에 더 만족하며 더 행복하게 살아간다.

다시 묻고 싶다. "항해사가 되고 싶은 이유가 무엇인가요?" 더 멀리, 넓게 생각해보았으면 좋겠다. 내가 처음 삼등 항해사가 되었을 때는 이등 항해사가 되고 싶었다. 이등 항해사가 되고 나니 일등 항해사가 되고 싶었다. 일등 항해사가 되고 나니 선장을 할 수 있는 1급 항해사 면허를 따고 싶어졌고, 면허를 취득하고 나니 선장이 되고 싶어졌다. 눈에 보이는 목표는 한 단계씩 올라갔지만, 본바탕에는 직업에 대한 사랑이 묻어 있다.

사회에서 내가 무슨 역할을 하고 있는지 안다. 대한민국은 삼면이 바다로 둘러싸여 총 물동량의 99% 이상이 해운무역으로 이루어진다. 우리나라는 수출입 의존도가 높은 국가이다. 나는 우리나라의 발전과 유지를 위해 해운무역의 역군으로 일하고 있으며, 전쟁 발생 시 제4군으로 물자를 수송하는 역할을 한다. 단순히 화물을 운반하는 일이지만 사회에 공헌하고 있다고 생각하니 스스로를 가치 있는 사람으로 여기게 되었다. 또한 화물을 운반하는 일 자체도 중요하다. 컨테이너 안에는 일상에 사용하는 모든 물건이 들어 있다. 작게는 컵, 운동화부터 책상, 자동차 등 물건을 받았을 때 기

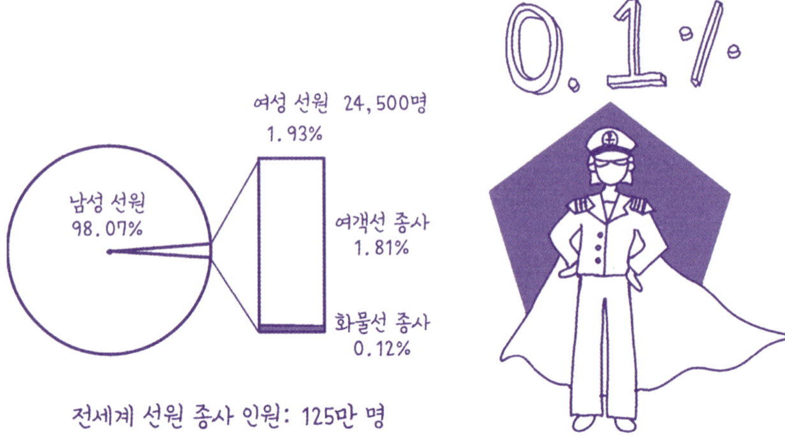

전 세계 여성 선원 비율(출처: 『오진다 오력』)

뼈할 사람들을 떠올리면 미소가 절로 나온다. 내가 운반하는 화물이 누군가에게 생활이 되고, 기쁨이 되고, 재료가 된다. 나는 바다를 가로질러 행복의 씨앗을 운반하는 배달부이다.

항해사뿐만 아니라 다른 진로도 마찬가지다. 그 길을 가고자 하는 이유를 명확하게 설명할 수 있다면 어떤 어려움이 오더라도 쉽게 흔들리지 않을 것이다.

화물선 항해사 중 여성 항해사는 드물다. 수치로 따지면 전 세계 선원 종사 인원 125만 명 중에서 여성 선원은 2%가 채 되지 않는다. 그중에서도 화물선에 승선한 여성 항해사는 전 세계 선원 중 0.1%[47]다. 매우 극소수이

47　ILO, ITF 자료(0.12%), 2021 IMO, WISTA 자료(2%), 2021.

다. 선장이 된다면 가히 0.01%에 속할 것이다. 나는 선장이 되고 싶다. 최근 화제가 된 넷플릭스 드라마 〈폭싹 속았수다〉를 보면 선장이 된 관식이가 아내 애순에게 배에 오르기를 권하자, 애순이는 '여자가 배 타면 재수 없다'라고 멈칫하는 장면이 나온다. 여성이 배에 타면 부정을 탄다며 금기시하던 옛사람들의 믿음 탓에, 뱃일은 오랫동안 여성에게 닫힌 영역이었다. 동서양을 막론하고 말이다. 편견을 깨고 싶다. 이 궁극적인 목표가 지금까지 나를 일으켜 세운 원동력이다. 지금 내가 이 위치에 있을 수 있었던 이유를 안다. 앞선 여성 선배들이 길을 잘 닦아 놓았기 때문이다. 그들에게 감사하며 나도 후배들을 위해 잘해야 한다고 생각한다. 주저앉고 싶을 때, 나를 일으켜 세운 건 내가 가는 이 길이 나 혼자 겪은 것이 아니며 선배님들도 해냈다는 믿음 때문이었다. 그리고 내가 일어서야 후배들도 헤쳐나갈 수 있다는 희망을 가지고 있기 때문이었다. 내가 살아 있는 역사라는 사실을 마음 깊이 새기고 자칫 나의 실수가 여성 항해사 전체의 잘못으로 치부되지 않도록 노력해왔다.

배를 타면서 의문이 들 때마다 내가 만든 이정표를 꺼내어 되뇌었다. 내가 사회직으로 얼마나 중요한 일을 하고 있는지(해운무역의 여군, 전시 상황에 제4군으로서의 임무) 개인적으로 얼마나 가치 있는 일을 하고 있는지(행복 배달부, 여성 항해사 편견 깨기)를 떠올렸다. 자신만의 항해사 상과 배를 타는 이유를 명확히 설명할 수 있다면 어떤 어려움이 오더라도 쉽게 흔들리지 않을 것이다.

체력을 기르자

○ 정신력은 체력에서 온다

정신력을 키우고 긍정적으로 사고하려면 체력이 뒷받침되어야 한다. 드라마 〈미생〉은 직장인의 애환과 현대인의 삶을 잘 보여준 작품이다. 주인공 아버지는 주인공에게 이루고 싶은 게 있으면 체력을 먼저 기르라고 조언한다. 실수하고 무너진 후에 회복이 더딘 이유는 모두 체력의 한계 때문이라는 의미다. 체력이 약하면 빨리 편안함을 찾게 되고 그러면 인내심이 떨어진다. 결국 피로감을 견디지 못해 지금 하고 있는 일은 상관없는 지경에 이르게 된다. 드라마 대사처럼 정신력은 '체력의 보호 없이는 구호'밖에 되지 않는다.

배에서도 마찬가지다. 체력이 약하면 피로감을 쉽게 느끼고, 계속 쉬고 싶어진다. 배는 끊임없이 바다를 가로지르며 나아가고 있다. 따라서 아무리

날씨가 좋고 파도가 잔잔해도 늘 미세한 진동이 있다. 가만히 있더라도 몸이 느끼는 피로감은 육지보다 클 수밖에 없다. 날씨가 좋지 않아 배가 요동치는 날에는 균형을 잡기 위해 몸이 긴장하기 때문에 체력 소모가 더 크다.

체력이 떨어지는 날이면 신경이 더 날카롭게 곤두선다. 작은 일도 평소보다 크게 다가오고, 잘 풀리지 않는 일이 있으면 신경이 온통 그리로 향한다. 이럴 때는 해결하기 위해 일에 집중하기보다는 적당한 운동을 하거나, 선내를 걸으며 목표 걸음 수를 채우면 도움이 된다. 현재 나의 컨디션이 어떤지 확인하는 것도 중요하다. 내 몸의 에너지 수치를 10이라고 가정했을 때, 지금 나의 상태가 어느 정도에 해당하는지 생각해보고 평소보다 에너지가 너무 낮게 느껴진다면 휴식을 취하거나 에너지를 충전할 수 있는 활동을 하는 게 좋다.

나의 경우, 부원들과 아침 회의를 할 때 A4용지에 각자 에너지를 체크할 수 있는 양식을 활용했다. 회의 시작 전 개개인의 에너지를 체크하고 에너지가 낮은 선원에게는 이유를 묻고, 격심한 일을 피하게 했다. 이유는 다양하다. 집안에 일이 있어서 집중이 안 되거나 몸이 아플 수도 있다. 그런 경우 모두가 체력이 떨어진 선원을 주시하면서 안전하게 일할 수 있도록 협력한다. 교대로 근무하는 점을 감안하면 자신의 에너지를 좋은 컨디션으로 유지하는 것도 단체 생활을 위한 선원의 중요한 능력이다. 개인의 컨디션은 동료들과 배의 안전을 위해서도 필수적이다.

○ 충분한 수면 취하기

발명왕 에디슨은 잠을 세 시간씩 잤고 천재 물리학자 아인슈타인은 매일 열 시간 이상 잤다고 한다. 평소 운동하며 체력을 다지는 것에 못지않게 양질의 수면도 중요하다. 아무리 운동을 열심히 해도 잠을 제대로 못 자서 정신이 온전치 못하면 체력이 떨어진다.

자신이 최소 어느 정도 잠을 잤을 때 체력을 유지할 수 있는지, 몇 시간 정도 자야 체력을 끌어올릴 수 있는지 알아야 한다. 본인에게 알맞은 수면 시간을 찾기 위해서는 실제로 잠잔 시간과 다음 날의 에너지를 기록해보면 된다. 한 달 정도 기록하면 나에게 맞는 최소 수면시간을 찾을 수 있다. 나의 경우 6.5시간 잔 날 에너지가 높게 유지되었고 5시간 이하로 자는 날이 이틀 이상 되면 사흘째 되는 날 극심한 피로를 느꼈다.

수면의 질도 중요하다. 수면의 질을 올리기 위해서는 잘 때 주변을 어두컴컴하게 유지하는 것이 중요하다. 개인 선실에 암막 커튼이 있다. 빛이 새어 들어오지 않도록 유지하고 자기 전에 휴대폰을 사용하지 않으며 전자기기의 영향을 받지 않도록 하여 질 좋은 숙면을 취하면 체력 유지에 도움이 된다.

○ 영양소 섭취

배에서 제공하는 음식만으로는 필수 영양소를 모두 채우기 어렵다. 멀티 비타민 등 개인에게 맞는 영양제를 챙겨서 필수 영양소를 고루 섭취할 수 있도록 하자. 대항해시대에 선원들의 목숨을 가장 많이 앗아간 원인은 폭풍우나 자연재해가 아닌 질병이었다. 그중에서도 비타민 C가 부족해서 발생한 괴혈병으로 사망한 경우가 많다. 요즘은 항구에 접안하면 웬만큼 필요한 제품들을 수급받을 수 있으므로 질병으로 인한 사망은 거의 발생하지 않는다. 그래도 건강을 챙기면서 자신의 안전, 나아가 선원들의 안전도 책임져야 한다.

항해사 한 명의 가치

1인당 고부가 가치가 가장 높은 직업이 해기사라는 기사를 본 적이 있다. 과연 내가 운반하는 화물의 가치는 어느 정도일까? 한 번은 궁금해서 계산해보았다. 컨테이너에 실리는 화물이 어떤 종류인가에 따라 다르겠지만, 컨테이너 규격을 생각해보자.

수출입에 이용하는 해상 컨테이너는 규격화되어 있다. 그중 가장 작은 20피트 컨테이너는 길이가 약 6m, 폭이 약 2.5m이다. 20피트 컨테이너 하나에 운동화 약 4,900켤레가 들어갈 수 있다고 한다. 예를 들어 운동화 한 켤레의 소비자 가격이 3만 원이라고 가정하면 컨테이너 하나에 실린 운동화의 금액은 1억 4천 7백만 원, 운동화가 10만 원이라고 가정하면 4억 9천만 원이다.

보통 한 컨테이너를 가득 채웠을 때 2억 원에서 20억 원의 가치가 있는 화물이 실린다. 1억 원 상당의 화물이 담긴 컨테이너를 천 개 실으면 1,000

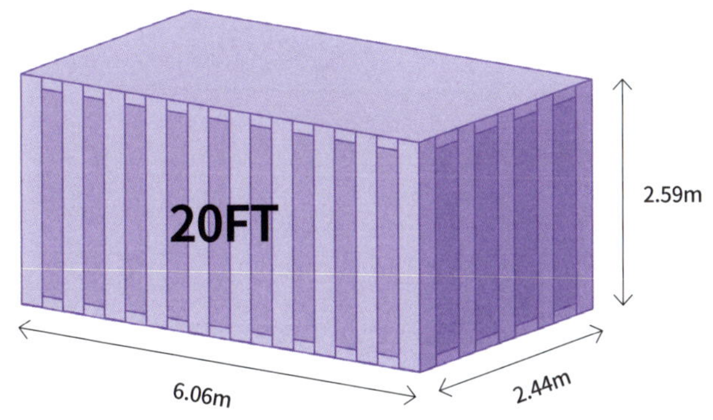

컨테이너 중량: 2,200kg / 최대적재중량: 21,700kg / 최대적재부피: 33CBM

컨테이너 규격(20FT)

억 원이고, 5천 개를 실으면 그 금액은 자그마치 5천억 원, 만 개를 실으면 1조 원에 달한다. 배 한 척에 탄 선원이 평균 스무 명인 점을 고려하면, 선원 한 명이 운반하는 화물의 가치는 5백억 원에 달한다. 1억 원도 큰 금액인데 100억 원이 넘으면 사실 잘 체감되지 않는다. 항해사로서 그만큼 큰 가치를 지닌 일을 하고 있다는 자부심을 가질 수 있다.

바다에서도 공용어는 영어다

○ 바닷길에서 쓰이는 영어 규칙

바다에는 일차적으로 눈에 보이는 길이 없기 때문에 도로 법규 같은 교통 규정이 없다고 생각하기 쉽다. 하지만 바다에는 국제 협약이 존재하며, 항해사라면 이를 알고 있어야 한다. 국제해상충돌방지규칙(COLREG, Convention on the International Regulations for Preventing Collisions at Sea)[48]은 선박 상호 간 충돌을 피하기 위한 일종의 선박 조종 지침이다. 국제 규칙을 정해놓음으로써 선박 운항자는 충돌 위험이 발생했을 때 어떻게 행동해야 하는지 판단해 조치할 수 있다. 국제항해에 종사하는 항해사라면 교통법규와 같은 COLREG를 꼭 알아야 한다. 선박 간 교신할 때도 COLREG에서 규

---

[48] 국가법령정보센터 조약 정보에서 '1972년 국제해상충돌예방규칙 협약'(www.law.go.kr/LSW/trtyInfoP.do?trtySeq=2338)을 열람할 수 있다. 항해사들은 대개 '콜레그'라고 부른다.

정한 용어를 사용하기 때문에 빠르게 이해할 수 있다. 또한 사고 발생 시 책임 비율도 COLREG 규정에 의거하여 적용한다. 당연한 얘기지만 COLREG의 원문은 영어이다. 수업 시간에 영어 문장을 통으로 외우게 할 만큼 매우 중요한 규칙이다.

○ 다양한 국적의 사람들과 소통하는 일상

배에서는 영어를 잘해야 한다. '영어를 잘한다.'라는 게 무엇을 의미할까? 영어 발음과 문법이 완벽해야 한다고 생각해서 영어로 말하기를 어려워하고 두려워하는 사람이 많다. 너무 걱정하지 말자. 배에서 '영어를 잘한다.'라는 의미는 조금 다르다. 발음과 문법도 중요하지만, 나의 의도를 상대방에게 명확하게 전달하고 이해시키는 데 있다.

세계 선원 시장을 들여다보면 선원 공급을 가장 많이 하는 나라는 필리핀, 러시아, 인도네시아, 중국, 인도, 우크라이나 순이다. 이는 전 세계 선원의 약 50%에 해당한다. 외양에서 다른 배를 마주쳐 교신할 때 상대하는 항해사의 국적이 대개 필리핀, 러시아, 인도네시아, 중국, 인도 순서일 가능성이 높다는 뜻이다. 중국인이나 인도인의 경우 미국 본토 발음을 구사하기보다는 저마다 모국어 뉘앙스가 섞인 영어를 사용하기 때문에 발음과 문법에 크게 비중을 두지 않아도 된다.

순위	전 세계 선원 국적	사관 국적	부원 국적
1	필리핀	필리핀	필리핀
2	러시아 연방 국가	중국	러시아 연방 국가
3	인도네시아	러시아 연방 국가	인도네시아
4	중국	인도	중국
5	인도	인도네시아	인도

세계 5대 선원 공급 국가[49]

구분	국가	총 인원(명)	비율(%)	사관(명)	비율(%)	부원(명)	비율(%)
1	필리핀	252,392	13.3	81,090(1)	9.4	171,303(1)	16.5
2	러시아	198,123	10.4	71,652(3)	8.3	126,471(2)	12.2
3	인도네시아	143,702	7.6	51,237(5)	6.0	92,465(3)	8.9
4	중국	134,294	7.1	69,364(2)	8.1	64,930(4)	6.3
5	인도	113,474	6.0	58,645(4)	6.8	54,829(5)	5.3
6	우크라이나	76,442	4.0	47,059(6)	5.5	29,383(6)	2.8
7	미국	59,586	3.1	20,442(7)	2.4	39,144(7)	3.8
8	말레이시아	35,000	1.8	6,313(11)	0.7	28,687(8)	2.8
9	미얀마	33,290	1.8	13,923(8)	1.6	19,367(10)	1.9
10	베트남	34,590	1.8	13,890(9)	1.6	20,700(9)	2.0
11	한국	27,919	1.5	10,793(10)	1.2	17,126(11)	1.6
…	…	…	…	…	…	…	…
합계	-	1,892,720	100	857,540	100	1,035,180	100

세계 선원 공급 인원 현황[50]
* ( )는 국가별 인원수 순위

---

49   RMT 2021, UNCTAD, based on ISF and BIMCO Seafarer Workforce Report, 2021.
50   BIMCO/ICS, Seafarer Work Force, 2021.

함께 승선하는 부원이 외국인인 경우가 대부분이기 때문에 기본적으로 소통할 수 있어야 한다. 아래의 표를 살펴보면 한국 선박에 승선하고 있는 외국인 부원의 국적은 필리핀이 가장 많고 미얀마, 인도네시아 순으로 많다. 즉 배에 실제로 접안한 항구에서 선박 검사관[51]이 승선하여 검사할 때 공용어인 영어를 사용하는지도 확인하는 항목이 있다. 선내 교육과 훈련도 영어로 이루어지고 일을 지시할 때도 영어를 쓰기 때문에 영어 사용은 필수이다.

구분	필리핀	미얀마	인도네시아	인도	베트남	중국	기타	합계
2023년	6,590명 (1,385)	4,101명 (1,020)	3,064명 (1,238)	735명 (280)	33명 (33)	6명 (2)	105명 (85)	15,234명 (4,043)

2023년 우리나라 외항 상선 외국인 선원 국적별 인원 현황[52]
* ( )는 해기사 수

---

[51] PSC 선박 검사관(Port State Control, 항만국 통제): 선박 검사관은 선박의 선체와 선박시설 및 선박용 물건에 대한 검사를 수행하는 사람으로 국제협약에 맞게 배가 안전하게 운항되는지 검사하는 사람이다.
[52] 한국선원복지고용센터, 2024 한국선원통계연보, 2023.

도서 추천

오진다 오력: 세상의 중심에 서는 5가지 힘	
출간일	2023년 1월 28일
저자	김승주
출판사	들녘
페이지	272쪽
분야	에세이, 자기계발

『오진다 오력』 표지

"항해사가 되려면 어떤 능력을 키워야 하나요?" 일등 항해사인 저자에게 사람들이 늘 묻는 질문이었습니다. 저자는 이에 대한 답으로 다섯 가지 능력을 꼽았습니다. 첫 번째 정신력, 두 번째 체력, 세 번째 사교력 그리고 담력과 지구력입니다.

배 생활 10년 차 경험을 바탕으로 각 능력을 키우고 유지하는 방법을 구체적으로 설명하고 있습니다. 글뿐만 아니라 직접 그린 그림도 곁들여 이해가 쉽습니다. 또한 나의 상황에 맞도록 적용해 기록해보는 페이지가 있어, 나의 '오력'이 무엇인지 생각하고 피드백할 수 있습니다. 항해사를 꿈꾸는 예비 항해사에게 꼭 추천하는 도서입니다.

1. '정신력' 챕터 '정신의 나무'에서 가장 중요한 뿌리에 해당하며 어떤 폭풍우가 와도 넘어지지 않기 위해 '이것'을 설정하는 것이 중요하다고 합니다. 이것은 '보는 것'으로 목표와 목적으로 이루어져 있다고 하는데요. 이것은 무엇일까요?

2. 저자는 정신의 나무에서 '잎'을 '이것'에 비유했습니다. 벌레가 와서 잎을 갉아 먹을 때도 있고 태풍이 불어서 떨어질 때도 있지만, 그럼에도 잎은 계속 돋아난다는 점에서 이 정신을 강조했습니다. 이것은 무엇일까요?

3. 이 책에서 소개한 체력의 3요소는 무엇일까요? 세 가지 모두 표시하세요.
   ① 정신
   ② 운동
   ③ 수면
   ④ 근육
   ⑤ 영양

4. 현장에서 담력을 키우는 가장 좋은 방법으로 저자가 제시한 것은 무엇인가요?

5. '지구력' 챕터에서 지구력을 키우려면 '함께하는 시스템'을 통해 '이것'을 키우라고 합니다. 이것이 되면 굳은 의지가 필요하지 않고 몸이 기억하기 때문에 계획한 것을 이룰 수 있게 돕는다고 하는데요. 이것은 무엇일까요?

6. 저자는 삶에서 세 가지 시선을 내 것으로 만들어야 한다고 했습니다. 세 가지 시선을 모두 합치면 전체를 조망하는 시선을 갖추되 디테일을 놓치지 않고, 어느 한 곳에 편중되지 않도록 조화롭게 파악하는 '통찰'이 가능하다고 했습니다. 저자가 말하는 세 가지 시선은 무엇일까요? 모두 표시해봅시다.
① 새의 시선
② 다람쥐의 시선
③ 판다의 시선
④ 개미의 시선
⑤ 물고기의 시선

정답

1. 비전
2. 수용
3. ② 운동, ③ 수면, ⑤ 영양
4. 최악의 상황 상상하기
5. 좋은 습관
6. ① 새의 시선(숲을 바라보는 거시적인 관점), ④ 개미의 시선(디테일과 하나의 목표에 집중하는 시선), ⑤ 물고기의 시선(편중되지 않고 두루두루 조화롭게 파악하는 관점)

06
예비 항해사를 위한
꼼꼼 가이드

입시 전형(대학교 및 고등학교 진학, 연수원 교육 과정)

○ 한국해양대학교 해사대학

해양대 해사대학에는 학과 및 실기 교육 과정이 탄탄하게 마련되어 있다. 재학하면서 기초안전교육(한국해양대학교), 의료관리자 자격증(한국해양대학교), 전파전자급 3급 통신사(GOC, 해양수산부), 항해사 3급 면허(해양수산부)를 취득할 조건을 갖출 수 있다. 운항지식과 운항 실습을 연계한 효율적인 교육 프로그램을 운영하고 있으며 졸업 후 메이저 선사에 취업할 수 있다. 재학생은 4년간 전원 승선생활관에서 생활하며, 숙식 및 규정된 피복(일부 품목은 개인 부담)을 국비로 제공받는다. 입학금과 수업료 일부를 4년간 면제받으며, 남학생의 경우 징병 신체검사 결과 현역병 입영 대상자로 판정받으면 병역법에 따라 병무청장이 정한 인원의 범위 내에서 졸업 후 승선 근무 예비역에 편입되어 5년 내 3년간 승선하여 병역 복무를 마칠 수 있다.

※ 의무복무[53]

해사대학을 졸업한 학생(외국인 유학생은 제외한다)은 「국립학교설치령」제18조제1항 및 학칙 제95조(복무의무)에 따라 수업연한에 해당하는 기간에 각각 해양수산부장관 또는 교육부장관이 지정하는 직무에 복무할 의무가 있다. 다만, 해양수산부장관 또는 교육부장관은 그 의무를 이행할 수 없다고 인정되는 자에 대하여는 이를 유예 또는 면제할 수 있다.

또한 학칙 제96조(학비보조금의 상환) 해사대학의 졸업생으로서 복무 의무기간 중 다음 각 호의 1에 해당하는 때에는 제93조의 규정에 따른 학비보조금을 상환하여야 한다.

1. 정당한 사유 없이 복무의무를 이행하지 아니한 때
2. 파면처분을 당한 때

※ 관계법령

해사대학 학생은 해기전문인력으로 양성되기 위하여 재학하는 동안 국비를 지원받으며 이에 대하여 해양수산부 장관이 지정하는 직무에 4년간 복무하고 그 이행 결과를 한국해양대학교 총장에게 신고하여야 하며, 부득이하게 이를 준수하지 못하면 복무 유예(면제)신청을 한국해양대학교를 거쳐 해양수산부 장관에게 제출하여 승인받아야 한다.

• 국비 지원: 국립학교 설치령 제16조
• 복무 의무: 국립학교 설치령 제18조

---

[53] 한국해양대학교 홈페이지 자료, 2025. 1.

- 학비보조금 상환: 국립학교 설치령 제19조

- 직무지정: 국립해양계대학교 졸업자의 복무 및 학비상환규정(해양수산부 고시) 제3조

- 복무유예(면제): 국립해양계대학교 졸업자의 복무 및 학비상환규정(해양수산부 고시) 제4조

- 복무이행 신고: 국립해양계대학교 졸업자의 복무 및 학비상환규정(해양수산부 고시) 제5조

한국해양대학교 해사대학은 현재 4개 학부로 이루어져 있다(아래). 항해융합학부, 해양경찰학부, 해사인공지능보안학부로 진학하면 항해사가 될 수 있다.

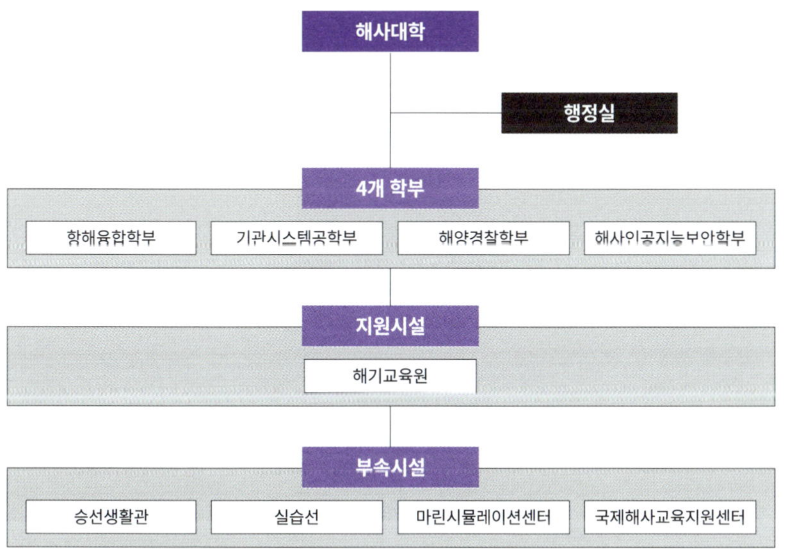

한국해양대학교 해사대학 학부 구성 및 조직도

해사대학	항해사	기관사
항해융합학부	○	x
기관시스템공학부	x	○
해양경찰학부	○	○
해사인공지능·보안학부	○	○

한국해양대학교 학부별 항해사 양성 여부 2025학년도 기준[54]

재학생들은 1학년, 2학년, 4학년 때 승선생활관에서 기숙사 생활을 하며, 3학년 때는 실습선에서 실습한다. 각 학부에 맞는 교육 과정을 이수하고 나면, 해기교육원에서 국제협약과 선박직원법, 선원법에 의거하여 해기사가 꼭 들어야 하는 교육과 훈련을 시행하고 교육이수증이 발급된다.

---

54 한국해양대학교 홈페이지 자료, 2025. 1.

대학	계열	모집단위		정원내(일반전형)		정원외(특별전형)			
				가군	다군	농·어촌학생	특성화고교졸업자	기회균형선발	특성화고 등을 졸업한 재직자
해사대학	자연계	항해융합학부		27	-	**	-	**	**
		기관시스템공학부		27	-	**	-	**	**
		해양경찰학부	항해 선공	4	-	**	-	**	**
			기관 선공	4	-	**	-	**	**
		해사인공지능·보안학부		9	-	**	-	**	**
		소계		71	-	**	-	**	**

** 정원 외 수시모집(농·어촌학생, 특성화고교졸업자, 기회균형선발, 특성화고 등을 졸업한 재직자) 미충원 인원을 해당 전형으로 이월하여 모집하고 최종 모집 인원은 원서 접수 기간 직전 우리 대학교 홈페이지에 공고할 예정입니다.

※ 해사대학의 일반전형 여학생 선발 비율은 모집 단위별 모집인원의 15% 이내로 합니다.

※ 반영비율(배점) 및 반영 방법

계열	반영 영역				반영 방법
	국어	수학	영어	탐구	
자연계	22.5% (180점)	32.5% (260점)	25% (200점)	20% (160점)	• 3개 영역(국어, 수학, 탐구)은 표준점 수 활용 • 영어영역은 절대평가에 따른 등급 별 표준점수 부여 • 탐구영역은 2과목의 합을 반영 • 예·체능계열은 800점 만점을 600 점 만점으로 변환
인문·사회계	32.5% (260점)	22.5% (180점)	25% (200점)	20% (160점)	
예·체능계	37.5% (300점)	-	25% (200점)	37.5% (300점)	

한국해양대학교 해사대학 수능 반영방법(정시, 2025학년도 기준)

※ 영어영역 등급별 표준점수표

등급	1*	2	3	4	5	6	7	8	9
표준점수	200	196	190	180	160	140	120	100	80

* 1등급 만점 기준: 800점×25%=200점

※ 반영 과목

1) 일반전형, 농·어촌학생 특별전형, 기회균형선발 특별전형

계열	반영영역						비고
	국어	수학	영어	탐구		한국사	
				사회·과학	직업		
자연계	○	○	○	○	-	○	• 한국사 미응시자 자 격 미달 처리 • 수능 반영영역 미응 시자의 경우 미응시 영역 성적은 "0점" 처리
인문·사회계	○	○	○	○	-	○	
예·체능계	○	-	○	○	-	○	

2) 특성화고교 졸업자 특별전형

계열	반영영역						비고
	국어	수학	영어	탐구		한국사	
				사회·과학	직업		
자연계	○	○	○	○	○	○	• 한국사 미응시자 자격 미달 처리
인문·사회계	○	○	○	○	○	○	• 수능 반영영역 미응시자의 경우 미응시 영역 성적은 "0점" 처리
예·체능계	○	-	○	○	○	○	

※ 가산점 부여

계열	모집 단위	부여 요건
자연계	해사대학 전 모집단위 (단, 해양경찰학부 제외)	수학 "미적분" 응시자: 표준점수의 10% 가산
	해양과학기술융합대학 전 모집단위 (단, 해양스포츠과학과 제외)	수학 "미적분" 응시자: 표준점수의 20% 가산 과학탐구 2과목 응시자: 표준점수의 10% 가산
전계열	전 모집단위	한국사 등급에 따른 가산점 표 아래 참조

한국사 등급에 따른 가산점

등급	1	2	3	4	5	6	7~9
가산점	3	2.5	2	1.5	1	0.5	0

※ 수능 성적 산출 방법 및 예시

1) 산출 방법

$$\Sigma[\{영역별\ 표준점수 \times (반영영역\ 수^* \times 영역별\ 반영비율)\} + 가산점^{**}]$$

* 반영 영역 수: 자연계, 인문•사회계는 "4", 예•체능계는 "3"으로 계산

** 가산점: 영역별 표준점수 × (반영영역 수* × 영역별 반영비율) × 가산점 비율

** 한국사 가산점: 한국사 등급에 따른 가산점 반영 (상단 참고)

2) 산출 예시

일반전형/해양과학기술융합대학 해양공학과 지원자(가산점: 수학 "미적분" 20%, 과학탐구 2과목 10%)

구 분	국어	수학(미적분)	영어	탐구(과학)	한국사	합계
반영비율	22.5%	32.5%	25%	20%	-	100%
수능 표준점수 및 등급	120	120	3등급	120	3등급	
변환점수	108	187.2 (가산점 31.2)	190	105.6 (가산점 9.6)	2 (가산점 2)	592.8

※ 성적 합계: 국어 108 + 수학 187.2 + 영어 190 + 탐구 105.6 + 한국사 2 = 592.8 (소수점 아래 셋째 자리에서 반올림)

※ 성적 산출은 본교 입학정보 홈페이지 성적계산프로그램 활용 가능

대학	계열	모집단위		입학정원	정원내모집인원	일반전형	교과성적우수자		지역인재	아치해양인재 I(일반)	아치해양인재 II(사배자)	체육특기자	소계	특수교육대상자	농·어촌학생	특성화고교졸업자	기회균형선발	특성화고등을졸업한재직자
							남	여										
해사대학	자연계	항해융합학부		179	179	2	104	15	16	12	3	-	152	-	7	-	3	2
		기관시스템공학부		179	179	2	104	15	17	11	3	-	152		7	-	3	2
		해양경찰학부	항해전공	30	30	1	16	3	2	3	1	-	26		1	-	1	1
			기관전공	30	30	1	16	3	3	2	1	-	26		1	-	-	1
		해사인공지능·부안학부		60	60	2	33	4	5	5	2	-	51		1	-	1	1
		소계		478	478	8	273	40	43	33	10	-	407	-	17	-	8	7
							313											

한국해양대학교 해사대학 수시 모집인원(2025학년도 기준, 이하 자료 한국해양대학교 입학본부 제공)

구분	전형명	모집인원	전형요소	수능최저기준
학생부 교과	일반전형	86	학생부 교과 100%	○ (예·체능계열 제외)
	교과성적우수자전형	769	학생부 교과 100% (예·체능계열 교과 60%, 실기 40%)	
	지역인재전형	116	1단계: 학생부 교과 100% 2단계: 1단계 80%, 면접 20%	
	농·어촌학생전형	40	학생부 교과 100% (예·체능계열 교과 60%, 실기 40%)	×
	특성화고교졸업자전형	11		
	기회균형선발전형	24		

학생부 종합	아치해양인재전형 Ⅰ	100	학생부 교과 60%, 서류평가 40%	○
	아치해양인재전형 Ⅱ	38	서류평가 100%	
	특수교육대상자전형	4	서류평가 100%	
	특성화고 등을 졸업한 재직자전형	7	서류평가 100%	×
실기/ 실적	체육특기자전형	3	입상실적 60%, 학생부 교과 10%, 출석 10%, 면접 20%	
총 모집인원		1,198		

한국해양대학교 해사대학 수시 전형 요약(2025학년도 기준)

한국해양대학교 일반전형(학생부교과) 안내(2025학년도 기준)

※ 지원 자격: 다음 각 호의 어느 하나에 해당하는 자

1) 고등학교 졸업(예정)자

2) 기타 법령에 의하여 고등학교 졸업 이상(검정고시 합격자 포함)의 학력이 있다고 인정되는 자

※ 전형요소별 반영비율 및 배점

전형단계	구분	학생부	비고
일괄합산	반영비율(반영점수)	100%(1,000점)	-
	기본반영비율(기본점수)	80%(800점)	
	실질반영비율(실질반영점수)	20%(200점)	

※ 수능최저학력기준

구분	수능최저학력기준	비고
지원자 전원(공통)	한국사 응시	미응시자의 경우 자격미달 처리
해사대학	수학, 영어, 탐구(사회·과학) 3개 영역 중 상위 2개 영역의 합이 9등급 이내	탐구영역은 2개 과목의 등급 평균 적용 (소수점 이하 절사)
해양과학기술융합대학	수학, 영어, 탐구(사회·과학) 3개 영역 중 1개 영역 이상이 5등급 이내	
해양인문사회과학대학	국어, 영어, 탐구(사회·과학) 3개 영역 중 상위 2개 영역의 합이 9등급 이내	

한국해양대학교 해사대학 수능최저학력기준(수시, 2025학년도 기준)

※ 선발방법

최종 합격자: 모집단위별 우리 대학교가 정한 수능최저학력기준을 충족하는 자 중 고득점자 순으로 선발 (해사대학 지원자 중 「선원법 시행규칙」에 따른 선원건강검진 요건을 충족하지 못할 경우 불합격으로 처리하며, 건강진단서 1부를 필히 제출하여야 함)

【별표1】

해사대학 지원자 건강진단 판정기준

【관련규정: 선원법 시행규칙 제53조 제4항】

검사 항목		판정 기준
시력		• 항해융합학부, 해양경찰학부(항해전공), 해사인공지능·보안학부는 만국시력표로부터 5미터의 거리에서 두 눈의 교정시력이 각각 0.5 이상 • 기관시스템공학부, 해양경찰학부(기관전공)은 만국시력표로부터 5미터의 거리에서 두 눈의 시력을 통합한 교정시력이 0.4 이상일 것
체격		심한 신체의 박약, 심한 흉곽발육의 불량 그 밖에 선박내의 노동을 감당하지 못한다고 인정되지 않을 것
질병		「감염병의 예방 및 관리에 관한 법률」 제2조제1호에 따른 감염병, 「정신건강증진 및 정신질환자 복지서비스 지원에 관한 법률」에 따른 정신질환, 폐, 늑막, 심장 또는 신장의 질환을 앓고 있지 않을 것
청력		항해융합학부, 해양경찰학부(항해전공), 해사인공지능·보안학부는 두 귀 모두, 기관시스템공학부, 해양경찰학부(기관전공)은 한 귀 이상이 5미터 이상의 거리에서 속삭임을 청취할 수 있을 것. 다만, 선원으로서의 종사경력에 비추어 관련 직무의 수행이 가능하다고 인정되는 사람은 제외한다.
색각		적, 청, 황, 녹의 구분이 가능할 것(*색각 안경 등 교정기구 사용 가능)
운동기능		모든 관절의 움직임이 자유롭고 손가락·손·팔뚝 또는 신체 각 부위의 부분적 또는 전체적인 결손이 없을 것. 다만, 장애의 정도가 경증이거나 보조기를 착용한 경우에 직무 수행이 가능하다고 인정되는 사람은 제외한다.
병후쇠약		병후의 쇠약에 따라 일정기간내의 승선이 부적당하다고 인정되지 않을 것
혈당		공복시 125 mg/dl 이하일 것
간장	SGOT	50 IU/L 이하일 것
	SGPT	45 IU/L이하일 것
C.B.C (빈혈)	RBC	4.2 ~ 6.3
	Hb	남자 12.0 이상, 여자 10.0 이상
	Hct	36.0 ~ 52.0
	MCV	79.0 ~ 96.0
	MCH	26.0 ~ 33.0

C.B.C (빈혈)	MCHC	32.0 ~ 37.0
	WBC	4.0 ~ 10.0
RPR(VDRL, 매독검사)		
소변검사		

※ 비고
⑴ 검진 의사는 정상 기준치 및 질병의 경중 등을 종합적으로 고려하여 판정한다.
⑵ 위 표의 검사 항목 중 시력과 관련하여 두 눈 중 최소한 한쪽 눈의 경우에는 안구질병이 진행되지 않아야 한다.

○ **목포해양대학교 해사대학**

한국해양대학교와 마찬가지로 국내에 있는 해기사 양성대학이다. 체계적인 학과 교육 및 실기 교육을 제공하며, 재학 중 기초안전교육, 의료관리자 자격증, 전파전자급 3급 통신사, 항해사 3급 면허를 취득할 조건을 갖출 수 있다. 목포해양대 역시 지식과 운항 실습을 연계한 효율적인 교육 프로그램을 운영하고 있어서 졸업 후 주요 선사에 취업할 수 있다.

재학생은 4년간 전원 승선생활관에 입관해 생활하며, 숙식 및 규정된 피복(일부 품목은 개인 부담)을 국비로 제공받는다. 또한 입학금과 수업료 일부를 4년간 면제받는다. 남학생의 경우 징병 신체검사 결과 현역병 입영 대상자로 판정받은 자는 병역법에 따라 병무청장이 정한 인원의 범위 내에서 졸업 후 승선 근무 예비역에 편입되어 5년 내 3년간 승선함으로써 병역을 필할 수 있다.

목포해양대학교 해사대학은 다음 표와 같이 총 7개의 학부로 이루어져

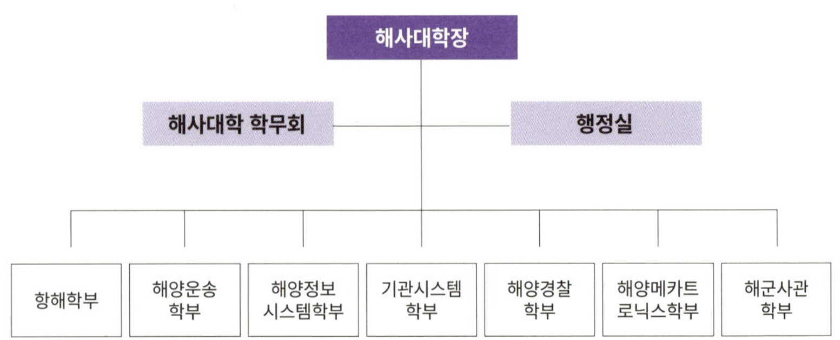

목포해양대학교 해사대학 조직

있다. 해사대학에 속한 항해학부, 해상운송학부, 항해정보시스템학부, 해군사관학부를 진학하면 항해사가 될 수 있다.

목포해양대학교 해사대학	항해사	기관사
항해학부	O	X
해상운송학부	O	X
항해정보시스템학부	O	X
기관시스템공학부	X	O
해양경찰학부	X	O
해양메카트로닉스학부	X	O
해군사관학부	O	O

목포해양대학교 해사대학 학부에 따른 직군 가능여부

목포해양대학교 항해학부 교육과정 로드맵(출처: 목포해양대학교 항해학부 홈페이지)

구분	1학년		2학년		3학년		4학년	
기본전공	항해사의 미래설계	지문항해학	천문항해학	전자항해학	당직근무실습 I	당직근무실습 II	해양기상학	선박모의운항
				레이더항법				
	해사법규	해상충돌예방규칙	선박조종학	해사안전협약	항해계기실습 I	항해계기실습 II	해양환경협약	해운실무
	무선통신개론	항해계기학	해사통신영어	해사영어	해사영어실습 I	해사영어실습 II	전파법규와 통신운용	리더십 및 팀워크
	조선학개론				GMDSS 및 통신영어실습 I	GMDSS 및 통신영어실습 II		
	안전 및 비상대응		적화 및 복원성	특수선운용학	선박운용 및 인진관리실습 I	선박운용 및 인진관리실습 II	수색 및 구조론	의료서시
	선박구조 및 정비				적화 실습 I	적화 실습 II	기관공학개론	
심화선공	선박운항학		해양사고분석론	자율운항선박개론	계류안정성		항로표지관리론	항내조선
			화물운송론	위험화물관리론		LNG/LPG운용	항만공학	인공지능과 선박운항
	해양교통관리학	해상교통관리	선박운항실무기초	정역학/동역학	액화가스운반선기초	비상관제	기초선박운동	해사분쟁대응실무
			항해응용이해	선박조종시뮬레이션		관제설비	관제싱횡커뮤니케이션	인간과 선원인권
	해양인지시스템학	해양재난관리	해사인간공학	계류안전성	PSC실무		해양레저안전론	안전품질시스템
			해양환경관리법	해상교통안전성평가론			해양사고 데이터분석론	해양오염방제론

목포해양대학교 해사대학 모집단위 및 전형유형별 정시 모집인원

(2025학년도 기준, 출처: 목포해양대학교)

모집 단위		전형유형(수능위주) (단, 특성화고교등을 졸업한 재직자 정원내/정원외 제외)						합계
		"가"군						
		일반학생	농어촌학생	특성화고교출신자	기초생활수급권자 및 차상위계층자	특성화고등을 졸업한 재직자(정원내)	특성화고등을 졸업한 재직자(정원외)	
해사대학	항해학부	9		수시모집 미충원시 선발				9
	해상운송학부	8						8
	항해정보시스템학부	6						6
	기관시스템공학부	9						9
	해양경찰학부	8						8
	해양메카트로닉스학부	6						6
	해군사관학부 남	2						2
	해군사관학부 여	1						1
합 계		49	0	0	0	0	0	49

* 정시에 응시하는 학생은 반드시 수능에 응시하여야 한다.(단 "특성화고 등을 졸업한 재직자 정원내/정원외 전형 제외")

목포해양대학교 해사대학 전형요소 및 반영비율(정시, 2025학년도 기준)

전형요소 (전체 모집단위)	반영비율	반영점수		점수산출 활용지표
		최저점	최고점	
대학수학능력시험 성적	100	0	1,000	백분위 및 등급

* 건강진단서는 해사대학 합격, 불합격 판정자료로만 활용

모집단위		국어	수학	영어	탐구	한국사	합계
해사 대학	항해학부	20%	30%	30%	20%	0%	100%
	해상운송학부	20%	20%	40%	15%	5%	100%
	항해정보시스템학부	20%	30%	30%	20%	0%	100%
	기관시스템공학부						
	해양경찰학부						
	해양메카트로닉스학부						
	해군사관학부	10%	35%	35%	20%	0%	100%

* 탐구영역은 2과목 평균 반영

* 영어 및 한국사는 등급에 따른 자체 환산표 적용

목포해양대학교 해사대학 선원건강검진 안내

가. 대상: 해사대학 지원자

나. 건강검진 의료기관: 「의료법」에 따른 병원급 이상의 의료기관 또는

해양수산부령으로 정하는 기준에 맞는 의원

(※대학 입학 정보 홈페이지 입학 공지 참조)

다. 건강진단서(국외/원양용, 특수건강검진 사항 포함한 원본)

【서식 3】 기간: 2024. 12. 31.(화)~1. 9.(목) 18:00까지 도착분에 한함

라. 합격기준: 【별표 1】에 따름

마. 건강검진 시 지참물: 신분증(주민등록증, 운전면허증), 검진 수수료, 건강

진단서 【서식 3】 및 건강검진 판정기준표 【별표 1】

바. 건강검진 결과는 합격, 불합격 판정 자료로만 활용

사. 건강진단서가 제출기간 내에 도착하지 않은 경우 불합격 처리함

아. 검사 의사명 및 서명 란에는 의사의 성명을 기재하고 서명하여야 함

자. 발급 의료기관명을 기재하고 날인하여야 함

차. 건강진단서는 제출일로부터 3개월 이내 건강진단 실시 및 발급분에
한함

카. 다수의 전형으로 해사대학 모집단위에 지원한 경우 건강진단서 1부
제출 가능
예시) 학생부교과우수자전형 항해학부와 지역인재전형 해상운송학
부에 지원한 경우 건강진단서 1부 제출 가능

타. 진단서 제출 시 상단에 우리 대학 수험번호를 직접 기재하여야 함 (다
수의 전형으로 지원한 경우 모두 기재)

* 수시모집에 응시하여 건강진단서를 제출한 경우 추가 제출 불요하며,
반드시 유선상으로 제출 확인을 해야함(061-240-7022, 7025)

목포해양대학교 해사대학 수시 모집단위 및 전형유형별 모집인원(2025학년도)

모집단위		전형유형(학생부교과)										실기/실적	합계
		학생부성적우수자	누구나	지역인재	선원자녀 및 선원경력자	사회적배려대상자	농어촌학생	특성화고교출신자	기초생활수급권자 및 차상위계층자	특성화고등을졸업한재직자(정원내)	특성화고등을졸업한재직자(정원외)	체육우수자	
해사대학	항해학부	43	10	10	6	5	5	3	3				85
	해상운송학부	42	10	10	6	5	5	3	3				84
	항해정보시스템학부	29	8	8	4	3	3	3	2				60
	기관시스템공학부	43	10	10	5	5	5	3	3				84
	해양경찰학부	42	10	10	5	5	5	3	3				83
	해양메카트로닉스학부	28	8	8	4	3	3	3	2				59
	해군사관학부 남	17	4	2	-	-	-	-	2				25
	해군사관학부 여	3	1	-	-	-	-	-					4
합계		247	61	58	30	26	26	18	18	0	0	0	484

* 전 모집 단위 남녀 구분하지 않고 모집(단, 해군사관학부 제외)

목포해양대학교 해사대학 수시 전형유형별 지원 자격 및 제출 서류, 수능최저학력기준(2025학년도)

※ 학생부 성적 우수자[학생부교과]

지원 자격	국내 고등학교 졸업(예정)자로서 학교생활기록부의 영어교과 및 수학교과를 각각 11단위 이상 이수한 자 ※ 외국고교에서 2학기(졸업자는 3학기) 이상 이수한 자 지원 불가		
제출 서류	◦ 학교생활기록부 1부(학교생활기록부 온라인 제공 비대상교 출신자 및 비동의자에 한함)		
대학수학능력시험 최저학력기준	해사대학	항해학부	최저학력기준 미적용
		해상운송학부	
		항해정보시스템학부	
		기관시스템공학부	
		해양경찰학부	
		해양메카트로닉스학부	
		해군사관학부	국어, 수학, 영어, 탐구 영역 중 상위 2개 영역 등급의 합이 11이내 (탐구 영역은 2과목 평균 반영, 탐구 영역 1과목만 응시한 경우 탐구 영역 반영하지 않음, 소수점이하 절사)
	해양공과대학 전 모집단위	최저학력기준 미적용	
	첨단해양모빌리티학과	최저학력기준 미적용	

※ 누구나[학생부교과]

지원 자격	고등학교 졸업(예정)자 또는 법령에 의해 이와 동등 이상의 학력이 있다고 인정된 자	
제출 서류	국내 고등학교 전 과정 이수자	◦ 학교생활기록부 1부(학교생활기록부 온라인 제공 비대상교 출신자 및 비동의자에 한함)

제출 서류	국외 고등학교 전 과정 이수자	◦ 졸업(예정)증명서 1부 ◦ 국외 고등학교 성적증명서 1부 ※ 국외서류는 재외공관 영사확인 또는 아포스티유확인을 받아 제출	
	국외 고등학교 일부 과정 이수자	◦ 학교생활기록부 1부(국내 고등학교 졸업(예정)자에 한함) ◦ 졸업(예정)증명서 1부(국외 고등학교 졸업(예정)자에 한함) ◦ 국외 고등학교 성적증명서 1부 ※ 국외서류는 재외공관 영사확인 또는 아포스티유확인을 받아 제출	
	고등학교 졸업학력 검정고시 출신자	◦ 합격증명서 1부 ◦ 성적증명서 1부	
	교과교육소년원의 고등학교 과정 이수자	◦ 졸업(예정)증명서 1부 ◦ 성적증명서 1부	
대학수학 능력시험 최저학력 기준	해사대학	항해학부	최저학력기준 미적용
		해상운송학부	
		항해정보시스템학부	
		기관시스템공학부	
		해양경찰학부	
		해양메카트로닉스학부	
		해군사관학부	국어, 수학, 영어, 탐구 영역 중 상위 2개 영역 등급의 합이 11이내(탐구 영역은 2과목 평균 반영, 탐구 영역 1과목만 응시한 경우 탐구 영역 반영하지 않음, 소수점 이하 절사)
	해양공과대학 전 모집단위	최저학력기준 미적용	
	첨단해양모빌리티 학과	최저학력기준 미적용	

목포해양대학교 해사대학 수시 반영교과 및 반영비율(2025학년도)

모집단위		국어	수학	영어	과학/사회	합계
해사대학	항해학부	20%	30%	30%	20%	100%
	해상운송학부	20%	20%	40%	20%	100%
	항해정보시스템학부	20%	30%	30%	20%	100%
	기관시스템공학부					
	해양경찰학부					
	해양메카트로닉스학부					
	해군사관학부	10%	35%	35%	20%	100%

○ 부산해사고등학교

해기사를 육성하는 해양 마이스터고등학교이다. 해사고등학교에 진학해 졸업한 후 바로 항해사가 되는 방법을 택하면 비교적 어린 나이에 항해사가 될 수 있다. 수업료, 기숙사비, 급식비, 제복, 교과서 등 필요한 비용을 전액 국비 지원한다. 고등학교 교과과정이 항해사가 되는 데에 필요한 과목을 포함하고 있기 때문에 졸업 시 항해사 4급 면허 취득이 가능하다.

2025학년도 부산해사고등학교 신입생 입학전형 요강

○ 본교에 지원한 학생은 전국의 다른 마이스터고에 지원할 수 없음(전국 마이스터고 이중지원 불가)

○ 본교 전형에서 불합격한 학생은 특성화고 및 후기 고등학교 지원이 가능함

○ 본교에 최종 합격한 자(포기자 포함)는 등록여부에 관계없이 전·후기 고

등학교에 응시할 수 없음

○ 학교 소재지 내 감염 유행 시 교육청과 협의해 입학전형일 및 전형방법 등이 변경될 수 있음

○ 면접·실기 등 운영 시 안전관리계획, 취소 시 대체방안 등을 수립해 추후 공지함

▶ **모집 학과 및 정원: 전국 단위 모집, 총 128명**(남 116명, 여 12명)

가. 학과별 모집 정원

구 분	항해과	기관과
학급수	4학급	4학급
전 원	남 58명, 여 6명	남 58명, 여 6명

※ 모집 정원은 부산광역시교육청 2025학년도 신입생 배치계획(8월 안내 예정)에 따라 달라질 수 있음

나. 전형 유형별 모집 정원

학과	모집정원	특별전형(사회통합전형)(13%)	일반전형(87%)	정원 외	
				국가보훈대상자 중 교육지원대상자	특례 입학 대상자
항해과	64(6)	8(1)	56(5)	1	1
기관과	64(6)	8(1)	56(5)	1	1
계	128(12)	16(2)	112(10)	2	2

(단위: 명)

① ( )안은 여학생 모집 인원 수를 의미함

② 정원 외 전형 국가보훈대상자 중 교육지원대상자와 특례 입학 대상자 전형은 남·여학생 구분 없이 선발함

③ 1단계 전형에서 학과 구분 없이 공통 선발, 2단계 전형 최종 성적순으로 희망 학과배정 (학과별로 선발하며, 2지망을 선택한 학생은 2지망으로 선발될 수도 있음)

④ 특별전형 불합격자는 자동으로 일반전형 지원자가 됨(특별전형 미달 시, 일반전형으로 충원함)

⑤ 정원 외 선발 전형 중 국가보훈대상자 중 교육지원대상자는「초·중등교육법 시행령 제51조 제4호」에 의거 학과별 모집정원의 3%(1명) 범위 내에서 선발

⑥ 정원 외 선발 전형 중 특례입학대상자는「초·중등교육법 시행령 제82조 제3항 제1, 2, 3, 4호」에 의거 학과별 모집정원의 2%(1명) 범위 내에서 선발 [본교에서 직접 자격 여부 확인]

○ 인천해사고등학교

부산해사고등학교처럼 해기사를 육성하는 해양 마이스터고등학교이다. 졸업 후 항해사 4급 면허를 취득해 바로 항해사가 될 수 있다. 수업료, 기숙사비, 급식비, 제복, 교과서 등 전액 국비 지원한다. 1학년 과정은 인문교과 및 항해에 관련된 전문교과의 기초적인 학습과 원리를 습득하며 2,3학년이 되어 실습위주의 학습을 통해 1학년 과정에서 배웠던 내용에 대해 적용하는 시간을 가진다. (3장 교육 커리큘럼 참고, 자세한 내용은 인천해사고등학교 홈페이지 신입생 입학전형 요강 참조)

- 취득 자격증: 4급 항해사 면허증, 전파전자 기능사
- 승선 필수 이수교육: 기초안전교육, 상급안전교육, 선박 보안 중급 교육, 탱커기초교육, 자동충돌예방 및 레이더 시뮬레이션 교육

2025학년도 인천해사고등학교 신입생 입학전형 요강

○ 본교에 지원한 학생은 전국의 다른 마이스터고에 지원할 수 없음(전국 마이스터고 이중 지원 불가)

○ 본교에 최종 합격한 자(입학포기자 포함)는 전·후기 고등학교에 지원할 수 없음

○ 본교에 불합격한 자는 특성화고 및 후기 고등학교 신입생 선발 전형에 지원할 수 있음

▶ **모집 학과 및 정원: 기관과, 항해과 총 6학급 108명**(남, 여)

학과	학급수	모집정원			
		일반전형 (87%)	특별전형(13%)		계
			사회통합진형	선원가족	
기관과	3	47	6	1	54
항해과	3	47	6	1	54
계	6	94	12	2	108

※ 전형 유형별 성적순 선발 후 1, 2차 전형 성적에 의해 지망 학과 배정(제1지망 정원 초과 시 성적에 따라 제2지망 학과 배정). 제2지망을 원하지 않는 경

우 기재하지 않아도 됨. 단, 제1지망 합격선에 미달될 경우 불합격 처리

※ 여학생을 포함해 특별전형 1명, 일반전형 5명 이내로 선발함(여학생 정원 미달 시 남학생 인원으로 충원, 남학생 정원 미달 시 여학생 인원으로 충원)

※ 특별전형 불합격자는 일반전형 대상자로 전환, 일반전형 환산점수로 선발되며 특별전형 미달 시 일반전형 지원자로 충원

※ 특례입학대상자(초, 중등교육법 시행령 제82조 제3항 제2호, 제3호 해당자)는 모집정원의 2% 이내. 교육지원대상자(국가유공자의 (손)자녀)는 모집 정원의 3% 이내에서 정원 외 선발

○ 한국해양수산연수원 오션폴리텍과정

해양계 대학 및 고등학교 등 지정교육기관을 졸업하지 않은 일반인을 대상으로 하는 해기사 양성 과정이다. 해양수산부, 고용노동부와 함께 청년 실업 극복과 해양산업 분야의 부족한 수급을 위해 한국해양수산연수원에서 주관해 시행한다. 상선 3급, 5급 해기사, 어선 5급, 6급 해기사 양성 과정을 운영하고 있다.

오션폴리텍과정 교육기간은 총 11개월이며 6개월간 이론 수업을 받고 5개월 동안 승선 실습을 받는다. 교육비, 교재비 등이 전액 국비로 운영된다. 3급 항해사 면허 취득 조건이 승선 1년이기 때문에 실제 서사에서 7개월 동안 실습해야 한다(연수원: 5개월+선사: 7개월=1년). 따라서 11개월(연수원)+7개월(선사 실습선)의 교육 기간을 고려하면 면허를 취득하기까지 적어도 18개월은 걸린다.

오션폴리텍 지원 자격이 전문대졸 이상이기 때문에 전문대를 졸업하지 않았다면 동등 학력 80학점을 이수해야 한다. 이는 학점은행제라는 교육부 정시 온라인 대학수업제도를 통해 이수 가능히디(137쪽 참고).

시험 기출문제와 각종 자료를 얻자

○ **항해사 면허 시험**

회차	접수기간	필기시험			면접시험	
		필기시험	이의신청 기간	합격발표	면접시험	합격발표
1	2.12(수)~2.14(금)	3.1(토)	3.1(토)~3.3(월)	3.6(목)	3.8(토)	3.10(월)
2	5.7(수)~5.9(금)	5.24(토)	5.24(토)~5.26(월)	5.29(목)	5.31(토)	6.2(월)
3	8.6(수)~8.8(금)	8.23(토)	8.23(토)~8.25(월)	8.28(목)	8.30(토)	9.1(월)
4	10.29(수)~10.31(금)	11.15(토)	11.15(토)~11.17(월)	11.20(목)	11.22(토)	11.24(월)

2025년도 해기사시험 연간 일정(정기시험)[55]

※ 부산 외 지역에서도 응시할 수 있음

※ 시험방식

　필기: PBT(Paper Based Test)/ 면접: 구술시험 (부산 및 인천지역에 한함)

---

[55]　한국해양수산연구원 자료, 2025.

※ 시행대상: 항해사(상선), 항해사(어선), 기관사, 소형선박조종사, 통신사, 운항사(지역별 시행 직종 및 등급 확인)

※ 회별 시행 지역, 지역별 시행 직종 및 등급을 공고문에서 꼭 확인해야 함 (시험일 기준 1개월 전 게시)

회차	접수기간	면접시험	합격발표
1	1.16(목)~1.17(금)	1.25(토)	1.27(월)
2	4.17(목)~4.18(금)	4.26(토)	4.28(월)
3	6.19(목)~6.20(금)	6.28(토)	6.30(월)
4	7.17(목)~7.18(금)	7.26(토)	7.28(월)
5	9.18(목)~9.19(금)	9.27(토)	9.29(월)
6	11.27(목)~11.28(금)	12.6(토)	12.8(월)

2025년도 해기사시험 연간 일정(상시시험·면접)

※ 정기 4회와 별도로 상시면접을 신설해 CBT시험 후 빠른 응시가 가능하도록 함

※ 시행 지역 및 대상: 부산(한국해양수산연수원)/ 항해사, 기관사, 운항사, 통신사 전 등급 및 소형선박조종사

※ 해기사 시험 일정은 사정에 따라 변경될 수 있으므로 매회 공고문을 확인해야 함(시험일 기준 15일전 게시)

※ 정기 4회와 별도로 상시면접을 신설하여 CBT(Computer Based Test) 시험 후 신속히 응시 가능하도록 함

그 외 승선 및 어로 활동 등으로 정기시험 응시가 어려운 사람들을 필기 상시시험을 운영 중이며, 지정된 시험 장소에서 컴퓨터 모니터를 통해

문제를 푸는 방식을 채택하고 있다. 회당 수용 가능한 인원에 제한이 있으므로 접수기간 중 선착순 마감(온라인) 방식으로 진행되며, 회별 시행 지역과 직종 등 세부사항은 한국해양수산연수원 국가자격시험 사이트(lems.seaman.or.kr)에서 확인할 수 있으니 참고하자.

구분	응시 직종 및 등급	금액
응시수수료	1급(항해·기관·운항·통신사) 2급(항해·기관·운항·통신사)	15,000원
	3급(항해·기관·운항·통신사) 4급(항해·기관·운항·통신사)	14,000원
	5급(항해·기관사) 6급(항해·기관사)	13,000원
	소형선박조종사	10,000원
	수면비행선박조종사, 전자기관사	14,000원

응시 직종 및 등급에 따른 수수료(선박직원법 시행규칙에 따름), 이하 출처: 한국해양수산연수원 자료

구비서류(대상자에 한함)

- 응시원서 1부
- 사진 1매 (최근 6개월 이내 촬영한 가로3x세로 4cm 규격의 탈모 정면 상반신 사진)
- 증빙서류 제출

면제사유를 증빙하기 위한 서류는 시험 접수 시 제출하지 않으며 선박직원법 시행규칙 개정(2012.10.31.)에 따라 면허 발급을 신청할 때 한 번만 제출하면 됨(단, 면제요건으로 시험에 응시할 때는 원서접수 이전에 면제자격을 갖추어야 하며, 그 사실을 응시원서에 기재하고 응시자 본인이 사실임을 확인해야 함)

시험 시간 및 장소

- 1~5급 항해사, 1~5급 기관사, 운항사: 5과목/125분(1과목당 25문항, 객관식 4지선다형)
- 5급 항해사(국내 한정), 6급 항해사, 5급 기관사(국내 한정), 6급 기관사, 소형선박조종사 : 4과목/100분

  * 과목합격자 및 일부 과목 면제 응시자는 응시 과목 수에 따라 시험시간이 다름(과목당 25분)
- 시험 장소는 공고에 따름

직종 등급별 시험과목 안내

시험과목	과목내용	시험응시대상 면허등급
1. 항해	1. 항해계기	6급 항해사 이상
	2. 항로표지	3급 항해사 이하
	3. 해도(수로표지)	3급 항해사 이하
	4. 조선 및 해류	3급 항해사 이하
	5. 지문항법	6급 항해사 이상
	6. 천문항법	5급 항해사 이상
	7. 전파 및 레이더 항법	6급 항해사 이상
	8. 항해계획	4급 항해사 이상
	9. 국제해사기구의 표준해사 항해영어	5급 항해사(국내항 한정)

2. 운용		1. 선박 구조 및 설비	2급 항해사 이하
		2. 선박 이동 및 조종	6급 항해사 이상
		3. 선박의 복원성	6급 항해사 이상
		4. 당직근무	3급 항해사 이하
		5. 기상 및 해상	6급 항해사 이상
		6. 선박의 동력장치	6급 항해사 이상
		7. 비상조치 및 손상제어	6급 항해사 이상
		8. 선내의료	3급 항해사 이하
		9. 수색 및 구조·해상통신	6급 항해사 이상
		10. 승무원 관리 및 훈련	3급 항해사 이상
		11. 선내 의료제공에 관한 조직과 관리	2급 항해사 이상
3. 법규		1. 선박의 입항 및 출항 등에 관한 법률	6급 항해사 이상
		2. 선원법 및 선박직원법	5급 항해사 이상
		3. 선박안전법	6급 항해사 이상
		4. 해양사고의 조사 및 심판에 관한 법률	4급 항해사 이상
		5. 해양환경관리법	6급 항해사 이상
		6. 상법(해상편)	3급 항해사 이상
		7. 해사안전기본법 및 해상교통안전법	6급 항해사 이상
		8. 국제충돌예방규칙	6급 항해사 이상
4. 영어		1. 국제해사기구 표준해사 항해영어 2. 해사영어	5급 항해사 이상 *5급 항해사(국내항 한정) 제외함 3급 항해사 이상
5. 전문	상선	1. 화물의 취급 및 적하	6급 항해사 이상
		2. 선박법	3급 항해사 이하
		3. 해운실무(보험편 포함)	3급 항해사 이상
		4. 해사관련 국제협약(상선)	4급 항해사 이상
	어선	1. 어획물의 취급 및 적하	6급 항해사 이상
		2. 수산관련법	3급 항해사 이하
		3. 수산실무	3급 항해사 이상
		4. 해사관련 국제협약(어선)	4급 항해사 이상

내용별 출제 비율

시험 과목	과목내용	1급	2급	3급	4급	5급	5급 (국내항 한정)	6급
항해	항해계기	20	20	16	12	12	X	12
	항로표지	X	X	12	12	12	12	16
	해도(수로도지)	X	X	8	16	16	16	16
	조석및 해류	X	X	8	8	12	16	12
	지문항법	12	16	20	20	24	20	32
	천문항법	8	16	12	8	4	X	X
	전파 및 레이더항법	36	32	20	20	20	20	12
	항해계획	24	16	4	4	X	X	X
	국제해사기구의 표준해사 항해영어	X	X	X	X	X	16	X
	합계(%)	100	100	100	100	100	100	100
운용	선박의 구조 및 설비	X	12	12	16	20	X	24
	선박의 이동 및 조종	24	16	16	16	20	28	28
	선박의 복원성	12	16	12	12	8	12	8
	당직근무	X	X	8	12	12	16	12
	기상 및 해상	16	12	12	12	12	16	8
	선박의 동력장치	8	8	8	8	8	X	4
	비상조치 및 손상제어	12	12	8	8	8	12	4
	선내의료	X	X	8	8	4	X	4
	수색 및 구소, 해상동신	12	8	8	8	8	16	8
	승무원의 관리 및 훈련	12	8	8	X	X	X	X
	선내 의료제공에 관한 조직과 관리	4	8	X	X	X	X	X
	합계(%)	100	100	100	100	100	100	100
법규	선박 입항 및 출항 등에 관한 법률	4	4	4	4	8	16	8
	선원법 및 선박지원법	8	8	8	8	8	X	X
	선박안전법	8	8	8	8	8	8	8
	해양사고 조사 및 심판에 관한 법률	4	4	4	4	X	X	X
	해양환경관리법	8	8	8	8	8	8	8

법규	상법(해상편)		8	8	8	X	X	X	X
	해사안전법		8	8	8	8	8	8	8
	국제해상충돌예방규칙		52	52	52	60	60	60	68
	합계(%)		100	100	100	100	100	100	100
영어	국제해사기구 표준해사 항해영어		40	40	40	100	100	X	X
	해사영어		60	60	60	X	X	X	X
	합계(%)		100	100	100	100	100	X	X
전문	상선	화물의 취급 및 적하	28	52	28	60	72	72	72
		선박법	X	X	24	24	28	28	28
		해운실무(보험편 포함)	36	28	24	X	X	X	X
		해사관련 국제협약(상선)	36	20	24	16	X	X	X
		합계(%)	100	100	100	100	100	100	100
	어선	어획물의 취급 및 적하	36	40	36	48	72	72	72
		수산관련법	X	X	12	28	28	28	28
		수산실무	36	32	28	X	X	X	X
		해사관련 국제협약(어선)	28	28	24	24	X	X	X
		합계(%)	100	100	100	100	100	100	100

항해사 시험 기출문제는 한국해양수산연수원 홈페이지와 해기사 기출문제 애플리케이션을 활용해 살펴볼 수 있다.

해기사 공부방(cafe.naver.com/marinboy0132)

해기사를 준비하며 경험을 공유하는 카페다. 항해사뿐만 아니라 배를 타는 기관사들도 자료를 공유한다. 시험 관련 자료 및 시험 후기, Q&A가 활발하게 이루어진다.

한국선원복지고용센터(www.koswec.or.kr)

선원들에게 필요한 복지와 구인 구직 정보를 제공한다. 선원에 대한 통계자료도 확인할 수 있다. 알찬 휴가를 보낼 수 있도록 가종 소식을 제공하는 역할도 한다.

한국해양수산연수원(www.seaman.or.kr)

해기사가 되는 데 필요한 면허와 관련된 모든 시험은 한국해양수산연수원에서 주관한다. 한국해양수산연구원 사이트에서 시험 일정 및 자격 요건, 우선풀리넥 과성 등 성부를 얻을 수 있나. 앞서 어급하 껏저럼 다운로드 가능한 항해사 시험 기출문제가 연도별로 올라와 있으니 자격증을 준비하며 공부할 때 유용하다.

한국해기사협회(www.mariners.or.kr)

한국해기사협회는 해기사들의 권익 신장과 친목을 도모하기 위해서 만들어진 협회다. 해기사들의 더 나은 일자리 창출을 돕고 해기 면허 갱신 및 교육훈련 이수증 재발급 서비스, 법령 및 제도 개선 활동을 하고 있다. 또한 〈해바라기〉라는 정기간행물을 발간한다. 입사하면 보통 회사에서 회원으로 등록해주지만 개인적으로 등록할 수도 있다. 선장, 기장 및 항해사별로 연회비가 있으며, 한국해기사협회는 선원들을 위해 잡지인 〈해기지〉를 발행해 선원들에게 유용한 정보를 제공한다.

씨넷(www.seanet.co.kr)

온라인으로 구인 구직이 이루어지는 사이트이다. 정기적인 구인 외에 정보가 상시 공유되기 때문에 경력자들도 많이 찾는다. 선사에서 사람이 급

하게 필요하면 씨넷 사이트를 적극 활용하기 때문에 하루에도 구인 정보가 수십 개씩 업로드된다.

모바일 해기사 기출문제

해기사 필기시험을 준비하는 사람에게 추천하는 애플리케이션이다. 해기사 급수 및 출제 연도를 선택할 수 있어 다양한 문제를 많이 접할 수 있다. 문제의 답을 클릭했

을 때 정답이 바로 나오는 모드와 정답이 나오지 않는 모드를 선택해 맞춤형으로 공부할 수 있다. 시험에 대비하기에 좋으니 적극 활용하기를 바란다.

Marine insight(www.marineinsight.com)

해운 분야에 관한 각종 정보를 얻을 수 있는 영어 사이트이다. '해사 뉴스'라고 생각하면 된다. 인스타그램으로도 소식을 공유하고 있다.

링크드인(www.linkedin.com)

한국 취업뿐 아니라 외국 선사 취업을 원한다면 링크드인(Linked in) 홈페이지를 활용해보자. 한국에서는 잘 사용하지 않지만 해외에서는 네트워크용으로 많이 사용하고 있다. 직접 지원할 수 있는 공고가 다수 업로드되어 있으며, 채용 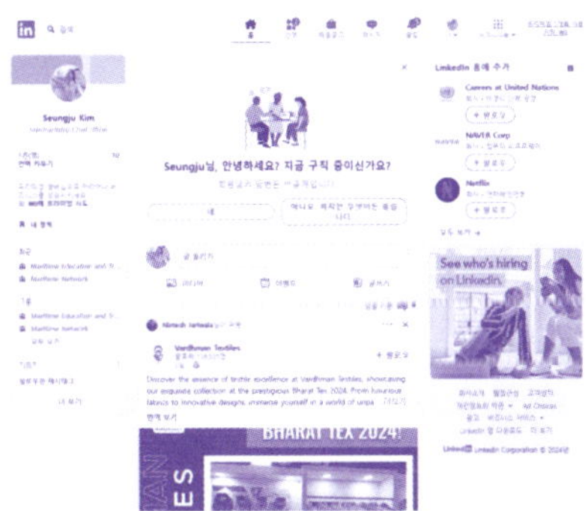 공고가 게시된 지 얼마나 되었고 지원자가 몇 명인지, 채용 담당자와 어떻게 연락할 수 있는지에 관한 정보를 얻을 수 있다. 프로필에 따른 추천 공고를 제공하며, 자신의 프로필을 잘 만들어두면 효율적으로 구직 활동에 임힐 수 있다.

구직 활동

교육기관을 통해서 모든 과정을 이수하고 해기사가 되기 위한 자격을 갖추었다면 승선할 준비가 되었다고 할 수 있다. 하지만 면허를 갖추었다고 해서 끝이 아니다. 구직 활동의 최종 목표는 배를 관리하는 선사에 취직하여 해당 회사의 배에 오르는 것이다.

해기사는 늘 부족하다. 국가 정책적으로 해기사 인력 부족에 대한 대응 방안을 회의 안건으로 올릴 만큼 해기사 인력 부족 문제가 대두되고 있다. 특히 한국 해기사 인력이 부족하기 때문에 외국인 사관을 고용하는 한국 회사들이 늘어나는 추세다. 해기사 면허를 취득했다면 적극적으로 알아보고 자신을 드러내자. 정직하고 적극적인 청년들에게 손을 내밀어줄 회사를 만날 수 있을 것이다.

해양대학교

한국해양대학교, 목포해양대학교는 보통 11월에 취업박람회를 주최한다. 박람회 기간에는 해운 선사들이 학교 강의실을 대관해 저마다 회사를 홍보한다. 대학교 4학년 학생들의 경우 취업박람회 기간을 활용하여 지원하려는 선사의 홍보를 접하고 안내에 따라 바로 입사지원서를 제출할 수 있다.

오션폴리텍

한국해양수산연수원 해기사 양성 교육과정인 오션폴리텍 과정 수료자를 위한 취업박람회가 매년 열린다. 부산항 여객터미널에서 실시되며 이때 지원 서류를 작성해 제출한다.

해사고등학교

부산해사고등학교, 인천해사고등학교의 경우 선사에서 채용 정보를 고등학교에 제시하면 성적이 좋은 학생 순대로 우선권을 받아 면접에 지원할 수 있다. 해사고등학교 졸업생을 대상으로 하는 취업박람회가 있기 때문에 기회를 적극적으로 활용하면 유리하다.

씨넷(www.seanet.co.kr)

앞에서 언급했던 대표적인 선원 구직 사이트다. 취직 과정을 말할 때 오프라인에서 취업박람회가 정기적으로 열린다면, 온라인으로는 씨넷에서 상시로 구인 정보를 얻을 수 있다. 선사에서 급하게 선원이 필요한 경우 해당 사이트를 이용한다. 하루에도 구인 정보가 수십 개씩 업데이트된다.

각 선사 홈페이지

이외에도 각 선사 홈페이지 채용 메뉴를 이용해 입사지원서를 제출할 수 있다. 선박[56]을 늘리려는 선사 입장에서는 해기사가 늘 필요하다. 원하는 선사가 있으면 홈페이지를 활용해 채용 부서에 원서를 넣거나 전화라도 해보자. 모집 공고가 없더라도 의외로 긍정적인 답변이 올 수 있다.

---

56 정확히는 '선대'이며, 종사자가 아니더라도 이해하기 쉽도록 칭했다. 큰 회사의 경우 선박을 여럿 묶어서 컨테이너선대, 벌크선대, 탱크선대 등으로 칭하며 1선대, 2선대, 3선대 등으로 이야기한다.

승선 이후 진로

○ 직업군 안내

개인 성향에 따라 다르겠지만 배를 평생 직업으로 삼을 수도 있고, 승선 경력을 활용해 다른 진로를 택할 수도 있다. 이번 장에서는 승선 이후 펼쳐질 다양한 진로를 소개하고자 한다.

57 김진권·백인흠·채병근·양희복 공저, 「해기사의 직업군 분류 및 성장경로Ⅱ」, 한국해기사협회, 2016.

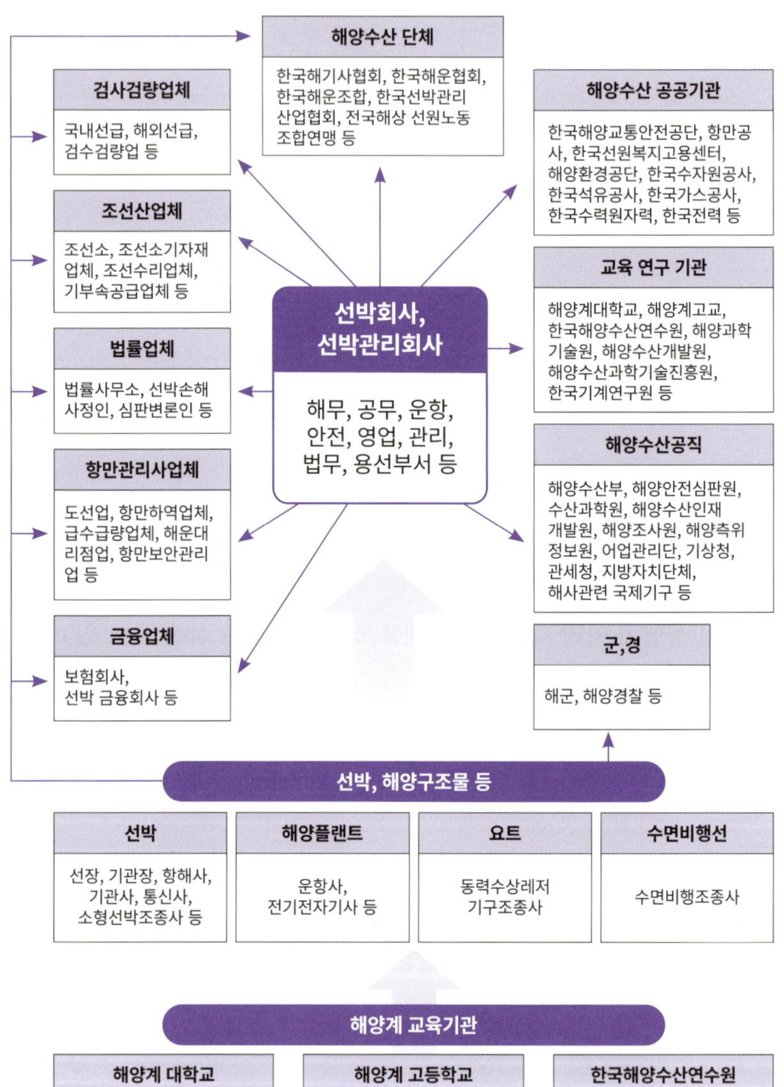

해양계 직업군 안내도[56]

○ **교육·선급 및 검사 분야**

1) 해양계 고등학교 교사: 해양 및 해운계 고등학교 교사가 되어 학교에서 근무할 수 있다.

[주요 업무]

• 해당 전공(항해) 교과목을 학생들에게 가르치는 일

• 교과서 및 영상, 현장 방문을 통하여 효율적인 학습효과 증대

• 청소년기 학생들이 올바른 가치관 및 미래관을 형성할 수 있도록 돕는 역할

• 생활 규범을 배우고 익히도록 솔선수범

• 미래를 준비할 수 있도록 취업 요건 파악 및 대학 진학 준비

• 시험문제 출제 및 평가

[자격 요건 및 세부]

• 항해계열대학 항해 교직과정 이수자(재학 중 추가로 20여 학점 이수 필)

• 대학에서 교원 과정을 밟아 중등교사 정교사 2급 자격증을 갖춘 자

• 국·공립학교의 경우 교원임용시험에 합격한 자

• 대학원에서 교육학을 전공해 2급 정교사 자격을 취득하는 경우

• 각 고등학교의 해기 관련 학과 전공 교사는 해기사 면허 소지자가 채용될 기회가 많음

2) 해양계 대학교

(1) 한국해양대학교, 목포해양대학교 같은 해양계 대학교에서 교수 및 조교로 근무한다.

[주요 업무]

- 해당 전공과목 교과목을 대학교 학부생 및 대학원생에게 가르치는 일
- 대학 교재 집필 및 영상, 현장 방문을 통하여 효율적인 학습효과 증대
- 학생들의 수업 이해도 평가를 위한 시험문제 출제 및 평가와 지도
- 다양한 연구 활동을 통한 연구 결과물 도출, 국내외 학술지 혹은 세미나를 통해 발표
- 학부생 및 대학원 석·박사 과정 강의 및 이해도 평가
- 학부생의 졸업 논문 및 석·박사 학위 논문 지도
- 산학연 연구 프로젝트 진행 및 발표
- 외부 연구 용역 수행

[자격 요건 및 세부]

- 해양계 대학의 해당 관련학과 전공자
- 교수 임용의 경우 국내외 대학교에서 해당 전공의 석박사 학위 취득
- 교수가 되기 위해서 박사학위 및 실습선 교육을 위한 승선 경력을 필요로 하는 경우가 있음
- 해기사 면허 소지 시 해기 관련 학과 전공 교수로 채용될 기회가 많음
- 조교: 실습선 근무 조교, 학부 사무실 조교, 승선 생활관 근무 조교 등

(2) 실습선 선박직 공무원: 실습용 선박을 운항하고 관리하는 역할을 한다.

> **[자격 요건]**
>
> - 해양수산 7급(선박항해): 2급 항해사 이상 자격증 소지자 또는 3급 항해
>   사 자격증 소지 후 승선경력이 2년 이상인 자
> - 해양수산 9급(선박항해): 6급 항해사 이상 자격증 소지자

3) 한국해양수산연수원: 교수, 교관, 선박직 직원 및 일반사무직으로 근무
한다.

> **[주요 업무]**
>
> - 해양수산관련 종사자의 교육·훈련 시행 및 지원
> - 선원 정책, 해양수산 정책 등의 연구 및 수행을 위한 정부 지원 업무
> - 해양수산 기술교육에 관한 국제 교류 증진을 위한 사업
> - 선박 운항, 해양환경, 항만, 해운 및 어업 기술의 연구 개발
> - 산학연 연구 프로젝트 진행 및 발표
> - 해기사 국가시험 문제 출제 및 면접
> - 오션폴리텍 과정을 통한 초급해기사의 교육과 양성
> - 실습선 교육·훈련 시행 및 지원
>
> **[자격 요건 및 세부]**
>
> ① 객원교수(국제승선실습)

> • 전문학사 이상의 학위 소지자로서 2급 이상 해기사 면허 소지자
>
> • TOEIC 830점 또는 IELTS 7.5 등급 또는 TOFLE iBT 109점 이상
>
> ② 객원교수(항해-수산계고교 승선 실습)
>
> • 전문학사 이상의 학위 소지자로서 2급 항해사 이상 면허를 소지하고,
>   삼등 항해사 이상 직책으로 1년 이상의 어선 승선 경력이 있는 자 또는
>   지정 교육기관에서 3년 이상 강의경력이 있는 자
>
> ③ 객원교관(국제승선실습)
>
> • 전문학사 이상의 학위 소지자로서 3급 기관사 이상 면허를 소지하고,
>   삼등 기관사 이상 직책으로 1년 이상 승선 경력이 있는 자

4) 한국해사위험물검사원: 국제해사기구가 지정한 기관으로, 위험 화물의 해상운송과 관련해 발생할 수 있는 사고로부터 인명과 재산을 보호하는 책임을 지도록 설립된 기관이다. 한국해사위험물검사원은 국내 유일의 위험 화물 종합 서비스 기관이다.

> **[주요 업무]**
>
> • 위험물 적재 및 컨테이너 수납 검사
>
> • 위험물 용기 및 포장 검사
>
> • 위험물 안전 운송 전문교육 및 산적액체 위험물 안전관리자 교육
>
> • 위험물 관련 연구개발 및 도서 발간
>
> • 위험물 안전 운송에 관한 국제협력 및 국제회의 개최
>
> • 위험물 관련 용역 및 자문 등

> **[자격 요건 및 세부]**
>
> • 고교 및 대학교 승선학과 졸업자 및 승선 경력자(3급 면허 소지자)
>
> • Chemical, LPG/LNG, Oil tanker 등 산적 액체 위험물 선박 3년 이상 해
>   기사 경력자
>
> • 승선 경력자의 경우 검사원 견습 3개월 후 정식 검사원으로 선임
>
> • 영어점수 토익 800~900점
>
> • 위험물 및 고압가스 기능사, 산업기사, 기능장 등 경력자 우대

5) 한국선급: 선박의 운항과 해상보험가입에 반드시 필요한 우리나라의 선급[58] 협회(船級協會)[59]로 비영리 사단법인이며, 교통 해상 부험업자나 화주의 편의를 도모하기 위해 배에 선급을 매기고 배의 손상 등을 심사해 결정한다. 선박이 감항성(堪航性)[60]을 유지하는지 여부를 검사하는 것이 주 업무다.

> **[주요 업무]**
>
> • 선체검사원: 선박이 제조되는 과정에서 선체, 기관, 의장품 및 비품의
>   구조가 정해진 규정에 맞게 건조되는지 검사함. 선박의 복원성이 적합
>   한지 확인하고 시운전도 확인한다. 건조 후 정기검사, 중간검사, 연차검
>   사를 통해 배의 안전 상태를 지속 검사함.

---

58 구조 및 설비 등에 대한 검사를 통해 산정된 선박의 등급을 말한다.
59 교통 해상 보험업자나 화주(貨主)의 편의를 도모하기 위해 일정한 기준에 따라 검사해서 배에
    선급을 매기며, 기타 배의 손상 부위를 심사해서 설정하는 비영리 특수 법인이다.
60 목적지까지 안전하게 운항할 가능성을 의미한다.

> **[자격 요건 및 세부]**
>
> • 해양 및 수산계 대학의 해당 관련 학과(항해, 기관, 조선공학과) 전공자
>
> • 3급 해기사 면허 취득 후 승선 경력 2년 이상인 자

6) 해외선급: 한국선급 외에도 국내에 전 세계적으로 많은 선급이 활동 중. DNV(노르웨이), Lloyds(영국), ABS(미국), NK(일본), BV(프랑스), RINA(이탈리아) 등 12개의 IACS(The International Association of Classification Societies, 국제선급협회)가입 선급이 있다.

> **[자격 요건 및 세부]**
>
> • 해양·수산계 대학의 해당 관련학과(항해, 기관, 조선공학과) 전공자
>
> • 4년제 대학 졸업자, 3급 해기사 면허, 승선 경력 3년 이상, 조선기술사 자격증 및 전공자
>
> • 기술직 선박검사원(선체,기관,조선) 및 국내외 본사 및 각 지점에서 다양한 업무에 종사
>
> • 각 외국 선급에서 실시하는 정기 공채 혹은 상시 채용 시험 합격

○ **국가기관 및 공공기관**

1) 항만국 통제관(PSCO): 항만국이 자국항에 기항하는 외국적 선박을 대상으로 안전 기준, 승조원 자격 및 운항 능력 등이 국제 기준에 적합한지 검사한다. 자국 해역에서 해상안전을 도모하고 해양환경을 보존하는 데 목적이 있으며 주요 결함 사항을 발견할 경우 선박을 억류(Detention)할 권한이 있다.

[자격 요건 및 세부]

- 대학의 항해 관련 학과를 졸업 또는 법령에 따라 이와 같은 수준의 학력을 갖춘 후 3급 항해사 해기사 면허를 취득한 사람으로, 3급 항해사 해기사 면허를 취득한 후 관련 분야에서 2년 이상 근무 경력을 가진 자
- 대학이나 해양, 수산계전문대학을 졸업한 후 또는 법령에 따라 이와 같은 수준의 학력을 갖춘 후 2급 항해사(한정면허의 경우에는 상선에 한정된 면허를 말함) 이상의 해기사 면허를 취득한 자

---

2) 해사안전감독관: 내항 여객·화물선 및 원양어선에 대한 화물 선적, 항해 안전, 감항성 확보 등을 위하여 선박에 승선해 감독 업무를 수행한다.

[주요 업무]

- 운항 감독관: 선박 운항, 화물 선적, 평형수 관리 상태, 여객 관리, 선원 비상훈련 상태 등 항해 안전 분야 지도 및 감독

- 감항 감독관: 선체, 기관·하역·소화·안전설비, 기기 정비 상태, 정비 시스템 등의 적정성 지도 및 감독
- 연간 및 월간 감독 계획에 따른 정기 감독, 불시에 수시 감독
- 감독 결과의 경중에 따라 개선 명령서, 결함 시정·개선 권고서를 발부하여 시정조치하고, 필요시 선박 항행 정지 조치를 취할 수 있음

[자격 요건 및 세부]

① 여객선, 화물선 분야(책임급): 다음 항목 중 하나에 해당하는 경력을 포함, 해사 안전 관련 분야에서 20년 이상 근무한 경력이 있는 자로서,

- 1급 항해사 면허를 소지하고 총톤수 1만 톤(여객선의 경우에는 총톤수 3천 톤) 이상의 선박에서 선장으로 5년 이상 근무한 경력이 있는 자
- 1급 항해사 면허를 소지하고 대형 선단(총톤수 1만 톤 이상의 선박 7척 이상으로 이루어진 선단)의 안전관리책임자로 7년 이상 또는 안전관리자로 10년 이상 근무한 경력이 있는 자
- 선박검사원으로 10년 이상 근무한 경력이 있는 자
- 선임급 해사안전감독관으로 5년 이상 근무한 경력이 있는 자

② 여객·화물선 분야(선임급): 다음 항목 중 하나에 해당하는 경력을 포함해 해사안전 관련 분야에서 15년 이상 근무한 경력이 있는 자로서,

- 1급 항해사 면허를 소지하고 총톤수 1만 톤 (여객선의 경우에는 총톤수 3천 톤) 이상의 선박에서 선장으로 2년 이상 근무 경력이 있는 자
- 1급 항해사 면허를 소지하고 대형 선단(총톤수 1만 톤 이상의 선박 7척 이상으로 이루어진 선단)의 안전 안전관리책임자로 2년 이상 또는 안전관리자

로 5년 이상 근무 경력이 있는 자

- 선박검사원으로 5년 이상 근무한 경력이 있는 자

3) 해사교통관제사(VTSO): 해상 및 항만에서 선박 운항 안전을 감독하고 해상교통이 효율적이도록 감시한다.

[주요 업무]

- 레이더 및 통신장비를 이용해 선박 위치, 항로, 속도 및 추정 도착 시간과 통행지역을 통과하는 선박의 진행 과정 감시 및 지휘
- 선박 출항 허가, 선박 교통량, 기후 조건에 대해 조언
- 관계자에게 사고, 조난 신호, 항해 위험 및 기타 비상사태에 대해 보고
- 인근 해양관제구역, 관할 권내 선박들과 무전 및 전화 연결을 유지
- 선박 이동, 크기 및 구조에 대한 항해일지 유지 및 관리
- 사고 발생 시 사고지역으로 다른 선박들이 접근하지 않도록 통제

[자격 요긴 및 세부]

- 대학의 해상운송(항해, 운항, 통신, 해양경찰) 관련학과 전공자
- 5급 이상 항해사 면허를 소지하고 1년 이상 승선 경력을 쌓은 후 공무원 임용시험에 합격한 자
- 10주 정도의 관제사 기본교육을 수료힌 자[61]

---

61 관제사(VTS)는 해양경찰로 편입되었으며, 다음 해양경찰공무원 표 제일 아래 '관제'에 해당하는 해사교통관제사 자격을 말한다.

4) 해양경찰

대한민국의 해양 경비 및 오염방제, 해상 구조 구난, 해상 수사 업무를 관장하는 대한민국 국민안전처의 직속 행정기관이다. 급수별 분야별로 응시자격이 상이하다.

계급	분야		응시자격
경위	공개채용		○ 대한민국의 국적을 가지고, 관련 법령의 결격사유가 없는 사람
순경	해수산계고교	전문지식	○ 「초·중등교육법」 제2조 제3호의 고등학교 중 「선박직원법」에 따라 지정교육기관으로 지정된 해양·수산 분야 고등학교의 졸업자(졸업일이 최종시험 예정일이 속한 연도의 1월 1일부터 거꾸로 계산하여 1년 이내인 졸업자에 한정한다) 또는 졸업예정자로서 해당 학교의 장의 추천을 받은 사람
	공개채용		○ 대한민국의 국적을 가지고, 관련 법령의 결격사유가 없는 사람
	함정요원		※ 다음 요건 중 하나 이상에 해당할 경우 응시 가능
		경력	○ 항해 분야는 군(軍)에서 함정(항해) 근무경력이 2년 이상, 기관 분야는 군(軍)에서 함정(기관) 근무경력이 2년 이상인 사람 ※ 경력을 응시자격으로 하는 경우, 종전 재직기관에서 퇴직한 날부터 면접시험일까지의 기간이 3년이 넘지 아니하여야 함
		자격증	○ 항해 분야는 5급 항해사 이상, 기관 분야는 5급 기관사 이상 해기사 면허를 소지한 사람
순경	의무경찰		○ 해양경찰청 소속 의무경찰로 정해진 복무를 마친 사람
계급	분야		응시자격
	구조		※ 잠수에 능통한 사람으로 다음 요건 중 하나 이상에 해당할 경우 응시 가능
		경력	○ 특수부대에서 24개월 이상 해당 부대의 고유 업무 근무경력이 있는 사람 ※ 경력을 응시자격으로 하는 경우, 종전 재직기관에서 퇴직한 날부터 면접시험일까지의 기간이 3년이 넘지 아니하여야 함

구조		경력	※ 특수부대 : [육군] 정보사(HID)·특전사·신속대응여단·특공연대·강습대대·제1산악여단·35특수임무대대(舊, 35특공임무대대)·군사경찰특수임무대·수색대대, [해군] 정보사(UDU)·특수전전단(SSU, UDT)·군사경찰특임반, [공군] 항공구조사(SART)·공정통제사(CCT)·군사경찰특임대, [해병대] 수색부대·군사경찰특임대
		자격증	○ 아래 자격증 중 하나를 소지한 사람 | 기능장	잠수
산업기사	잠수
기능사	잠수
기타	수상구조사, 국민체육진흥법에 따른 체육지도자 자격 중 관련종목 전문스포츠지도사(1급 또는 2급), 관련종목 생활스포츠지도사(1급)	
			※ 관련 종목: 수영, 수중, 스킨스쿠버, 트라이애슬론, 철인 3종, 근대 5종
	구급	자격증	○ 응급구소사 1급 사격승 쉬득 우 관련문야 근부경력 1년 이상인 사람
			※ 관련분야: 「의료법」 제3조에서 규정한 의료기관 중 종합병원·병원 응급실 소속으로 응급구조사로 근무한 경력 / 「응급의료법」 제2조에서 규정한 응급의료기관에서 응급구조사로 근무한 경력 / 응급의료종사자, 의료관리자 양성 관련 학과(교)에서 교원, 강사로 응급의료 관련 교과목을 강의한 경력 / 소방기관(상황실, 상황관리센터 포함)에서 구급대원 또는 구급대원 대체인력으로 근무한 경력 / 국가(공공)기관(군(軍)은 의무병, 의무부사관 이상 또는 군무원(응급구조 담당))·사업체 구급분야에서 근무한 경력 / 「응급의료에 관한 법률」 제2조와 제51조에 외한 이송업체에 상주하어 근무한 경력 - 소속(부서)·담당업무가 명확하지 않을 경우 인정 불가
계급	특공 (전술)		※ 해양대테러작전에 능통한 사람으로 다음 요건 중 하나 이상에 해당할 경우 응시 가능
		경력	○ 특수부대에서 24개월 이상 해당 부대의 고유 업무 근무경력이 있는 사람 ※ 경력을 응시자격으로 하는 경우, 종전 재직기관에서 퇴직한 날부터 면접시험일까지의 기간이 3년이 넘지 아니하여야 함

계급	분야		응시자격
계급	특공 (전술)		※ 특수부대 : [육군] 정보사(HID)·특전사·신속대응여단·특공연대·강습대대·제1산악여단·35특수임무대대(舊, 35특공임무대대)·군사경찰특수임무대·수색대대, [해군] 정보사(UDU)·특수전전단(SSU, UDT)·군사경찰특임반, [공군] 항공구조사(SART)·공정통제사(CCT)·군사경찰특임대, [해병대] 수색부대·군사경찰특임대
		자격증	○ 아래 자격증 중 하나를 소지한 사람 | 기능장	잠수
산업기사	잠수
기능사	잠수	

계급	분야		응시자격
계급	특공 (EOD)		※ 해양대테러작전에 능통한 사람으로 다음 요건 중 하나 이상에 해당할 경우 응시 가능
		경 력	○ (민간경력) 관련분야 근무경력이 3년 이상인 사람 ○ (공무원경력) 관련분야 근무경력이 3년 이상인 사람 ※ 경력 산정 시 민간경력과 공무원경력은 합산 불가 ※ 경력을 응시자격으로 하는 경우, 종전 재직기관에서 퇴직한 날부터 면접시험일까지의 기간이 3년이 넘지 아니하여야 함
			※ 관련분야: 공항공사·항만공사 폭발물처리 담당, 군(軍) 폭파 주특기(교육 이수기간 제외)
		자격증	○ 아래 자격증 중 하나를 소지한 사람 | 기술사	전자응용
기능장	전자기기
기사	전자
산업기사	전자
기타	1급 화약류제조(관리) 보안책임자 면허, 2급 화약류제조(관리) 보안책임자 면허	
		학위	○ 관련전공 학사학위 이상 소지한 사람
		학위	※ 관련전공: 화학과, 화학공학과, 전기과, 전기공학과, 전자과, 전자공학과, 전기전자과 - 유사학과(학위)는 해당 대학 총장이 발행한 '동일계통학과 증명서' 제출

계급	수사	학위	○ 관련전공 학사학위 이상 소지한 사람(복수전공 포함, 부전공 제외)
			※ 관련전공: 경찰행정학(경찰학사, 경찰법학사, 경찰행정학사, 해양경찰학사 등 전공·학과·학위명에 '경찰'이 명시되면 인정), 법학
	관제	자격증	※ 다음 요건 중 하나 이상에 해당할 경우 응시 가능
			○ 5급 항해사 이상 면허 소지 후 승무경력이 1년 이상인 사람
			※ 항해사 면허: 상선면허, 어선면허 모두 포함 ※ 「병역법 시행령」 제40조 4 제5항에 따른 승선 근무 예비역의 유급휴가 기간은 승선경력에 산입(휴가 기간을 증빙할 수 있는 추가 서류 제출 필수)
			○ 「초 · 중등교육법」 제2조 제3호에 따른 고등학교 · 고등기술학교, 「고등교육법」 제2조 각 호에 따른 학교에서 개설한 선박교통관제 관련 교육을 이수한 사람으로서 5급 항해사 이상 면허를 취득한 사람
			※ 선박교통관제 관련 교육:「학교에서의 서박교통관제 교육에 관한 고시」 참고

해양경찰공무원 분야별 응시자격[62]

5) 해양안전심판원: 해양 사고를 조사·심판해 해양 사고의 원인을 규명함으로써 해양 안전 확보에 이바지하는 기관이다. 해양수산부 소속기관으로, 중앙해양안전심판원과 부산, 인천, 목포, 동해에 지방해양안전심판원을 두고 있다.

[자격 요건 및 세부]

① 중앙해양안전심판원

• 지방해양안전심판원 심판관으로 4년 이상 근무한 자

62　2024년 하반기 해양경찰공무원 채용 공고, 해양경찰청 홈페이지, 2024.

- 2급 이상 항해사·기관사 또는 운항사의 해기사 면허를 받은 사람으로
  서 4급 이상의 일반직 국가공무원으로 4년 이상 근무한 자
- 3급 이상 일반직 국가공무원으로, 해양수산행정에 3년 이상 근무한 자
- 제1호부터 제3호까지의 경력 연수를 합산하여 4년 이상인 자

② 지방해양안전심판원

- 1급 항해사, 1급 기관사 또는 1급 운항사의 해기사 면허를 받은 자
- 2급 이상의 해기사 면허를 받은 사람으로서 5급 이상의 일반직 국가공
  무원으로 2년 이상 근무한 자
- 2급 이상의 해기사면허를 받은 후 대학 등 대통령령으로 정하는 교육
  기관의 조교수 이상 또는 이에 상당하는 직에서 선박의 운항 또는 선박
  용 기관의 운전에 관한 과목을 3년 이상 가르친 자
- 제1호부터 제3호까지의 경력 연수를 합산하여 4년 이상인 자
- 변호사 자격이 있는 사람으로서 3년 이상의 실무 경력이 있는 자

6) 어업관리단: 대한민국 관할수역 내 어업 질서를 확립하고 수산자원을 관리한다.

[주요 업무]

- 배타적 경제수역 내 외국인 어업 규제/ 한일, 한중 어업 협정 사항 수행
- 원양어선의 불법 어업 방지를 위한 조업 감시센터 운영
- 우리 어선의 안전 조업 지도 및 조업 활동 지원(조난 구조, 의료 지원, 수산

정보 제공) 등의 업무 수행

- 국내 어업인 교육 및 간담회, 어업감독공무원 직무 교육
- 국내 사건 처리, 국민신문고 등 민원 처리, 국내 수산 관계 법령 상담, 불법 어업 신고포상금 지급 등

[자격 요건 및 세부]

- 5급 이상 해기사 면허(상선 또는 어선 항해사) 소지자

7) 대한민국 해군 장교: 대한민국 해군에서 일정한 군사 교육을 받고 소위 이상으로 임관한 군인을 말한다

[주요 사항]

① 해군 ROTC: 학군 장교. 한국해양대학교, 국립목포해양대학교, 부경대학교 등 승선학과 대학 재학 중, 방학 기간을 활용해서 12주 훈련을 받고 대학 졸업과 동시에 소위로 임관함(임관 후 24개월 복무)

② 해군 OCS: 학사 장교, 대학 졸업 후, 훈련(10주)을 수료하고 소위로 임관함(임관 후 36개월 의무복무)

8) 관세청 선박직

[주요 업무]

- 물품의 수출입 통관 과정에서 밀수 행위, 마약·총기류 및 산업폐기물

등의 불법 반입 행위를 차단
- 수출입 물품의 원산지표시 적정 여부와 지적 재산권 침해 여부를 확인·단속
- 불법외환거래를 단속

9) 기상청 선박직

[주요 업무]

- 지상기상관측을 비롯한 고층/해양/항공/레이더/지진 등 분류별 기상관측을 수행
- 승선하여 선박에서 해양 기상을 관측함

[자격 요건 및 세부]

- 수산·해양계 고교 및 대학의 해당 관련학과(항해, 기관, 운항, 해양경찰) 전공자 및 해기사 경력자
- 6급 이상 항해사 면허 소지자

○ **법률 및 선박 금융 분야**

1) 해상전문변호사

[주요 업무]

- 일반적인 법률상담 서비스/ 대형 선박회사 법무팀 근무

- 각종 해양 사고 발생에 관한 선박의 법적 변론인 업무

- 선박의 용선계약에 대한 분쟁 해결

- 선박 매매와 관련해 발생한 법적인 분쟁 해결

- 선원의 인적 과실 및 미형사상의 법적인 분쟁과 변론

- 해양 관련 단체 전문 변호사로 근무(선급, 항만공사)

[자격 요건 및 세부]

- 대학의 해상운송 관련학과 전공자

- 법학전문대학원 졸업 후 변호사 자격 취득

- 해상 진문 변호시로 특 성을 살려서 업무에 임하기 위해서는 승선학과
  졸업 및 승선 경력(일항사 혹은 선장 경력)을 갖추는 것이 유리함

- 대학의 법대 혹은 법학전문대학원 졸업 후 한국해양수산연수원 오션폴
  리텍 과정을 이수해 선박 승선 경력과 경험을 갖추는 망법이 있음

- 법학전문대학원 체제 하에서 양성되는 해상 전문 변호사는 공무원(해
  양수산부, 해양안전심판원 등), 해양 관련 단체(선급, 항만공사 등)의 사내 변
  호사로 활동할 수 있음

2) 손해사정사(해상사고 보상전문가): 보험사에 근무하면서 해상 보험사고가 발생한 경우 그 손해 액수와 보험금을 계산해 정하는 일을 전문적으로 수행하며, 해상사고로 인한 선박의 수리 및 상가 비용 등의 실질적인 집행과 조사를 진행한다.

[주요 업무]

- 해양 사고 조사를 통한 손해 액수와 보험금 산정
- 보험 약관과 관련 법규 적용의 적정 여부 판단
- 보험 가입자와 사고 피해자의 권리 보호
- 화물, 선박, 운송기기, 화재 등 해양 사고와 수량, 용적, 중량, 상태, 품질, 손상 및 손해에 대한 조사
- 해양 사고로 인한 선박 수리 및 상가 비용 등의 실질적인 집행과 조사

[자격 요건 및 세부]

- 손해사정업무의 경우, 손해사정사자격시험에 합격하여 손해사정사 자격을 취득한 자
- 금융감독원에서 실시하는 재물손해사정사 자격시험에 합격하여 자격을 취득한 자
- → 1차 시험: 자격 제한 없음. 보험업법, 보험계약법(상법 중 보험 편), 손해사정이론(객관식)
- → 2차 시험: 1차 시험 합격자 또는 손해사업업무 5년 이상 종사자. 회계원리, 해상보험의이론과 실무, 책임·화재·기술보험의 이론과 실무

3) 관세사: 화물을 수출하거나 수입할 때 화주로부터 위탁받아 수출입 업무를 대리해 수출입 절차를 처리한다. 또한 문제가 생겼을 때 이를 해결하며 관세법상의 행정 소송을 수행한다.

[주요 업무]

- 일반적인 수출입 물품 통관 관련 상담 서비스
- 제품 분류에 따른 관세 확인과 납부
- 수출입 신고 및 통관 진행, 관세 환급 업무
- 각종 수출입 진행 시 발생하는 관세청 소송 업무 대행
- 각 관련 업체(선사, 화주, 물류업체) 소속 전문 관세사로 근무
- 관세직 공무원(세관)으로 진출
- 합동, 개인 관세사 사무소 설립 및 운영

[자격 요건 및 세부]

- 대학의 해상운송, 경영학, 경제학, 무역학, 세무학, 회계학, 법학과 관련 학과 전공자
- 관세청에서 주관하여 실시하는 관세사 자격시험(연 1회: 1차, 2차 시험)을 통과하여 자격을 취득한 자

4) 선박금융전문가: 조선소, 금융기관, 투자자 사이에서 활동하는 전문 인력으로 선박을 건조하는 동안 자금이 안정적으로 투자될 수 있도록 하며 항해 이후에도 운영 수입을 관리하고 유지하는 역할을 수행한다.

> **[주요 업무]**
>
> - 선박회사로부터 선박 건조에 필요한 선박, 선종, 기타 선박 제원 확인
> - 투자 대상인 선박의 해운 시황(선가, 해상물동량, 해상운임, 기타 운영비) 확인
> - 선박 투자자들에게 선박투자펀드 설명 및 모집
> - 선박 펀드를 조성, 선박 건조 및 항로에 투입하여 운영 수입 획득
> - 이자 및 선박 운항경비 등 비용을 제하고 이익을 투자자들에게 분배
>
> **[자격 요건 및 세부]**
>
> - 특별히 요구되는 자격은 없으나 금융과 투자에 대한 지식이 필요
> - 대학의 해상운송, 경영학, 경제학, 금융학, 보험학, 수학, 통계학, 회계학, 법학 관련 전공자
> - 영국 City university London의 Cass Business School 등 해외에서 선박금융 전공 후 진입하는 방법이 있음
> - 해운 금융 전문 대학원 졸업하면 유리함
> - 선박금융전문가는 국제선박투자운용, 세계로 선박금융, 캠코선박금융, KSF 선박금융, 한국선박금융, 한국자산관리공사 등에서 근무함

5) 한국선주상호보험조합(Korea P&I Club): 국내 선주들이 모여 설립한 비영리법인이다. 선박 소유자(선주)가 선박 운항으로 인해 발생하는 책임 및 비용에 관한 상호보험인 손해보험사업을 실시하고 그 조합원과 기타 이해관계인의 권익 보호 및 해운산업의 안정적 성장에 이바지할 목적으로 설립된 조합이다.

[주요 업무]

• 해상 위험의 담보와 클레임 처리 및 관리, 보증 제공

• 선박 운항과 관련하여 선주가 부담하게 되는 운송 화물의 손해에 대한
  책임 및 선박 충돌에 의한 손해에 대한 책임

• 선원 및 여객 등의 사상 또는 질병에 대한 책임

• 해상 클레임 처리 방안 조언

[자격 요건 및 세부]

• 해양계 대학의 항해, 기관, 해사법학, 해운경영 전공자

• 해기사 경력자(근무자의 1/2 이상이 해기사 출신임)

• 면접에 의한 수시 채용

• 해상보험, 해상법 및 해사법규를 공부할 필요가 있음

○ **해운·항만·조선분야**

1) 검수사: 수출입 화물을 선박에 적재하거나 양하할 때 화물의 정확한 개수와 상태를 확인해 화물의 인수 인도를 증명하는 업무를 수행한다.

[주요 업무]

• 화물의 품명, 하인(Mark), 포장 형태, 개수 확인 및 분류

• 화물 사고 시 파손 상태 및 파손 원인에 대한 책임 한계 구분

- 화물의 파손, 변질, 감소, 손상, 확인, 검수 작업 보고서 제출 업무

- 컨테이너 봉인(Seal) 파손, 멸실 여부 확인

- 이상이 있을 경우, 관세청(세관)에 <하선 결과 이상 보고서> 제출

[자격 요건 및 세부]

- 대학의 해상운송, 물류, 무역 및 승선학과 전공자

- 한국산업인력공단에서 시행하는 검수사 자격시험에 합격하여 자격증
  을 취득한 자

2) 검량사: 주로 곡물, 광물, 유류 및 목재와 같이 대량으로 운송되는 산적
화물(bulk cargo)을 검량(draft survey)[63]한다. 선박회사, 화주 및 기타 제3자의
의뢰로 중립적 위치에서 공정하게 화물의 용적, 중량, 상태, 손상의 정도를
검사하고 이를 입증하기 위해 증명서 발급 업무를 수행한다.

[자격 요건 및 세부]

- 해상운송, 물류, 무역 관련학과 및 해양 수산계 승선학과 전공자

- 한국산업인력공단에서 시행하는 검량사 자격시험에 합격하여 자격증
  을 취득한 자

3) 감정사: 의뢰를 받아 제3자로서 중립적 위치에서 공정하게 산적화물의

---

63 물건의 부피나 무게가 바르게 측정되었는지를 살펴보는 일로, 검량사는 화물의 부피나 무게가 바르게
측정되었는지 검사하는 것을 주 업무로 한다.

용적, 손상에 관한 해상손해를 조사하고 이를 입증하는 증명서를 발급한다. 화물 이외에도 해상사고로 인한 선체의 손상에 대한 정도를 판단하고 피해를 금액으로 환산하며 필요시 원상복구 비용이 얼마 정도 발생하는지를 조사하는 감정[64] 전문가이다. 손상 정도가 심각한 경우에는 선주, 화주 측으로부터 요청받은 감정인 외에도 P&I보험[65] 으로 고용된 감정인이 함께 참석해 3명이 함께 공동조사를 실시하기도 한다.

[주요 업무]

- 국제적으로 합의된 계약에 의한 선적화물 중 액체화물, 곡물, 석탄과 같은 산적하물 및 기체화물, 기타 각종 저장탱크의 화물 용적 또는 중량을 이해당사자가 아닌 제3자 위치에서 중립적이고 공정하게 산정, 검측 및 계산하여 공증적 증명을 발행
- 국가적인 분쟁, 손해 등이 발생한 경우, 의뢰자(국외)는 감정 보고서 (surveyor's report)를 요청할 수 있으며, 감정사의 판단은 법적 효력을 지님

[자격 요건 및 세부]

- 대학의 해상운송, 물류, 무역 관련학과 전공자
- 한국산업인력공단에서 시행하는 감정사 자격시험에 합격해 자격증을 취득한 사람

---

64 경제적인 가치를 평가하며, 감정사는 손해가 발생했을 때 그 피해 정도와 금액을 감정하는 사람이다. 손해가 발생했을 때 감정사를 부른다.
65 한국선주상호보험조합(Korea P&I Club): P&I는 Protection & Indemnity의 약자로 여기서 말하는 P&I보험은 선주를 보호하기 위한 보험을 뜻한다.

4) 용선중개인(Chartering broker) 및 선박매매중개인(Sale & Purchase broker;
S&P broker)과 용선중개인(Chartering broker)은 해운 중개업에 종사하는 중
개인이다.

[주요 업무]

• 선주와 용선자 사이를 연결하여, 용선계약이 성사될 수 있도록 중개함

[자격 요건 및 세부]

• 특별한 자격을 요하지는 않으나 영어 회화가 유창해야 함

• 해양 및 해운 관련 경험 및 국내외 인맥이 다수 필요함

• 해양 수산계 대학의 해당 관련학과(항해, 기관, 해사법학, 해운경영) 전공자
  를 우대함

• 외국 대학 또는 교육기관에서 이와 관련된 전문적인교육을 이수하고
  입사 지원하면 유리함

5) 해운회사 육상직: 해상직이 아닌 육상직으로, 해운회사[66]에 근무한다.
승선 생활 중 자신이 속한 회사에서 육상직 근무 제안이 들어오는 경우가
대다수이다.

---

[66] 해운회사에서는 직원을 해상직과 육상직으로 분류한다. 해상직은 배를 타는 선원을 의미하고
육상직은 배를 타지 않고 육상에서 근무하는 사람을 뜻한다.

[주요 업무]

• 공무감독: 선박 수리, 및 연료유 보급, 자재 보급 담당. 주로 기관사 출신

  이 근무

• 해무감독: 선원 인사 및 배송 담당

• 운항감독: 선박의 항해 및 선박 항로 감독, 주로 항해사 출신이 근무

• 안전품질감독: 선박의 안전 관련 업무를 수행하며 안전 관련 규정을

  잘 지키고 있는지 감독

• 보험법제팀: 선박의 보험과 법률 관련 업무를 담당

• 신조기술팀: 선박 건조를 담당하는 부서

• 영업팀: 화물을 화주로부터 구해오는 등 영업 업무 담당

• 화물감독: 컨테이너 또는 자동차선 등에서 화물을 선적 하역하는 업무

  를 담당, 주로 항해사 출신이 근무

[자격 요건 및 세부]

• 수산 해양계 고교 및 대학의 관련학과(항해, 기관) 및 일반학과(법학, 경영,

  경제, 무역, 보험) 전공자

• 각 해운회사에서 정시, 상시 채용함

• 승선 경력이 있는 해기사 및 선장, 기관장 출신 경력자

• 이등 항해사, 일등 항해사 경력을 선호함

6) 해운회사 대리점

[주요 업무]

- 대형선사와의 계약을 통한 국내 대리점 역할, 선박 입출항 수속 대행

- 화물 집하를 통한 수입·수출 선적 관련 진행

- 선사를 대신해 터미널, 운송사 및 각종 비용 집행

- 도선사 수배 및 선원의 승선과 하선 교대

- 선박의 급유 및 청수 공급

[자격 요건 및 세부]

- 승선관련학과(해운경영, 법학, 무역학과, 일반학과, 외국어 전공자)가 유리함

- 해기사 경력자 우대, 국외 해운대리점을 운영하는 해기사 출신 다수

7) 선용품회사[67]

[주요 업무]

- 선박에서 필요한 주식과 부식 및 선용품[68]을 공급함

- 싱가포르, 중국, 미국, 유럽의 주요 항구 등에 해기사 출신이 운영하는

  선용품회사 및 선식회사들이 있음

---

67 현장에서는 '선식회사'라고도 한다.

68 식료품·연료·수리용 예비 부품 등 선박에서 상용하는 비품 및 소모품의 총칭이다. 선박용 물건(船舶用物件)이라 표현하기도 한다.

8) 조선 관련 중공업: 선박을 건조하는 과정은 가공, 조립, 탑재, 의장 및 시운전 등으로 구분되며, 조선업 관련 종사원은 이러한 각각의 공정에 근무하는 사람을 말한다. 일반적으로 승선 경력을 갖고 있는 사람들은 경력직 입사를 통해 조선소에 입사하게 되며 설계, 품질 및 검사, 시운전 분야에서 근무한다.

[주요 업무]

- 선박 기본설계, 상세설계, 의장설계 등 선박 설계

- 제작도면 작성 및 선박 건조 과정 진행

- 선주 및 선급과 검사 수행

- 건조 완료 후 시운전

- 진수 및 인수인계 전까지의 업무 전반, A/S 업무

[자격 요건 및 세부]

- 수산 해양계 고교 및 대학의 해당 관련학과(조선공학, 해양공학, 기계공학)

- 해기사(항해, 기관, 운항) 경력자

- 해기사 및 조선산업기사, 조선기사, 선체건조기능사 자격증 소지자

- 반드시 승선경력을 요구하는 것은 아니며, 신규 채용의 경우 공개적으로 채용함)

○ **해양관련협회 및 단체**

1) 한국해운조합: 연안해운(여객선)업자의 협동을 촉진해 경제적, 사회적 지위를 향상해 해운업의 발전을 도모하기 위한 단체이다. 이는 국민경제의 균형 있는 발전에도 목적이 있다.

[주요 업무]

- 조합원의 사업에 관한 경영지원
- 조합원의 사업 수행 중 발생하는 재해에 대비한 공제사업
- 선원의 임금채권보장기금 관리
- 여객선 터미널 관리 및 운영, 연안여객선 승선권 전산매표시스템 운영 조합원 및 조합원이 고용하고 있는 사람에 대한 교육 및 훈련, 복리후생 사업

[자격 요건 및 세부: 일반직 채용형(해기사)]

- 지방 근무 가능한 자
- 3급 항해사 면허 이상 소지자
- 3년 이상 선박 승선 경험자 및 외국어(영어, 중국어) 능통자 우대
- 채용 방법: 서류 심사 → 필기시험 → 면접(토론 면접) → 신체검사
- 필기시험: 인성검사(176문항), 직업기초능력평가(50문항), 직무수행능력평가(50문항)
- 출제 분야: 상경(경영+경제)/법정(민법+행정법) 중 택1

2) 한국해운협회: 회원사(선주)들의 권익을 증진하고 상호간 친목 도모와 우리나라 외항 해운업의 경제적·사회적 지위의 향상 및 국제 활동을 촉진하는 협회이다.

[주요 업무]

- 해운 법령 및 제도 개선 , 해운 정책 개발 및 반영

- 선원 수급 개선 및 노사 협력

- 해양 사고 예방 및 해양 환경 보전

- 해운 홍보 및 시황 자료 분석

[자격 요건 및 세부]

- 학력: 대졸 이상(졸업예정자 가능)

- 경력: 신규 채용 외 경력 6년 이상

- 유관 업무 경력자, 영어 가능자, 해운 분야 경력 3년 이상인 자, 석·박사 학위 소지자, 해기사 면허 소지자 우대

3) 한국해기사협회: 선박 운항, 경영, 관리 전문 직업인인 해기사의 권익 신장과 사회적 지위 향상을 도모하기 위해 1954년에 설립된 사단법인이다.

[주요 업무]

- 해기사 권익 신장과 복리증진을 위한 사업으로 회원 고충 처리 및 가족 상담, 취업 지원, 회원 친목 및 원호, 해사 관계 제 법령 제정 및 개정 건

의와 보급 등 운영

- 해기사의 자질 향상을 위한 사업 운용, 해기사 국가시험 보도

- 회보발간(해바라기), 토론회, 세미나를 통한 해기사 재조명 및 홍보 활동

- 해기사 취업 지원 및 해기사 진로 가이드북 발간

- 해기사 명예의 전당 인물 헌정 및 운영

[자격 요건 및 세부]

- 해양계 고교 및 대학 승선 관련학과(항해, 기관, 해사법학, 해운경영) 우대

- 인원 결원 시 채용 공고[69]

- 팀장급: 승선학과 4년제 대졸 이상, 3급 해기사 면허 소지, 3년 이상 승
  선 경력, 해운회사 및 선박관리회사 해무 업무 경력자 우대

4) 한국선원복지고용센터: 해양수산부 산하기관으로 선원 복지를 도모하
고 선원 구직·구인 등록 및 취업을 알선한다.

[주요 업무]

- 선원복지증진사업: 선원복지시설 설치 및 운영, 선원 휴양시설(콘도) 이
  용 활성화

- 선원직업안정 사업: 다양한 구인 정보 제공 및 취업 알선

- 저소득선원 안정 지원: 선원 가족 장학사업, 장해 선원 재활훈련 사업,

---

69 상세 채용 정보 한국해기사협회 홈페이지(www.mariners.or.kr) 참조.

순직 선원 장제비 지원

- 대고객 서비스 제공: 고객만족도 조사 및 개선 사항 도출, 선원/선박 관련 통계자료 발간

[자격 요건 및 세부]

- 행정직 직원(6급) : 인성검사, NCS 직업기초능력평가, 면접 시행
- 계약직 직원은 상시 채용으로 각 채용 조건은 별도 확인 필요[70]
- 결원 발생 시 채용 진행

5) 전국해상선원노동조합연맹(선원노련): 해상 산업에 종사하는 노동자들의 권익을 보호하기 위한 단체이다. 한국노총을 구성하고 있는 회원조합 중에서 가장 긴 역사를 가지고 있다. 대한민국 제1의 항구 도시인 부산에 본부를 두고 있으며, 해상산업 노동자의 사회적·경제적 지위 향상과 복지증진을 위해 정부 단체와 투쟁하고 실현해 해상노동자들의 보다 나은 삶을 위해 노력한다.

[주요 업무]

- 선원의 근로조건에 관한 최저 기준을 정하고 있는 선원법의 개선 요구
- 선원의 권리 강화와 사회적 지위 향상을 위한 활동
- 국제 노조 활동

---

70 상세 채용 정보 한국선원복지고용센터 홈페이지(www.koswec.or.kr) 참조.

[자격 요건 및 세부]

- 정기 혹은 상시 채용 시험에 합격한 자[71]

5) 국제해사기구(IMO)[72]: 해운과 조선에 관한 국제적인 문제를 다루기 위해 설립된 전 UN 산하 국제기구이다.

[주요 업무]

- 선박의 안전 운항 및 항해에 필요한 국제 기준과 규칙 제정
- 선박의 구조·설비, 화물 선적 기준, 선원들의 교육·훈련, 해상충돌예방, 수색·구조 등 각종 기준 규정
- 기술 협력 사업
- IMO 본부는 영국 런던에 위치함

[자격요건 및 세부]

- 공석이 생기면 공개 채용 형태로 모집 공고 게재
- 채용 방식은 시험의 형태가 아닌 경력평가, 전공 학력, 인터뷰로 이루어짐
- 유창한 영어 능력 필수
- 지원 부서 관련 경력(행정, 해사안전, 해양환경보호, 법률, 기술협력 등)

---

71 상세 채용 정보 전국해상산업노동조합연맹 홈페이지(fksu.or.kr) 참조.
72 자세한 내용은 IMO 홈페이지(www.imo.org) 참조.

이외에도 다양한 진로가 있으며, 해외 취업 및 공공기관에도 진로가 열려 있다. 어떤 공공기관이 있는지 아래에 정리해두었다.

한국해양과학기술원	한국해양수산개발원	해양수산인재개발원	국립해양조사원
국립해양측위정보원	국립수산과학원 및 소속기관	한국해양과학기술 진흥원	해양환경관리공단
항만공사	한국수산자원공단	한국수자원공사	한국가스공사
한국석유공사	한국기계연구원	국방연구원	한국수력원자력㈜

영화 추천

가디언(The guardian)	
개봉일	2006.11.02
감독	앤드루 데이비스
주연	애쉬튼 커쳐
상영시간	138분
장르	액션, 모험, 드라마

영화 포스터(출처:영화관입장권 통합전산망)

해양구조대의 삶을 엿볼 수 있는 영화입니다. 사고로 동료를 잃은 전설적인 해양구조요원 랜달이 일급 해양구조요원을 양성하는 학교에 들어가 학생들을 가르치면서 벌어지는 일을 담았습니다. 랜달 교수는 수영 챔피언 출신인 제자, 제이크 피셔를 만나게 됩니다. 피셔는 건방진 태도로 수업에 임하곤 했는데요. 실전에 가까운 혹독한 훈련을 통해 절반 이상의 학생이 견디지 못하고 포기하는 상황에서, 피셔는 1등으로 훈련을 버텨냅니다. 그 과정에서 자신의 실력을 믿고 교만스럽게 행동했던 과거를 뉘우치며 랜달 교수와 친해집니다.

피셔는 훈련 학교를 졸업한 후 실전에 투입되어 그곳에서 사투를 벌입니다. 물에 빠진 사람을 구하는 일에 진심으로 임하게 되지요.

이 영화에 나오는 바다는 아름답고 낭만적인 바다가 아닙니다. 사람을 집어삼키며 생명을 앗아갈 수 있는 험한 바다이지요. 하지만 그 속에서 피셔는 투철한 사명감으로 살아남는 법을 배웠습니다. 사람을 구하는 일이 얼마나 가치 있는지 생각하고 지식을 배우고 옳게 실천하는 것이 얼마나 중요한지도 깨달았지요. 주인공이 성장하는 모습을 통해 자신의 임무를 끝까지 해내는 모습을 감동적으로 그려내고 있으며 항해사로서 직무를 대하는 마음가짐을 생각해보게 하는 영화입니다.

Q 퀴즈

1. 훈련 학교를 졸업한 제이크 피셔가 전설적인 구조요원인 랜달 교수를 따라서 간 이곳은 어디일까요? 위험하기로 악명 높은 베링해가 있는 곳으로, 인물들의 자존심과 용기를 건 최후의 사투가 시작된 곳이기도 합니다.
   ① 멕시코 캘리포니아만
   ② 모잠비크 해협
   ③ 알래스카 코디악
   ④ 지브롤터 해협
   ⑤ 인도령 안다만 니코바르 제도

2. 주인공인 구조 요원 벤 랜달이 의식이 없는 구조자를 헬기에 올리고 한 응급처치법은 무엇인가요?

3. 항공, 선박, 경찰, 소방 분야에서 긴급 상황 발생 시, 긴급 조난 신호로 외치는 말은 무엇일까요?
   ① 판판(Pan Pan)
   ② 이머전시(Emergency)
   ③ 메이데이(Mayday)
   ④ 시큐리테(Sécurité)
   ⑤ 헬프(Help)

4. 벤 랜달이 물에 얼음을 넣고 온도를 낮춘 뒤 제자들을 들어가게 해서 가르치려 했던 증상은 무엇일까요? 이 증상의 초기 단계는 몸이 떨리고 정신 상태가 나빠지면서 감정이 결여되고 졸린 현상이 나타납니다. 나중에는 감각이 저하되고 기억력이 상실되며 떨림이 사라지고 의식 상실, 혼수상태로 이어집니다.
   ① 저체온증(Hypothermia)
   ② 기억상실증(Amnesia)
   ③ 저혈압(Hypotension)
   ④ 열사병(Heat stroke)
   ⑤ 고혈압(Hypertension)

정답

1. ③ 알래스카 코디악
2. 심폐소생술(CPR: CardioPulmonary Resuscitation) 심폐의 기능이 정지하거나 호흡이 멎었을 때 사용하는 응급처치)
3. ③ 메이데이(Mayday)

   긴급 조난 상황 발생 시 메이데이를 세 번 외치고 내용을 얘기합니다.
4. ① 저체온증(Hypothermia)

   차가운 바다에 빠졌을 때 나타나는 대표적인 증상입니다.

북토크와 강연을 다니면서 항해사에 대해 궁금해하는 독자와
항해사를 꿈꾸는 후배들로부터 많은 질문을 받았습니다.
자주 받는 질문을 모아 정리해보았습니다.
답변은 본문과 연결되기도 하니
정리한다고 생각하며 살펴보아도 좋습니다.

07
에필로그
항해사 세계의
비밀을 파헤쳐라

Q (상선) 항해사가 되고 싶어요. 어떤 방법이 있나요?

A (상선) 항해사가 되는 방법으로는 크게 세 가지가 있습니다.

① 관련 대학에 진학하는 방법입니다. 고등학교 졸업 후 한국해양대학교 혹은 국립목포해양대학교에 진학합니다.

② 관련 고등학교에 진학합니다. 중학교 졸업 후 마이스터고인 부산해사고등학교 혹은 인천해사고등학교에 진학합니다.

③ 한국해양수산연수원 오션폴리텍 교육과정에 참여합니다. 해양 관련 고등학교나 대학교를 진학하지 않았다면 연수원 교육과정을 통해 항해사가 될 수 있습니다.

Q 상선 항해사 취업 조건으로는 무엇이 있나요?

A 다음과 같은 조건을 만족하면 됩니다.

① 해기사 면허 취득(필기시험 합격, 교육과목 이수, 1년 실습 경력)

② 건강검진 조건에 부합하는 건강한 신체(연령 제한 없음. 단, 선사별로 선호 연
   령대가 있을 수 있음)

A 무역 특성상 선박은 여러 나라를 돌아다닙니다. 선박과 선박이 바다에
서 마주쳤을 때 교신은 영어로 이루어지며, 외국 항구에 접안했을 때 이루
어지는 수속과 화물 절차도 모두 영어를 통해 이루어집니다. 도로교통법이
라고 할 수 있는 국제해상충돌방지규칙(COLEG) 전문도 모두 영어로 이루어
져 있으며, 영어 본문으로 공부합니다. 또한 승선 선원의 절반 이상이 필리
핀 선원, 미얀마 선원, 인도네시아, 인도 선원이므로 이들과의 의사소통 또
한 영어입니다.

IMO에서는 선박에서 사용하는 영어를 정리한 Standard Marine Com-
munication Pharses(SMCP) 표준 해사 통신 영어도 제공하고 있으며, 해기
사 필기시험에도 항해, 운용, 법규, 영어, 전문 5가지 과목을 평가합니다. 영
어는 항해사에게 필수요소이며 상대방과 의사소통하며 생각을 말할 수 있
으면 됩니다. 영어를 잘한다면 많은 도움이 될 것입니다. 한국해양대학교와
목포해양대학교도 학부마다 졸업 영어성적의 기준은 다르지만. 영어 자격
증을 요구하고 있습니다.

졸업 인증 분야 및 기준					비고
지정필수	선택필수				
외국어영역	컴퓨터 영역	사회봉사영역	해양특성화 및 실습영역	전공영역	
TOEIC 800점 TOEIC Speaking Lv.6 TEPS 572점 TOEFL CBT 217점 TOEFL iBT 82점 IELTS 5.5 이상 /중 1개 항목 이상 취득 (국가기술자격법에 의한 기사 이상을 취득한 경우에는 TOEIC 600점 이상)				해기사 시험 (3급 항해사) 합격	세부사항 별도 안내

한국해양대학교 해사대학 항해융합학부 졸업인증기준[73]

학부	입학년도 구분	전공 영역	외국어 영역	정보화 영역
항해 학부	2014학년도 이전 입학생	항해사 3급 면허 시험 합격	토익 600점 이상 또는 토플(CBT 163점 이상, PBT 489점 이상 또는 IBT 57점 이상) 또는 TEPS 227점 이상	전파전자3급통신사(G.O.C) 면허를 취득하거나, 다음 국가 기술자격 종목 중 하 나 이상의 자격 취득 컴퓨터활용능력2급 워드프로세서 정보서리기능사 정보기기운용기능사 사무자동화산업기사 정보처리산업기사 전자계산기제어산업기사
	2015~2018 학년도 입학생		토익 700점 이상 또는 토익스피킹 Score 130점 이상 또는 토플(CBT 217점 이상, IBT 82점 이상) 또는 TEPS 264점 이상	
	2019학년도 입학생부터		토익 750점 이상 또는 토익스피킹 Score 130점 이상 또는 토플(CBT 217점 이상, IBT 82점 이상) 또는 TEPS 285점 이상 또는 IELTS 5.5 이상	

국립목포해양대학교 해사대학 항해학부 졸업인증기준 영어성적[74]

---

73 한국해양대학교 해사대학 항해융합학부 자료, 2025.
74 국립목포해양대학교 해사대학 항해학부 홈페이지 자료, 2025.

혜택과 연봉 수준

A 대한민국 총 물동량의 99.7%가 해운무역으로 이루어지는 점을 생각하면 승선하는 해기사의 중요성은 클 수밖에 없습니다. 국가도 이를 인정해 졸업 후 승선 근무 예비역으로 5년 내 3년 복무하면 병역 의무를 대체하는 제도를 취하고 있습니다. 승선 근무 예비역으로 근무하는 동안에는 전시 상황이 발생하면 제 4군 물자 수송이라는 중요한 임무를 맡게 됩니다.

승선하는 동안에는 국가에서 제공하는 혜택을 받을 수 없는 점을 감안해 비과세를 확충하고 있습니다. 2024년 이전에는 300만 원의 비과세, 2024년 이후에는 500만 원을 비과세로 확충했습니다. 해기사 인력 부족 문제의 해결 방안으로 앞으로는 전액 비과세를 목표로 노력할 예정입니다.

항해사가 되면 여러 나라를 탐방하며 시야를 넓히는 경험을 할 수 있습니다. 배가 선원들의 관광을 목적으로 운항하는 것은 아니기 때문에 접안해 하역 작업에 만전을 기해야 하지만, 자신의 당직이 끝나고 나면 상륙해 그 지역의 음식을 맛보고 문화를 경험할 수 있기 때문에 좋은 기회라고 생각합니다.

항해사로서 어려운 점은 6개월 이상 육지에서 떨어져 생활해야 한다는 점입니다. 배를 타면서 겪는 외로움, 스트레스를 스스로가 잘 견뎌야 하며, 건강도 스스로가 챙겨야 합니다. 대신 배에서 의식주가 해결되는 만큼 월급을 쓰지 않아서 빠르게 모을 수 있다는 장점도 있습니다. 모은 돈으로 휴가 중에 자신이 하고 싶은 것을 할 수 있는 장점도 있습니다. 다음 배를 타고 나가기 전까지 24시간이 온전히 내가 사용할 수 있는 시간이 됩니다. 요즘은 기본 6개월 승선에서 4개월 승선으로 전환하는 추세이기 때문에 복지 측면에서도 점점 더 좋아지고 있습니다.

Q 항해사의 연봉 수준이 궁금한데요.

A 한국선원복지센터 통계에 따른 선원들의 임금입니다.

(단위 : 명, 천원)

직책	구분	총 승선원 (6,587척)	월 평균 임금				
---	---	---	계	기본임금 (통상임금)	시간외수당 (생산수당)	상여금	기타
	합계	6,929	7,365	3,734	2,524	-	1,107
해기사	계	5,899	7,742	3,923	2,655	-	1,164
	선장 Master	1,196	9,882	5,009	3,382	-	1,491
	1항사 C/O	853	7,609	3,860	2,607	-	1,142
	2항사 2/O	611	5,414	2,743	1,864	-	807
	3항사 3/O	520	5,177	2,618	1,784	-	775

	기관장 C/E	1,197	9,835	4,985	3,366	-	1,484
해기사	1기사 1/E	620	7,732	3,916	2,662	-	1,154
	2기사 2/E	479	5,428	2,749	1,865	-	814
	3기사 3/E	422	5,188	2,621	1,786	-	781
	통신장 R/O	1	9,367	4,656	3,297	-	1,141

위 자료는 전체 외항선을 대상으로 한 것이라 실제 수령 금액과는 차이가 있을 수 있습니다. 또한 선종과 선사에 따라 차이가 큽니다.

(단위 : 명, 천원)

선종 \ 구분	총승선원 (1,195척)	월 평균 임금				
		계	기본임금 (통상임금)	시간외수당 (생산수당)	상여금	기타
계	6,929	7,365	3,734	2,524	-	1,107
잡화	1,892	7,253	3,685	2,364	-	1,204
컨테이너	1,445	6,990	3,559	2,376	-	1,055
유조	569	8,086	4,108	3,089	-	889
LPG	404	7,644	3,776	2,691	-	1,177
LNG	864	7,143	3,550	2,515	-	1,078
케미컬	909	8,127	4,088	2,812	-	1,227
급유	-	-	-	-	-	-
자동차	523	8,032	4,008	2,811	-	1,213
여객	86	5,027	2,966	1,654	-	407

75　한국선원복지고용센터, 2024 한국선원통계연보, 2023.
76　앞의 자료.

일반적으로 선장은 세후 월급 평균 1천만 원 이상, 일등 항해사는 정규직 실수령액 660~690만 원, 비정규직 기준 실수령액 850만 원, 이등 항해사 실수령액은 평균 600만 원, 삼등 항해사는 550만 원입니다. 통계에 따르면, 대한민국 상위 1% 연봉은 세전 1억 8천만 원이라고 합니다(실수령액 월 1,040만 원). 만일 선장이 되면 상위 1% 연봉에 속할 수 있습니다.

잠깐, 연봉과 월급만 보고 선종과 회사를 선택하는 사람들이 많습니다. 급여는 숫자를 통해 한눈에 보이는 성적과도 같습니다. 그러나 급여가 높으면 무조건 행복할까요? 소득과 행복을 말할 때 인용되는 가장 대표적인 이론은 이스털린의 역설(Easterlin's Paradox)입니다. 이스털린은 50년 동안 소득과 행복의 상관관계를 연구했는데요, 소득이 늘어나면 더 행복해질 것이라는 기대와는 달리 일정 수준의 소득을 넘으면 행복도와 소득이 비례하지 않다는 결론이 도출되었습니다. 급여만 보고 항해사라는 직업을 선택하기에는 육지에서 생각하지 못한 부분에서 인내해야 할 것이 많습니다. 선상생활에서 일어날 어려운 점을 감수할 수 있을지, 항해사가 되어 즐겁게 생활할 수 있는지, 부담해야 할 위험성도 충분히 고려하면 좋겠습니다.

고려해야 할 조건들

A 항해사는 선원건강진단이라는 특수 검진을 받습니다. 유효기간은 2년이며 일반검진 항목에 추가적으로 빈혈, 염증 수치 검사, 매독검사, 소변검사를 받습니다. 선원으로 합격하는 건강검진 기준은 아래와 같습니다.

※ 일반건강진단 판정 기준표

검사 항목		판정 기준
(1) 시력	갑판부 선박직원 및 당직부원	만국시력표로부터 5미터의 거리에서 두 눈의 교정시력이 각각 0.5 이상일 것
	기관부 선박직원 및 당직부원	만국시력표로부터 5미터의 거리에서 두 눈의 시력을 통합한 교정시력이 0.4 이상일 것
	통신사	만국시력표로부터 5미터의 거리에서 두 눈의 교정시력이 각각 0.4 이상일 것

(2) 체격		심한 신체의 박약, 심한 흉곽발육의 불량 그 밖에 선박내의 노동을 감당하지 못한다고 인정되지 않을 것
(3) 질병		「감염병의 예방 및 관리에 관한 법률」 제2조제1호에 따른 감염병, 「정신건강증진 및 정신질환자 복지서비스 지원에 관한 법률」에 따른 정신질환, 폐, 늑막, 심장 또는 신장의 질환을 앓고 있지 않을 것
(4) 청력		선장 및 갑판부 선원에 있어서는 두 귀 모두, 그 밖의 해원에 있어서는 한 귀 이상이 5미터 이상의 거리에서 속삭임을 청취할 수 있을 것. 다만, 선원으로서의 종사경력에 비추어 관련 직무의 수행이 가능하다고 인정되는 사람은 제외한다.
(5) 색각		선장, 기관사, 통신사, 갑판부 당직자 및 운항 당직자는 적색, 청색, 황색, 녹색의 구분이 가능할 것(색각 안경 등 교정기구 사용 가능)
(6) 운동 기능		모든 관절의 움직임이 자유롭고 손가락·손·팔뚝 또는 신체 각 부위의 부문석 또는 선체석인 결손이 없을 것. 다만, 장애의 정도가 경증이거나 보조기를 착용한 경우에 직무 수행이 가능하다고 인정되는 사람은 제외한다.
(7) 병후 쇠약		병후의 쇠약에 따라 일정기간내의 승선이 부적당하다고 인정되지 않을 것
(8) 혈당	공복시 125 mg/dl 이하일 것	공복시 125 mg/dl 이하일 것
(9) 간장 - SGOT - SGPT	50 IU/L 이하일 것 45 IU/L이하일 것	50 IU/L 이하일 것 45 IU/L이하일 것

※ 비고
(1) 검진 의사는 정상 기준치 및 질병의 경중 등을 종합적으로 고려하여 판정한다.
(2) 위 표의 검사 항목 중 시력과 관련하여 두 눈 중 최소한 한쪽 눈의 경우에는 안구질병이 진행되지 않아야 한다.

선원법 시행규칙(개정 2019. 4. 15)에 따른 선원 건강진단 판정 기준표

시력 0.5가 되지 않는다면 안경을 맞추어 교정해야 합니다. 건강검진 전날에 술을 먹고 검진을 받을 시 혈당이 높게 나올 수 있으니 신경 써야 합

니다. 색각의 경우 항해사는 색각 기준이 있지만 색각 교정 안경을 착용하고 검사를 받을 수 있습니다. 다음은 특수건강진단 합격 기준입니다.

※ 특수건강진단 합격판정기준

검사 항목	정상 기준치	판정기준
1. CBC(빈혈) - RBC - Hb - Hct - MCV - MCH - MCHC - WBC 2. RPR(VDRL) (매독검사) 3. 소변검사	 4.2~6.3 남자 12.0 이상, 여자 10.0 이상 36.0~52.0 79.0~96.0 26.0~33.0 32.0~37.0 4.0~10.0	검진 의사는 정 상기준치 및 질병의 경중 등을 종합적으로 고려하여 판정한다.

만약 기준에 미치지 못하더라도 너무 상심할 필요는 없습니다. 판정기준은 검진의가 종합적으로 고려해 판정하기 때문에 수치가 비정상이라도 '승선에 제약사항이 없다.' 혹은 '승선에 문제가 없다.'라는 소견이 있다면 가능할 수 있습니다.

Q 여성이 항해사가 되는 것은 많이 어려운가요?

A 전 세계 여성 항해사의 비율을 보아도 세계 125만 명의 선원 중 여성 선원은 2%, 그중 화물선 여성 선원은 0.1%밖에 되지 않습니다. 따라서 여전히 여성 항해사 수가 적은 것은 사실입니다. 하지만 성별보다는 개인의 성격에 따라 다르다고 생각합니다. 또한 기술 발전과 선원 복지 향상으로

여성에게 열악했던 환경이 부분적으로나마 조금씩 개선되고 있습니다. 이에 따라 여성 항해사의 비율도 늘어나고 있습니다. 따라서 여성이라고 해서 특별히 더 어려운 면은 없다고 보시면 됩니다.

Q 뱃멀미를 하는데 항해사가 될 수 있나요?

A 여러분이 얼마나 멀미를 심하게 하는지 알 수 없기 때문에 100% 확신할 수는 없지만 90%는 "탈 수 있다"고 말할 수 있습니다. 4급 혹은 3급 항해사 면허를 가지고 대양 항해로 운항하는 배는 대부분 만 톤 혹은 그 이상의 규모입니다. 웬만한 파도에는 끄떡없고 건물에서 생활하는 것과 같은 느낌입니다. 날씨가 안 좋은 계절이나 장소에 도달하면 선장님이 기상도를 확인하고 기상 상황 등을 예상해 운항하기 때문에 충분히 대비할 수 있습니다. 실제로 배를 타면서 멀미가 있는 선원을 만난 적이 있는데요. 날씨가 안 좋은 상태가 계속되지는 않기 때문에 배 생활을 지속하는 데 큰 문제가 되지는 않았습니다.

항해사 이모저모

A 운반하는 화물에 따라 선박 종류를 나눕니다. 화물을 운반하는 화물선, 여객을 운반하는 여객선, 물고기를 잡는 원양어선이 있습니다. 화물선은 다시 컨테이너를 운반하는 컨테이너선, 철광석, 석탄, 곡물 등 벌크 상태로 운반하는 벌크선, 석유를 운반하는 석유 운반선, LNG를 운반하는 LNG선, LPG를 운반하는 LPG선, 자동차를 운반하는 자동차 운반선이 있습니다 (2장 참고).

A 선종 선택은 항해사에게 큰 고민이 될 수 있습니다. 선종을 한번 선택하면 다른 선종으로 자유롭게 바꿀 수 없기 때문입니다. 선종마다 뚜렷한 장단점이 있기 때문에 어느 선종이 좋다고 말하기는 어렵습니다. 컨테이너

선은 정해진 항로를 다니며 주요 알려진 항구를 들어가기 때문에 항로 예측이 가능하고 상륙이 용이하다는 장점이 있습니다. LNG, LPG, 석유 운반선은 탱커선으로 항해가 길고 정박하는 항구가 항해에 비해 짧습니다. 다른 선종에 비해 월급을 많이 받을 수 있는 장점이 있는 반면, 상륙이 어려운 점을 고려해야 합니다. 저는 실습 때 LPG선에 승선한 후 컨테이너선에 취업했으며 근래에는 벌크선을 타기 시작했습니다. '어떤 선종을 선택할까?'보다는 내가 선택한 배에 잘 적응해 이어나가다 보면, 자신이 진정으로 원하는 선종이 있을 때 이직하기에도 용이해집니다. 해기사는 직책이 높아질수록 인력이 부족합니다. 전문인력이라는 생각이 들 때까지 배를 타고 자신이 선택할 수 있는 입장이 될 때까지 경험과 지식을 키워두는 것이 중요합니다.

A 해적이 자주 나타나는 지역에 관해서는 전 세계적으로 정보를 공유하고 있으며, 비상대책회의도 이루어지고 있습니다. 따라서 해적이 자주 나타나는 지역에는 해적에 대응할 무기와 무장을 한 용병을 태우고 견시[77] 체제를 유지합니다. 또한 해군의 에스코트(escort)[78]를 받으며 위험지역을 지나가기도 합니다. 용병과 해군의 보호가 없을 때 해적을 만나면 가장 빠른 속력으로 도망칩니다. 그럼에도 해적이 승선한 경우에는 선원들만 아는 해적 대피장소로 이동합니다. 해적 대피상소로는 사선에 외부에서 공격해도 들어올 수 없는 장소를 지정해놓습니다. 그곳에는 물과 손전등, 응급치료세트를

---

77 견시(見視)는 자세히 살피며 봄, 또는 그러한 일을 하는 사람을 의미한다.
78 개인이나 단체가 무사하도록 유도하거나 호위하는 일을 뜻한다.

마련해 둡니다. 대피장소로 이동하기 전에 선장은 회사와 해양수산부에 연락을 취해야 합니다. 지원 인력(해군 등)이 올 때까지 잘 숨어 있어야 합니다.

A 선종과 회사마다 달라질 수 있지만, 배에는 선원들의 오락과 문화 향유를 위한 시설이 있습니다. 노래방이 있어 선원들과 노래를 부르기도 하고, 함께 영화를 시청할 수도 있습니다. 운동 기구, 탁구 시설은 물론 선종에 따라 농구대와 수영장을 설치한 배도 있습니다. 동승한 선원이 스무 명 가까이 있으니, 마음이 맞는 선원이 있다면 하고 싶은 것을 함께하면 됩니다. 개인 시간을 보내고 싶다면 자신의 방에서 편안하게 머물러도 좋습니다.

항해사에 대한 진실 혹은 소문

  바다에도 배가 다니는 길이 따로 있나요?

A 도로처럼 길이 보이진 않지만 바다에도 배가 자주 이용하는 길은 따로 있습니다. 크게 보면 계절에 의한 해류나 태풍을 고려해 유리하게 이용할 수 있는 길이 있고, 좁은 해협에서는 눈에 보이지는 않지만 경도 위도로 중앙선과 통로를 표시해 배가 이용해야 하는 항로가 정해져 있습니다. 바다의 지도인 해도와 ECDIS라는 전자 해도를 활용해 본 선의 GPS 위치와 연동해 우리 배가 항로대로 잘 가고 있는지 확인합니다.

Q **배에서 번개를 맞으면 어떡해요?**

A 선박의 가장 높은 마스트(mast) 등[79]에 보통 피뢰침을 설치합니다. 그래

---

79 마스트는 돛을 달기 위해 배 바닥에 세운 기둥을 말한다. 마스트 등은 마스트 상부에 부착하는 등 기구로, 선박의 해상 충돌을 막는 역할을 한다. 국제 해상 충돌 예방 규정에 따라 선박에는 백색 빛을

서 번개를 맞더라도 배가 정지하지는 않습니다. 다만 번개에 맞아 통신 장비, 컴퓨터가 고장 난 사례를 들어본 적은 있습니다.

A 배에도 병원 시설과 기본 의약품이 갖추어져 있습니다. 학교 보건실과 비슷한 느낌의 의료 시설입니다. 갖추어야 할 구급 의약품은 국제협약으로 지정해두었기 때문에 의약품 만료 기한이나 수량을 삼등 항해사가 필히 확인하고 관리하고 있습니다. 또한 항해사가 되기 위해서는 의료관리자를 필수 자격증으로 두고 있습니다. 따라서 항해사는 기본적인 의료 교육을 받고 자격증을 취득한 상태로 승선합니다. 요즘은 원격 통화로 의료진의 도움을 받을 수 있기 때문에 위급한 상황 시 비대면으로 소통하며 배에 있는 의약품으로 처치할 수 있습니다. 하지만 선원들은 배에 구비된 의료 시설과 약, 의료관리자가 전문가가 아님을 인지하고 있기 때문에 스스로 건강 관리에 만전을 기해야 합니다.

A 요즘은 선원 복지를 위해 인터넷을 설치하는 배가 많아졌습니다. 인터넷 속도는 선사에 따라 다르지만 느리게는 카톡 메시지를 주고받을 수 있으며, 인터넷의 성능이 좋은 배는 유튜브도 볼 수 있다고 합니다. 최근에는 대부분의 선박에 스타링크[80]를 설치하는 추세입니다.

전방 225도 방향으로 발광하는 등 기구를 부착해야 한다.
80 일론 머스크가 이끄는 미국 우주기업 스페이스X가 제작, 제공하는 위성 인터넷 서비스를 말한다.

영화 추천

타이타닉(Titanic)	
개봉일	1998.02.20
감독	제임스 카메론
주연	레오나르도 디카프리오
상영시간	195분
장르	멜로, 로맨스, 드라마

영화 포스터(출처:영화관입장권 통합전산망)

개봉 당시 큰 화제가 되었고 지금까지도 많은 사람에게 사랑받는 영화입니다. 세기의 사랑을 다룬 영화로, OST도 널리 알려져 있지요. 항해사라면 이 영화를 다른 관점으로 보아야 합니다. 이 영화의 모티브가 되는 실제 타이타닉호 사건은 국제해상인명안전협약인 SOLAS 협약을 마련하는 시발점이 되었습니다. 영화를 보면 배에 사고가 난 이후 취약한 구명설비로 인해 선원은 물론 승객까지 많은 사람이 목숨을 잃습니다. 이 사고를 계기로 구명정이 오픈 타입에서 폐쇄식으로 바뀌었으며, 선내 방송 시스템이 개선되고 구명조끼뿐 아니라 보온 기능이 있는 방수복이 도입되었지요. 항해사로서 배에서 안전 설비, 소화설비, 항해 계획, 교육 훈련 모두 SOLAS 규정에 의거해 시행한답니다. 타이타닉호 사건을 계기로 선박의 구조 및 구명설비의 기준이 마련되고 국제협약이 발효되어 이후 건조되는 모든 배들이 안전 규정을 지키기 시작했습니다. 현재 항해사들이 하는 업무는 모두 SOLAS 협약을 따라 시행하고 있기 때문에 이 점에 집중해서 보면 좋을 영화입니다. 선원의 의무를 소홀히 했을 때 최악의 상황이 어떻게 펼쳐질지, 어떻게 대비할 수 있을지 영화를 보면서 생각해보는 시간을 가졌으면 합니다.

Q 퀴즈

1. 타이타닉호 선수에서 빠르게 수영하며 마치 배와 경주하듯 수면 위로 올라왔다가 다시 수영하는 이 동물은 무엇일까요?

2. 주인공 로즈가 선미에서의 소동을 잠재우기 위해 선미에서 이것을 보다가 발을 헛디뎌서 빠질 뻔했다고 약혼자에게 설명합니다. 배의 뒤편에 있으며 배를 움직이는 원동력이 되는 이것은 무엇일까요?

3. 타이타닉호의 이것은 총 승객 인원 중 절반밖에 태우지 못하도록 설계되었다고 합니다. 해상에서 조난되어 선박을 버리고 탈출하는 경우에 사용하는 이것은 무엇일까요?

4. 극지방에서 항해할 때 안전을 위협하는 대표적인 요인으로 타이
타닉호가 침몰한 원인인 이것은 무엇일까요?

5. 타이타닉호가 가라앉는다는 사실을 알고 승무원들이 승객들에
게 이것을 입으라고 합니다. 이것은 무엇일까요?

6. 타이타닉호가 가라앉고 나서 생존자를 찾기 위해 보트가 수색
중일 때, 주의를 끌기 위해 로즈가 사용한 것은 무엇인가요?

정답
1. 돌고래
2. 프로펠러(Propeller)
3. 구명정(Life boat)
4. 빙하
5. 구명조끼(Life Jacket)
6. 호루라기(호각)

진로를 고민하는 여러분에게

이 책을 끝까지 읽은 여러분은 행운아다. 생소했던 항해사라는 직업을 이제는 웬만한 사람보다 더 많이 알고 있다. 심지어 어떻게 항해사가 되는지, 항해사가 되려면 어떤 자질이 필요한지, 항해사 이후에도 어떤 길이 펼쳐질지 그려질 것이다.

내 동기 중에는 아버지가 같은 학교 출신인 경우가 많다. 자녀를 같은 학교에 보내서 같은 길을 걷게 하는 것은 직업에 대한 만족도가 매우 높다는 걸 증명한다. 한 이등 항해사를 만났는데, 아버지 직책이 기관장이라고 했다. 그는 일등 항해사가 되어 아버지와 함께 배를 타기를 기대하고 있었다. 아버지 역시 아들과 같은 배를 타는 날을 고대한다고 했다. 그 모습이 부러우면서 즐거워 보였다.

잠시 눈을 감고 상상해보자. 제복을 입고 배를 타는 나의 모습을 말이다. 푸른 바다가 펼쳐진 곳, 동서남북 사방을 둘러보아도 수평선만 보이는 바다에서 쌍안경을 들고 주변을 확인하는 모습을 그려보자. 두려운가? 가족과 멀리 떨어지게 되어서 걱정되는가? 아니면 설레고 가슴이 뛰는가?

내가 배 타는 직업을 선택할 때만 해도 아무런 사전 정보가 없었다. 항해사에 관한 책이나 영상이 없어 들은 정보만으로 상상하고 짐작해보는 게 전부였다. 그때 내 마음은 설레고 가슴이 뛰었다. 한국을 벗어나 배를 타고 망망대해로 나가는 상상. 어떤 모험이 나에게 펼쳐질지 생각하는 것만으로도 가슴이 뛰었다. 앞에서도 언급했지만 대입을 앞두고 간호학과를 지망할지 잠시 고민했다. 간호사가 되어 병원에서 진료를 돕고 환자를 돌보는 내 모습을 상상해봤지만 배를 탄다는 상상만큼 설레지 않았다 그래서 항해사라는 길을 택했다. 거창한 이유는 없었다.

누군가는 좋아하는 일을 해야 한다고 하는데, 내가 좋아하는 일인지 나와 맞는 일인지 해보지 않았는데 어떻게 알 수 있겠는가? 공부만 열심히 하라고 해서 했을 뿐인데, 내가 좋아하는 걸 알 시간도 없었고 기회도 없었다. 그지 지금 선택지에서 할 수 있는 걸 택했다. 그리고 최선을 다해 달렸다. 해야 하는 일을 이왕이면 잘하고 싶었고, 잘하려고 노력하니 잘하게 되었다. 잘하다 보니 칭찬을 받고 자연스럽게 좋아졌다. 항해사를 좋아하는 마음을 담아 글을 쓰다 보니 책을 냈다. 주변에서 나를 찾기 시작했다. 인터뷰 제안이 들어오고, 강의 요청이 이어졌다. TV 프로그램에도 출연하게 되었다. 그리고 지금은 어떻게 하면 항해사가 될 수 있는지를 다룬 진로 도서를 마무리하고 있다.

어떤 직업을 선택해야 할지 모르겠다면, 내가 무얼 좋아하는지 모르겠다면 그건 당연하다. 그 동안 주변에서 내가 좋아하는 것을 찾아 꾸준히 하도록 지지해준 사람보다는 공부하라고 한 사람이 훨씬 더 많았으니까. 여러 직업을 떠올리고 그 상황에 나를 투영했을 때, 두렵거나 인상이 찌푸려지지 않고 조금이라도 흥미가 생긴다면 그로부터 시작하면 된다. 머리는 몰라도 가슴은 알고 있다.

많은 말을 했지만 몇 가지 중요한 사항을 정리하면서 글을 마치고자 한다.

첫째, 나라는 사람 위에 직업을 두라.

나 = 김승주 = 항해사
나 = 김모모 = 학생

얼핏 보면 맞는 식이다. 나는 김승주이고 항해사다. 당신의 이름이 김모모라고 가정하고, 학생이라면 말이다. 하지만 김승주가 무조건 항해사라고 생각하는 순간 항해사와 나를 떼어놓을 수 없게 된다. 여러분도 마찬가지다. '내'가 무조건 '학생'이라고만 생각하는 순간 나의 가능성은 줄어들고 나아갈 길은 좁혀진다.

나 = 김승주 ≠ 항해사
나 = 김모모 ≠ 학생

학교를 졸업해 여러분이 학생이 아니게 되고, 김승주가 항해사가 아니게 되면 어떨까? '나'를 잃어버릴 위험이 크다. 나와 등호가 되는 역할이 사라지거나 직업을 못 구하거나 잃으면 큰 상실감에 빠지게 된다. 자신이 쓸모없어지는 느낌이 들 수도 있다. 전혀 그렇지 않은데 말이다.

나 = 김승주 = 남을 도우며 행복한 사람 = 행복 배달부 = 항해사

나 = 김모모 = 모든 가능성이 열려 있는 청소년 = 잠재된 가능성 = 무엇이든 될 수 있는 사람

여러분은 언제 즐거운가? 자신이 무엇을 할 때, 언제 즐거운지 파악하자. 각종 적성 검사와 도구가 많다. 이를 통해 자신도 미처 알지 못했던 성향을 파악하고 언제 행복을 느끼는지, 불편한지 참조할 도구가 많다. 내가 어떤 사람인지 알고 그다음에 직업을 두는 것이다.

위 등호에서 마지막 두 단어의 자리에는 어떤 단어가 와도 괜찮다. 즉, 나는 어떤 직업을 선택해도 행복을 추구하는 나이고, 내가 하는 일은 나의 행복과 연결된다. 나는 그 무엇도 될 수 있다. 이렇게 생각하면 자신감이 생기고 내가 선택한 직업에 자부심이 생긴다.

둘째, 부딪치기로 마음먹었으면 최선을 다하라. 어떤 일이든 처음은 무렵다. 무슨 일을 시작할 때 100% 준비되어서 시작하는 게 아니다. 10% 준비가 되었을 때 시작해도 된다. 나머지 90%는 직접 부딪치면서 알아보아도 된다. 처음 30%가 채워지기까지는 열심히 최선을 다해야 한다. 적응하는

데 힘이 들 것이다. 30%도 알지 못한 채 이 일이 자신과 맞지 않다고 얘기하는 것은 섣부른 판단이다. 여유를 가지고 곰곰이 생각해볼 수 있는 80%는 되어야 이 일이 진정으로 자신과 맞는지 판단할 수 있다. 하기로 마음먹었다면 한번 최선을 다해서 해보자.

셋째, 긍정적인 사고를 가지자. 당장 내일 무슨 일이 일어날지는 아무도 모른다. 불확실하기 때문에 두렵다. 사람들은 불확실한 미래에 조금이라도 확실한 것을 담보하고자 계획을 세우고 규칙을 만든다. 여러분이 이 책을 잡은 것도 항해사라는 직업을 알고 항해사가 되었을 때 어떤 일이 닥칠지 모르기 때문에 조금이라도 가시화하려는 의도가 있었을 것이다. 부정적인 생각으로 가득하다면 걱정과 근심으로 인해 도전하지 못한다. 폭풍우가 무서워서 어떻게 배를 띄우겠는가. 어려운 상황은 오기 마련이고 사람은 누구나 실수한다. 부정적으로만 생각한다면 반복되는 실수에 낙담해 그 상황에서 벗어나지 못하지만 긍정적으로 생각한다면 실수하더라도 그 상황을 잘 받아들이고 포기하지 않을 수 있다. 긍정적인 사람은 다시 일어나서 '어떻게 하면 실수를 반복하지 않을 수 있을까?' 방법을 찾으려고 한다. 둘의 결과는 극명하게 갈릴 것이다. 여러분이 인생의 주인공이 되기를 바란다.

나는 많은 사람이 이 글을 읽고 나서 자신이 할 수 있는 일, 잘하는 일을 찾고 자부심을 가지고 즐겁게 일했으면 좋겠다. 항해사는 나에게 최고의 직업이다. 이 글을 읽은 독자가 똑같은 말을 나에게 해준다면 더할 나위 없이 기쁠 것이다.

글을 마치면서 몇몇 분께 감사의 말을 전하고 싶다. 먼저 전작이자 내가 두 번째로 쓴 책『오진다 오력』을 계약하면서 가능성을 봐주시고 푸른들녘 직업탐색시리즈『해운 무역의 리더 항해사』까지 연달아 제안해준 들녘 출판사에 감사드린다. 푸른들녘과 나를 이어준 김혜민 편집자, 이 책을 더욱 다채롭게 만들어주신 인터뷰이 김천수 감독님, 구혜진 일항사님, 박봉완 선장님, 류지민 항해사님, 구남재 항해사님, 박민형 항해사님, 이창민 선장님, 조혜인 선장님, 전재호 선장님, 이동현 선장님께 진심으로 감사드린다. 직업 진로에 관한 책을 집필 중이라고 하니 흔쾌히 자료를 보내주신 이상일 교수님과 김군진 부장님께도 감사드린다.

이 책이 항해사를 준비하고 궁금해하는 모든 분에게 도움이 되는 동시에 길라잡이가 되길 진심으로 바란다.

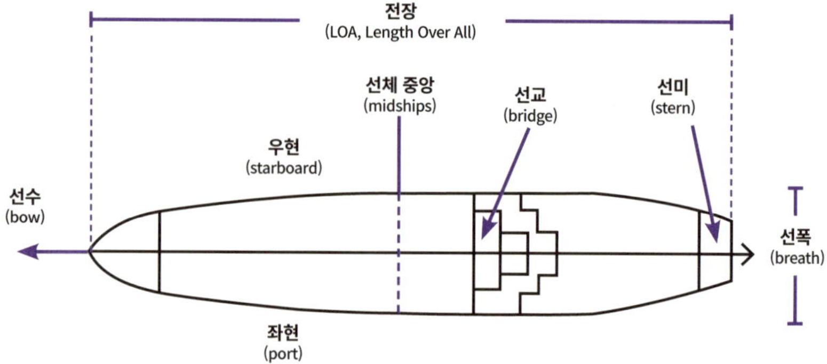

기본 선체 구조

선체 구조 용어

· 선수(bow): 선체의 전단부, 앞부분을 의미한다.

· 좌현(port): 선박의 왼편

· 우현(starboard): 선박의 오른편

· 전장(LOA, Length Over All): 선박의 가장 앞쪽부터 뒤쪽까지의 길이

· 선체 중앙(midships): 배의 중앙부. 선체 길이의 중앙 위치이다. 타에서는 0도, 중앙을 뜻한다.

· 선교(bridge): 선박 운항에 필요한 항해 기기 및 통신 장비를 갖춘 선박운항통제소. 편의상 배의 상부에 위치하며 이곳에서 항해사가 항해 당직에 임한다.

· 선미(stern): 선체의 후단부, 뒷부분을 의미한다.

· 폭(breath): 선박의 왼쪽 끝에서 오른쪽 끝까지의 길이를 말한다.

· 에어드라프트(air draft): 수면상에서 선박 최상층 꼭대기까지의 높이를 말한다. 선박이 물에 떠 있을 때, 공기 중에 노출된 총 높이이다.

· 전고(height) : 배의 밑바닥에서 가장 높은 구조물까지의 높이

· 건현(freeboard): 선박이 물에 떠 있을 때, 흘수선에서 상갑판까지의 높이를 말한다.

· 흘수(draft): 선박이 물에 잠기는 깊이를 말한다.

· 용골(keel): 선체의 밑바닥 중심선을 따라, 선수에서 선미까지 이어진 부재

· UKC(Under Keel Clearance): 용골하 여유 수심. 선박의 최하단부와 해저의 높이이다.

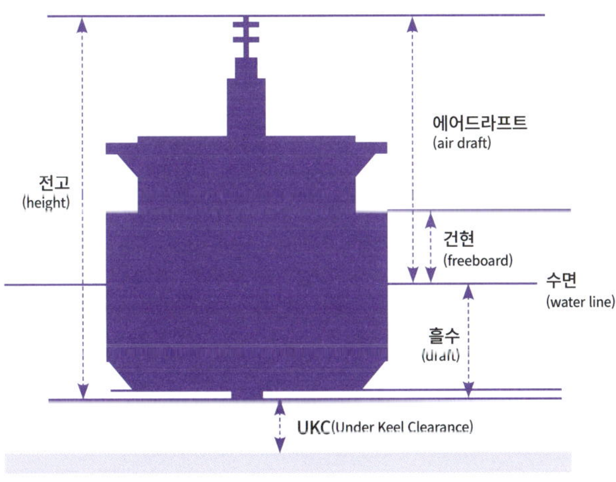

선박의 깊이 및 흘수

조타 용어

· 하드포트(Hard Port): 좌현 전타(轉舵, 선박에서 방향키 각도를 바꾸는 것을 의미함), "하드 포트"라고 하면 좌현 끝까지 타를 돌리라는 의미이다.

· 하드스타보드(Hard Starboard): 우현 전타, "하드 스타보드"는 우현 끝까지 타를 돌리라는 의미이다.

· 포트 텐(Port Ten): 좌현 10도로 타를 돌리라는 의미이다.

· 스타보드 투엔티(Starboard Twenty): 우현 20도로 타를 돌리라는 의미이다.

· 스테디(Steady): 정침(定針, 배가 침로를 일정하게 유지하는 것) 하라는 말로, 타를 써서 선박의 회두(回頭, 뱃머리를 돌리는 일)를 멈추게 하라는 의미이다.

· 낫씽투포트(Nothing to Port) : 뱃머리가 왼쪽으로 가지 않도록 조타에 신경 쓰라는 의미이다.

엔진 관련 용어

· 스톱엔진(Stop Engine): 엔진을 멈추라는 의미이며, RPM(Revolutions Per Minute, 분당 회전수를 말하며 1분당 프로펠러가 몇 바퀴 회전하는지를 뜻함)을 0으로 만들라는 엔진 명령이다.

· 데드슬로우어헤드(Dead Slow Ahead): 극미속전진, 아주 천천히 전진하라는 의미이다. 지정된 RPM중 가장 낮은 1단계를 의미한다(예: RPM 30~35).

· 슬로우어헤드(Slow Ahead): 미속전진, 지정된 RPM 중 2단계를 의미한다.(예>RPM 40~45)

· 하프어헤드(Half Ahead):반속전진, 중간 속도로 전진하라는 의미이다. 지정된 RPM 중 3단계를 의미한다(예: RPM 55~60).

· 풀어헤드(Full Ahead): 전속전진, 전속력으로 전진하라는 의미이다. 지정된 RPM 중 최고 높은 단계를 의미한다(예: RPM 65~72)

· 네비게이션풀어헤드(Navigation Full Ahead):항해전속전진 선박이 최적으로 운항할 수 있는 조건의 고정된 RPM으로 항해를 계속하는 것을 말한다.(예:RPM76~90)

· 데드슬로우어스턴(Dead Slow Astern): 극미속후진, 아주 천천히 후진하라는 의미이다. 지정된 RPM 중 1단계를 말한다.

· 슬로우어스턴(Slow Astern): 미속후진, 천천히 후진하라는 의미이다. 지정된 RPM 중 2단계를 말한다.

· 하프어스턴(Half Astern): 반속후진, 중간 속도로 후진하라는 의미이다. 지정된 RPM 중 3단계를 말한다.

· 풀어스턴(Full Astern): 전속후진, 전속력으로 후진하라는 의미이다. 지정된 RPM 중 최고 단계이며, 일반적인 상황에서 거의 사용하지 않으며, 충돌이 임박했을 경우 사용한다.

선내 조직 및 직책별 갑판부 역할

· 선장(Captain, Master): 캡틴, 마스터라 불리며 선박의 총 책임자이자 결정권자이다. 선내 최고 지휘자로서 모든 상황에서 최우선적인 권한 및 책임을 가진다.

· 일등 항해사(C/O, Chief officer): 갑판부의 장으로 선장을 보좌한다. 화물관리, 선체 정비, 승무원의 규율 및 기강 확립, 교육 및 훈련, 접안 시 선수 작업 지휘를 담당한다. 기본적으로 04시~08시, 16시~20시 항해당직업무를 수행한다.

· 이등 항해사(2/O, Second Officer): 항해장으로서 상급자를 보좌하고 항해 계획을 수립한다. 항통장비관리 및 접안 시 선미에서 작업을 지휘한다. 00시~04시, 12시~16시 항헤당직업무를 수행한다.

· 항해통신사: 상급좌를 보좌하며, 출입항 수속 서류를 담당한다. 대내외 통신, 통신기기 및 일지 작성, 냉동 컨테이너 작동 점검 등의 업무를 수행한다.

· 삼등 항해사(3/O, Third Officer): 출입항 수속 서류를 담당하며 소화실비, 안전실비, 신내 의료 및 위생관리, 문방구를 관리한다. 08~12시, 20시~24시 항해당지업무를 수행한다.

· 실습항해사(A/O, Apprentice Officer): 삼등 항해사 면허 취득을 위해 1년간 승선 경력을 쌓기 위해 온 실습생이다. 업무에 대한 책임은 없으며 삼등 항해사 업무를 위주로

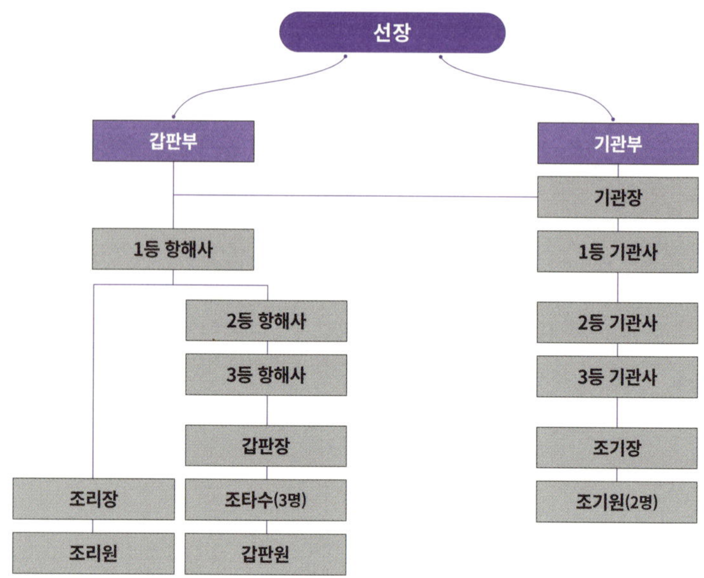

선내 조직

배우고 짧은 기간 동안 일등 항해사, 이등 항해사, 삼등 항해사, 갑판 정비, 기관 당직에 배치되어 선박의 업무를 두루 경험한다.

· 갑판장(Bosun, Boatswain): 보순, 갑판장이라 불리며 평일 08~17시 8시간 동안 갑판을 정비하는 작업 반장이다. 일등 항해사가 하달한 갑판 정비·소제 작업을 수행한다. 선박의 녹 제거 작업과 페인트칠이 주 업무로, 선박 자체 크레인을 운전하고 갑판원과 업무를 분담한다.

· 조타수(Quarter Master): 갑판수, 조타수, Q/M(쿼터마스터), AB(Able Seaman)라 불리며, 항해 시에는 선교에서 4시간씩 3교대로 당직 항해사와 당직에 임하며 타를 잡는다. 부두 접안 시 화물 작업을 확인한다. 갑판장과 함께 갑판 정비 작업에 투입될 때도 있다.

· 갑판원(O/S, Ordinary Seaman): 오에스라고 불린다. 갑판장의 지시에 따라 갑판 정비 업무에 배치되고, 부두에 접안하면 화물 작업이나 현문에서 외부인 출입을 감시한다.

· 조리장(Chief Cook): C/S, 칩 쿡이라 불리며, 선원들의 식사와 부식을 관리한다.

· 조리원(Mess man): MSM, 메쓰맨, SB(SALON BOY), '쌀롱'이라 불리며, 조리장을 도와 재료 손질, 서빙, 설거지, 청소 등을 담당한다.

톤수 관련 용어

· 국제총톤수(International Gross Tonnage: GT): 국제항해에 종사하는 선박에 대해 그 크기를 나타내기 위해 사용되는 지표이다. 선박 기준의 용적 크기를 나타내는 용적톤(Capacity tonnage)으로 선박의 밀폐된 내부의 총부피로 계산한다.

· 순톤수(Net Tonnage): 선박 기준의 용적 크기를 나타내는 용적톤(Capacity tonnage)으로 순수하게 여객, 화물 수송에 사용되는 공간이다.

· 재화중량톤수(Deadweight tonnage): 선박이 안전하게 운송할 수 있는 최대 화물의 무게이다.

· 배수량(Displacement): 배가 물에 떠 있을 때 배제된 물의 중량. 아르키메데스의 원리에 의해 선박을 욕조에 빠뜨렸을 때 넘치는 물의 양을 말한다.

입출항 용어

· ETA(Estimated Time of Arrival): 선박이 이전 항구에서 출항해 다음항구에 도착하는 예상 입항 시간.

· POB(Pilot On Board): 도선사가 승선하는 시간을 의미한다. 선박이 부두에 접안하기 위해서는 도선사가 승선해 선박의 접안을 지휘한다.

· ETB(Estimated Time of Berthing): 예상 접안 시간. 선박이 부두에 나란히 붙이 접안을 완료할 것으로 예상되는 시간이다.

· ETC(Estimated Time of Commence): 부두의 하역 작업 시작 시간. ETC를 알려주는 이유는 부두에 접안하더라도 야간이나 휴일의 경우 바로 하역 작업을 시작하지 않을 수도 있기 때문이다.

· ETD(Estimated Time of Departure): 예상 출항 시간. 선박이 하역 작업을 마치고 출항
  할 예정 시간이다.
· Alongside: 선박이 입항하는 현측. 좌현 접안은 'Port side Alongside', 우현 접안은
  'Starboard side Alongside'라고 표현한다.

선박 상태, 움직임에 관한 용어

· 힐링(heeling): 횡경사, 선박이 좌우 한쪽으로 기울어진 상태를 말한다. 왼쪽으로 기
  울어졌으면 포트 힐링(port heeling), 오른쪽으로 기울어졌으면 스타보드 힐링
  (starboard heeling)이라고 부른다.
· 트림(Trim): 선수 흘수와 선미 흘수의 차이 즉 선수미 방향으로의 기울기를 뜻한다. 선
  미가 더 깊게 잠겨있는 상태를 'Trim by the stern', 선수가 선미보다 더 깊게 물에
  잠겨있는 상태는 'Trim by the head'라고 한다.
· 롤링(Rolling): 선박이 좌우로 기울어 오뚝이처럼 움직이는 운동을 말한다.
· 피칭(Pitching): 선박의 중앙을 기준으로 선수와 선미가 시소처럼 움직이는 운동을 말
  한다.

항해기기 관련 용어

· 차트(chart): 해도(海圖), 즉 해상 지도를 뜻한다. 해도에는 일반 지도와 다르게 육지와
  바다가 다른 색으로 구분되어 있고, 수심(depth) 정보가 상세히 표시되어 있다. 항해
  사는 수심과 암초 또는 장애물을 확인하며 차트 위에 선을 그어 항로를 계획한다. 기
  술 발달로 종이 해도보다 컴퓨터를 이용한 전자해도표시장치를 사용하는 추세다.
· 레이다(RADAR): Radio Detection And Ranging의 약자로, 전파탐지기로 특정 주파
  수대의 전파를 보내고 돌아오는 전파를 해독해 특정 방위와 거리에 있는 물표를 화면
  에 표시해주는 필수 항해 장비이다.
· 코스(course): 선박이 가고자 하는 진행 방향을 말한다. 항해 계획 시 예정된 방향이다.

GPS(Global Positioning Systme): 위성항법시스템으로 선박의 위치를 경위도로 나타내며 시간을 표시해주는 장비이다.

· AIS(Automatic Identification System): 선박자동식별장치라고 하며, 선박의 정보를 알려주는 장치이다. 선명, 목적지, 도착시간, 선수 방향, 흘수, ETA 등 상대 선박의 정보를 알 수 있다.

· VHF(Very High Frequenc): 초단파(파장 1~10미터) 통신장비로, 30마일 이내의 선박이나 관제소와 교신할 때 주로 사용한다.

· VDR(Voyage Data Recorder): 비행기나 자동차의 블랙박스 같은 장비이다. 사고 직전 상황을 알 수 있는 중요한 자료가 된다.

· F.M.O(Fireman's Outfit): 소방원 장구를 총칭하는 말로 소방관이 화재 진압 시 착용하는 모든 장비와 도구를 뜻한다. 방화복, 자장식 호흡구, 손도끼, 랜턴, 무전기, 라이프라인 등.

· SCBA(Self Contained Breathing Apparatus): 자장식 호흡구를 말한다. 산소통과 마스크 세트이며, 밀폐된 장소에서 숨을 쉴 수 있도록 해주는 장비이다. 통상 용량은 8L~12L 정도이며, 압력에 따라 다르지만 30여분간 사용 가능하다.

선박의 종류

· 벌크선(Bulk Carrier): 벌크선은 화물(곡물, 모래, 석탄, 철광석 등)을 개별 포장 상태가 아닌 벌그(산적) 상대로 선적할 수 있는 선박을 말한디. 선박의 시이즈외 화물의 종류에 따라 화물창이 1개에서 9개까지 다양하며, 주로 10K(1만 톤), 50K(5만 톤)으로 묶어 단위로 이야기한다. 화물 작업용 자체 크레인이 설치된 중소형 선박도 있지만, 대부분의 대형 벌크선은 자체 크레인이 없는 단일 화물(석탄, 철광식, 고일 등)을 10년 이상의 장기 계약으로 정기적으로 실어 나르는 선박이다.

· 컨테이너선(Container ship): 포장된 화물을 규격화된 컨테이너에 넣어서 운반하는 선박이다. 선박의 사이즈는 20피트 컨테이너를 몇 개 선적할 수 있는지 쉽게 알 수 있도록 1,000TEU(Twenty-foot Equivalent Unit의 약자로, 20피트 컨테이너를 의미),

5,400TEU, 10,000TEU, 20,000TEU 등으로 이야기한다. 현존하는 초대형 컨테이너선은 컨테이너 2만 4천 개를 실을 수 있으며 최근에는 27,500TEU 컨테이너선 모델이 공개되었다.

· 자동차운반선(PCTC, Pure Car and Truck Carrier): 자동차 전용 운반선으로, 화물창이 여러 개의 층으로 되어 있고, 개별적으로 고정한다. 탱크나 포크레인 같은 특수 장비를 선적해 운항하기도 한다.

· 케미컬 탱커(Chemical Tanker): 화학제품 운반선. 암모니아, 석유, 등유, 팜유 등의 액체를 선적하며, 다품종 소량 운송에 따라 화물의 종류가 바뀔 때마다 탱크를 세척해야 한다. 업무의 강도가 상대적으로 세다.

· LPG 탱커(LPG Tanker): 액화석유가스(LPG)를 대량으로 수송하기 위해 설계된 선박이다. 부탄, 프로판 등을 운반한다.

· LNG 탱커(LNG Tanker): 액화천연가스(LNG)를 전문적으로 수송하기 위해 만들어진 선박이다. 큰 저온 단열 탱크를 선체 내에 몇 개 갖추고 있어 내부에는 극저온의 LNG가 충전된다.

· VLCC(Very Large Crude oil Carrier): 초대형원유운반선으로 40만 중량톤 이상의 원유 전용선을 말한다. 산유국에서 한번에 대량의 원유를 싣고 특정 국가로 운항한다.

선박 안전 설비 용어

· 라이프 보트(life boat): 구명정. 해상에서 조난되어 선박을 버리고 탈출하는 경우에 사용하는 보트. 내부에는 신호장치, 의약품, 비상식량 등이 비치되어 있다. 생존정이라고도 한다.

· 라이프 래프트(life raft): 구명벌. 천막처럼 펴지는 둥근 형태의 구명보트. 구명벌은 선박이 물속으로 가라앉을 때 수압이 가해지면서 자동으로 펼쳐지며 수동으로도 작동할 수 있다.

· 라이프 링(life ring): 라이프 부이(live buoy)라고도 한다. 물에 빠진 사람을 구하기 위해 배에서 던져주는 부력을 지닌 원형의 물체이다. 선박뿐만 아니라 항구나 접안 시설

곳곳에 설치된 것을 볼 수 있다.

· 이머전 슈트(immersion suit): 차가운 물에 빠진 사람의 체온저하를 방지하기 위한 보온
복. 보온성을 충분히 발휘하도록 안면을 제외한 신체 전체를 덮을 수 있고, 수중에서
안전한 부유 자세를 유지할 수 있도록 설계된 방수복이다.

· 라이프 재킷(life jacket): 구명동의. 물에 빠져도 몸이 뜰 수 있도록 만든 조끼이다. 자신
의 위치를 알릴 수 있도록 호각과 자체 발광 라이트가 부착되어 있다.

국제 협약

· SOLAS(International Convention for the Safety of Life at Sea): 국제해상인명안전협
약. 타이타닉호 사고에 대한 대책으로 인명 안전에 관한 국제회의에서 최초로 체결된
국제 조약이다. 상선의 안전에 관한 모든 국제적인 조약 중에서 가장 중요한 것으로
인식된다.

· COLREG(International Regulations for Preventing Collisions at Sea): 국제해상충돌
예방규칙. 해상에서 일어날 수 있는 선박 간 구조물 충돌을 예방하기 위한 규정. 자동
차의 도로교통법과 비슷한 역할을 한다.

· STCW(International Convention on Standards of Training, Certificate and
Watchkeeping for seafareres): 선원의 훈련, 자격증명 및 당직 근무 기준을 국제적
으로 통일함으로써 해상에서의 인명, 재산의 안전과 해양 환경의 보전을 위한 국제협
약이다.

· MARPOL(International Convention for the Prevention of Marine Pollution from
Ships): 선박으로부터 오염 방지를 위한 국제협약이다. 선박의 통상적 운영상 배출되
는 오염물질에 의한 해양 오염 방지를 목적으로 한다.

기타 자주 쓰이는 용어

· 로그북(log book): 선박에서 발생하는 모든 이벤트를 기록하는 기록서이다. 시간 순서

대로 발생한 모든 이벤트를 수기로 작성하고 당직사관과 선장이 확인 및 날인한다. 사고 발생 시 법적 증거자료로 사용되며, 퇴선 시에도 소지해야 한다.

· 파도(wave): 바람에 의해 발생하는 짧은 파장의 수면 상부 바다의 출렁임이다.

· 스웰(swell): 먼 해역에서 발생한 강한 저기압이나 태풍권 안에서 일어난 풍랑이 발생 지역으로부터 육지의 해면으로 밀려오는 큰 물결이다. 멀리서 전해오는 긴 파장의 커다란 유체 덩어리이며, 높은 파도보다 높은 스웰이 더 위험하다.

· 복원성(stability): 선박이 기울어졌을 때 본래 위치로 돌아가려는 성질을 말한다. 부력과 무게중심과 중량의 값에 의해 결정된다. 선장은 화물과 선박의 평형수를 적절히 조절해서 안전 운항을 위한 복원성을 확보해야 한다.

· 선박평형수(ballast water): 평형수를 말하며, 선박 운항 때 무게중심을 유지하기 위해 배 아래나 좌우에 설치된 탱크에 채워 넣는 바닷물을 의미한다.

· 닻(anchor): 해저에 선박을 고정하거나 끌리도록 해서 선박의 움직임을 최소화시키는 데 사용되는 의장품이다.

· 갱웨이(gangway): 현문 사다리로, 'accommodation ladder'라고도 불린다. 부두와 선박을 이어주는 계단이다.

· 거주 구역(accommodation): 선원들이 생활하는 구역을 말한다.

국문 자료

김군진,「외항상선 선원인력 수급 예측과 인력 부족에 대응한 선원 정책 방향」, 국립한국
해양대학교 대학원, 2024.2.

이상일,「한국해양대학교 해사대학 졸업생의 진로」학부생 대상 발표자료, 2025.

조소현,「시스템 다이내믹스를 이용한 자율운항선박의 기술 발전에 따른 한국 해양산업
인력의 규모와 구조 변화에 대한 연구」, 2019.

한국선원복지고용센터,「2024 한국선원통계연보」, 2025.

한국선원복지고용센터·한국해양수산연수원,「2012~2022 외항상선 선원인력 수급 예
측과 인력 부족에 대응한 선원 정책 방향」, 2022.

한국해기사협회, 「해기사의 직업군 분류 및 성장경로(Career Path) II」, 2022.

해양경찰청, 2024년 하반기 해양경찰공무원 채용 공고, 2024.

영문 자료

BIMCO/ICS, "Seafarer Work Force", 2021.

RMT, UNCTAD, based on ISF and BIMCO Seafarer Workforce Report, 2021.

인터넷 사이트

IMO 홈페이지 (www.imo.org)

Marine insight 홈페이지 (www.marineinsight.com)

국립목포해양대학교 해사대학 홈페이지 (www.mmu.ac.kr/admission/contents/naval)

국가법령정보센터 홈페이지 (www.law.go.kr)

대학알리미 홈페이지 (www.academyinfo.go.kr)

링크드인 홈페이지 (www.linkedin.com)

부산해사고등학교 홈페이지 (https://school.busanedu.net)

씨넷 홈페이지 (www.seanet.co.kr)

인천해사고등학교 홈페이지 (https://inm.icehs.kr)

전국해상산업노동조합연맹 홈페이지 (fksu.or.kr)

한국선원복지고용센터 홈페이지 (www.koswec.or.kr)

한국해기사협회 홈페이지 (www.mariners.or.kr)

한국해양대학교 해사대학 홈페이지 (www.kmou.ac.kr)

한국해양수산연수원 홈페이지 (www.seaman.or.kr)

한국해양수산연수원 국가자격시험 홈페이지 (lems.seaman.or.kr/Lems/Officer/select
　　OfficerView.do)

해기사 공부방 네이버 카페 (cafe.naver.com/marinboy0132)